FLEX

영어 수험서 | LISTENING

지은이 한국외국어대학교 FLEX Center
책임집필 김지인 책임연구원
책임감수 조수경 교수
번역 김슬기 김재량
편집 김지현 박효진
디자인 방호현 김연주 박다롱
맥편집 이지은
마케팅 박혜선 고유진
영업 한기영 주성탁 박인규 장순용 김남준

PREFACE

FLEX (Foreign Language Examination)는 저희 한국외국어대학교에서 개발하여 1999년부터 시행하고 있는 진문 외국어능력 평가시험으로, 읽기·듣기뿐 아니라 말하기·쓰기 영역에서 외국어 사용에 대한 전반적인 능력을 측정해주는 시험입니다. FLEX는 현재 전국적으로 연 4회 시행되고 있으며, 수험자들에게 영어뿐 아니라 중국어, 일본어, 프랑스어, 독일어, 러시아어, 스페인어 능력을 객관적으로 측정할 수 있는 기회를 제공하고 있습니다.

FLEX는 어학능력 측정 시험으로서뿐 아니라, 외국어 우수 인재 선발을 위한 시험으로서 그 공신력을 인정받고 있습니다. 정부기관 및 지자체, 공기업은 물론 국내 대기업 및 기업체, 외국계 회사, 학교에서 외국어능력 평가 시험으로 널리 활용되고 있으며, 입사, 승진, 해외파견, 입학, 졸업, 학점인정 등을 판별하는 중요한 평가 자료로 인정받고 있습니다.

저희 FLEX 센터는 그동안 전문성과 신뢰도 확보를 위해 꾸준히 노력해왔습니다. 2005년부터 국내 최대의 자격시험 시행 기관인 대한상공회의소와 전략적 제휴를 통해 공동시행체제를 마련하였고, FLEX가 시행하는 2007, 2009, 2010년에 거쳐 주요 7개 외국어에 대해 모두 국가공인자격 인증을 획득함으로써 공신력을 높였습니다. 그 결과 2017년부터는 국가 공무원 7급의 영어시험을 대체하는 영어능력검정시험에 포함되어 대내외적으로 우리나라 최고의 외국어능력시험 중의 하나로 인정받는 쾌거를 거두었습니다.

FLEX 센터에서는 이번 기회를 FLEX가 더욱 더 발전할 수 있는 계기로 삼기 위해 FLEX 고도화 프로젝트를 진행 중에 있습니다. 외국어능력 평가시험 중 최초로 시간과 장소에 구애받지 않고 태블릿 PC로 시험을 치룰 수 있는 평가체제를 개발 중에 있으며, 문항 데이터베이스 시스템을 통한 문제은행 구축, 수험자에게 동일한 척도의 성적 제공이 가능하도록 하는 검사동등화 시스템을 개발 중에 있습니다.

또한 저희 FLEX 센터에서는 수험자들의 효과적인 수험준비를 돕기 위해 여러 방면에서 노력을 기울이고 있습니다. FLEX 사이버강좌를 통해 보다 많은 수험생에게 FLEX 수험준비 기회를 제공하려고 준비하고 있으며, 수험서를 정기적으로 발행하여 최근의 출제경향을 소개하려 하고 있습니다. 특히 수험서 부분에서는 이미 2006년, 2008, 2010년에 3차에 걸쳐 FLEX 해설서를 발간하여 수험자들이 FLEX 시험의 전반적인 구성체제와 문제유형을 익힐 수 있도록 하였습니다. 그리고 이제 수험생들의 보다 효율적인 수험준비를 돕고 FLEX의 출제의도를 보다 명확히 제시하고자 새로운 출제경향을 반영한 4차 FLEX 해설서를 출간하고자 합니다.

부디 본 FLEX 해설서가 수험준비와 외국어학습에 많은 도움이 될 수 있도록 유익하게 활용되길 바라며, 이 해설서를 준비하는 데 책임을 맡아 수고를 해준 김지인 FLEX 센터 책임연구원을 비롯한 김슬기, 김재량, Merrilee Brinegar 선생님, 그리고 해설서 집필에 행정적인 지원을 아끼지 않은 FLEX 센터 직원분들께 깊은 감사를 드립니다.

한국외국어대학교 FLEX 센터장 **홍성훈**

CONTENTS

Ⅰ. FLEX 소개

FLEX
Foreign Language EXamination
국가공인자격시험

대한상공회의소

한국외국어대학교
HANKUK UNIVERSITY OF FOREIGN STUDIES

FLEX에 관하여

국가공인자격시험

FLEX(Foreign Language EXamination)는 1999년 한국외국어대학교가 개발한 전문적인 외국어능력시험으로 외국어 사용에 대한 전반적인 능력을 공정하고 균형있게 평가할 수 있는 표준화된 도구입니다.

현재 주요 7개 언어인 영어, 프랑스어, 독일어, 러시아어, 스페인어, 중국어, 일본어의 정기시험을 전국적으로 시행하고 있으며 그 외 한국외국어대학교에 개설되어 있는 세계 각국의 다양한 언어에 대한 평가가 가능한 외국어능력시험입니다. 또한 대외적으로 FLEX는 어학학습 성취도, 객관적인 어학능력의 측정은 물론 나아가 외국어 우수 인재 선발을 위한 시험으로 그 공신력과 변별력을 인정받고 있습니다.

특히 FLEX는 듣기 · 읽기 · 쓰기 · 말하기의 능력을 고르게 측정할 수 있는 효과적인 언어능력 평가시험으로 정부, 준정부기관, 지자체, 공공기관, 공기업 등은 물론 국내 그룹사, 기업체, 외국계회사, 대학교 등에서 외국어능력평가의 기준으로 인정받고 있으며 입사, 승진, 인사, 해외파견, 입학, 졸업, 학점인정 등의 평가자료로 널리 활용되고 있습니다.

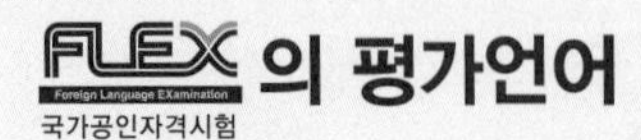

의 평가언어

- **정기시험**
  - 7개 언어(영어, 프랑스어, 독일어, 러시아어, 스페인어, 중국어, 일본어)
  - 매년 정기적으로 시행(매년 홈페이지에 일정 공지)

FLEX의 특징

국가공인자격시험

- **한국형 실용어학시험**
  - 한국인의 특성과 실정에 맞게 설계
  - 외국에서 개발된 시험들은 한국 학습자들에게 특징적으로 나타나는 오류들의 특성을 파악하지 못함
  - Bachman(1990)과 Bachman and Palmer(1996)의 언어능력모형 등을 한국적 상황에 맞게 응용하여 설계한 전문 언어능력 평가시험
- **실제 의사소통능력의 균형있는 평가**
  - 언어사용능력의 4가지 영역인 듣기, 읽기, 쓰기, 말하기를 모두 균형있게 측정할 수 있도록 개발
- **높은 신뢰도 / 난이도 / 변별력**
  - 점수별 등급 취득
  - 문법/어휘, 생활언어, 비즈니스언어, 학술언어 등의 듣기·읽기·쓰기·말하기 영역에 대한 전반적인 언어사용 능력을 정확하게 측정
  - 전문연구원 및 데이터베이스 시스템을 통한 문항의 신뢰도, 난이도, 변별력 유지
  - 과학적인 문항 타당도 검사 및 분석을 통한 질적관리

• **측정 영역**

- FLEX는 언어능력을 여러 요소의 능력이 합쳐진 통합적인 능력으로 보고 이 요소들을 4가지 영역, 즉 듣기, 읽기, 말하기, 쓰기로 나누어 측정할 수 있도록 개발
- 문법, 어휘를 비롯해서 담화구성능력, 사회언어학적 지식과 발화상황에 적합한 언어사용 능력 등을 전반적으로 측정
- 특히 말하기와 쓰기영역은 의사소통 능력측정에 있어 필수적인 영역이며 FLEX는 개발 초기인 1997년부터 말하기와 쓰기시험을 듣기 · 읽기시험과 함께 개발하여 의사소통능력 측정이라는 시험의 목적에 충실을 기함으로써 그 타당도와 변별도를 높여왔음
- 문법지식(Grammatical competence)과 화용적 지식(Pragmatic competence)을 측정함과 동시에 응시자의 이러한 기초적 언어능력을 응용하는 능력도 측정
- 일상생활에 필요한 의사소통능력은 물론 학술분야 (Academic area)와 실무 및 영업분야 (Business area)에서의 언어사용, 이해능력을 측정하도록 설계
- 상용 표현과 상황이해력을 비롯해 실제와 유사한 환경에서의 응시자의 대처능력과 의사소통능력(Communicative competence)을 측정

대한상공회의소 · 한국외국어대학교 공동시행

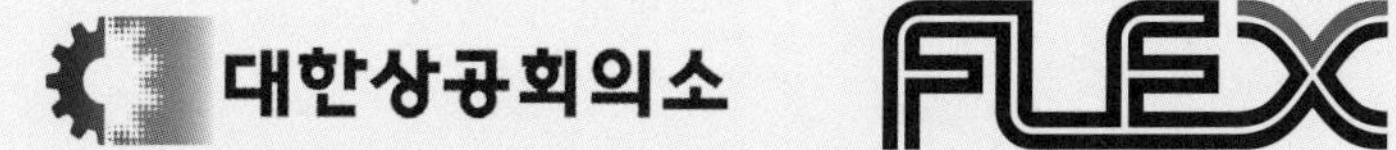

• **대한상공회의소(검정사업단)**

- 전국적, 세계적 네트워크를 가진 국내 최고의 공익추구 경제단체
- 전국 70여개 지역상공회의소, 40년 이상 국내 최대의 국가기술자격 시행 기관

• **한국외국어대학교(FLEX센터)**

- 전 세계 45개 이상 외국어교육의 국내 최고 명문사학
- 국제과학기술협력규정에 의한 국가지정 외국어능력평가기관

FLEX 국가공인자격 인증

국가공인자격시험

- 2007년 4월 교과부로부터 중국어, 일본어 국가공인자격으로 인증
- 2009년 1월 교과부로부터 프랑스어, 독일어, 스페인어 국가공인자격으로 인증
- 2009년 9월 교과부로부터 영어 국가공인자격으로 인증

• FLEX 국가공인자격 종목 및 등급 •

1. 영 어 : 듣기·읽기 전등급(9개 등급 - 1A~3C)
2. 중 국 어 : 듣기·읽기 전등급(9개 등급 - 1A~3C)
3. 일 본 어 : 듣기·읽기 전등급(9개 등급 - 1A~3C)
4. 프랑스어 : 듣기·읽기 전등급(9개 등급 - 1A~3C)
5. 독 일 어 : 듣기·읽기 전등급(9개 등급 - 1A~3C)
6. 스페인어 : 듣기·읽기 전등급(9개 등급 - 1A~3C)

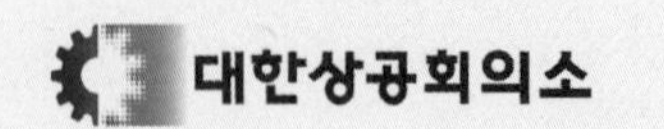

한국외국어대학교는 2005년부터 국내 최대의 자격시험 시행기관인 대한상공회의소와 공동으로 FLEX를 시행하여 시험의 전문성과 공신력을 높여 왔으며 FLEX의 신뢰도와 우수성을 높이 인정받아 국가공인자격으로 인증을 받았습니다. 이로써 FLEX는 한국인에게 적합하고 나아가 글로벌 시대에 실용성이 뛰어난 전문적인 외국어능력시험으로써 그 신뢰도와 공인도에 있어 대내외적으로 한층 더 인정받는 전기를 마련하게 되었습니다.

FLEX
Foreign Language EXamination
국가공인자격시험

평가결과의 활용

- 응시자의 취득점수에 근거하여 성적인증서(등급취득자) 발급
- 공무원어학능력평가시험 및 각 기관 임직원들의 승진어학능력 측정 활용
  [공무원국외훈련(해외파견) 업무처리지침 및 과학기술처 국제기술협력규정에 의거]
- 행정(5급·7급)·외무고등고시, 관광통역안내사·호텔경영사·호텔관리사, 군무원, 카투사, 변리사
- 정부·준정부기관·지자체·공공기관, 공기업 임직원의 어학능력평가자료
- 외국어사용업체, 그룹사, 기업체, 각종 기관 임직원 및 채용관련 어학능력평가자료
- 채용, 인사, 승진, 연수, 파견시 어학능력평가자료, 고시대체과목 활용
- 대학 입시자료, 졸업인증자료, 학점인증자료
- 한국외국어대학교 입시자료, 졸업인증시험, 복수외국어인증, 로스쿨 입시자료

FLEX
Foreign Language EXamination
국가공인자격시험

정기시험 시행안내

구분	내용
시행일정	- 자세한 연간 일정은 매년 홈페이지에 발표되는 시험일정 참고
응시자격	- 제한없음(회사원, 공무원, 일반인, 초·중·고·대학생, 검정고시생, 재수생, 유학생 등) - 응시자격과 횟수에 제한이 없으며 누구나 자유롭게 응시 가능
평가언어	- 영어, 프랑스어, 독일어, 러시아어, 스페인어, 중국어, 일본어 - 1개언어 선택 응시(동시에 2개 언어에 응시할 수 없음)
시험영역	- 총 3가지 시험 영역으로 구성 ❶ 듣기·읽기 ❷ 말하기 ❸ 쓰기 - 응시자는 모든 영역(3가지 영역)에 응시하거나 자유롭게 영역을 선택하여 응시 - 원서접수시 응시하고자 하는 영역을 선택하여 응시 - 단, 듣기·읽기는 분리하여 응시할 수 없음
시험장소	- 서울, 대전, 광주, 대구, 부산 등 - 위 시험장소 외 추가장소는 매 회차 원서접수시 홈페이지에서 확인 - 시험장소와 고사장은 매회 변동될 수 있으니 홈페이지에서 확인
원서접수	- 대한상공회의소 검정사업단 홈페이지 http://license.korcham.net - 한국외국어대학교 FLEX센터 홈페이지 http://flex.hufs.ac.kr
접수절차	- 인터넷 원서접수 ▶ 응시료결제 ▶ 수험표출력 ● 종목선택(FLEX) → 영역선택(듣기·읽기, 쓰기, 말하기) → 응시료결제 → 수험표출력 ● 시험영역은 한 번에 한 가지만 선택이 가능하므로 모든 영역에 응시하고자 하는 경우 접수과정을 반복하여 각각 접수하고 각각의 수험표를 출력 • 원서접수 → 듣기·읽기 선택 → 응시료결제 → 완료 → 수험표출력 • 원서접수 → 말하기 선택 → 응시료결제 → 완료 → 수험표출력 • 원서접수 → 쓰기 선택 → 응시료결제 → 완료 → 수험표출력
수 험 생 준 비 물	- ❶ 수험표 ❷ 컴퓨터용수성싸인펜, 검정색볼펜 ❸ 신분증 ※기타 연필 등 필기도구 - 핸드폰, 스마트워치, MP3, PMP, 녹음기, 전자사전 등 일체의 전자통신기기 휴대 금지 - 신분증은 사진이 부착되어 있는 신분증으로 학생증, 주민등록증, 여권, 운전면허증, 공무원증, 사원증, 국가공인자격증 등이 유효하며 만약 위 신분증이 모두 없을 경우 별도로 사진1매와 건강보험증, 주민등록등초본, 호적등초본을 지참가능
결과발표 (성적인증서 발급)	- 듣기·읽기 시험결과는 시험일로부터 약 20~25여일 경과 후 홈페이지 발표 및 조회가능 - 말하기, 쓰기결과는 시험일로부터 약 30~35일 경과 후 홈페이지 발표 및 조회가능 - 자세한 발표 일정은 홈페이지 시험일정을 참고 - 발표 후 시험 결과에 대한 성적인증서가 응시원서에 기재된 주소로 1회만 송부 - 성적인증서는 재발급이 가능
기타사항	- 시험접수는 인터넷 접수 홈페이지를 통해 접수기간 내에만 가능합니다. - FLEX는 하루에 모든 영역의 시험이 시행됩니다. - FLEX의 시험영역은 ❶ 듣기·읽기 ❷ 말하기 ❸ 쓰기로 구성되어 있으며 응시자는 자유롭게 필요한 영역을 선택하여 응시할 수 있습니다. 단, 듣기·읽기는 분리하여 응시할 수 없습니다. - 시험장소별 고사장, 시험시간, 입실시간, 시험유의사항 등은 홈페이지를 통해 공지 하오니 반드시 정확히 확인하시고 시험에 응시하여 주시기 바랍니다. - FLEX 성적인증서 및 성적의 유효기간은 시험일로부터 2년입니다. - FLEX는 응시자격이나 응시횟수에 제한이 없으며 자유롭게 응시할 수 있습니다.
문 의 처	대한상공회의소 검정사업단 서울시 중구 정동 34- 5번지 배재정동빌딩 A동 1층 **Tel** 02-2102-3600 **Fax** 02-318-6484 **Homepage** http://license.korcham.net 한국외국어대학교 FLEX센터 서울시 동대문구 이문동 270 **Tel** 02-2173-2532 **Fax** 02-2173-2533 **Homepage** http://flex.hufs.ac.kr

평가내용 및 구성

- 전체구성

구분	영역	배정시간	평가방식	배점	만점	비고
1	듣기	30분	청취형	400	1,000점	3~4지 선택형 (객관식)
	읽기	90분	독해형	600		
2	말하기	30분	녹취형	250	250점	답변녹음
3	쓰기	60분	지필형	250	250점	자필작성

- 듣기 - 시험시간 30분

구분	문항번호	문항수	배점	계	비고	시간
반응테스트	1~10	10	8	80	4지선택	30분
대화문	11~30	20	8	160	4지선택	
설명문	31~50	20	8	160	4지선택	
계		50		400		

- 읽기 - 시험시간 90분

구분	문항번호	문항수	배점	계	비고	시간
어휘문법	51~65	15	5	75	4지선택	90분
동의 유의 관계	66~85	20	5	100	4지선택	
오문정정	86~90	5	5	25	4지선택	
지문독해	91~140	50	8	400	4지선택	
계		90		600		

- 듣기·읽기 - 총 시험시간 120분

문제 유형	보기제시	문제 제시 방식
1번~10번	3지선택	간단한 문장의 질문 듣고 답하기
11번~30번	4지선택	짧은 또는 긴 대화문 이해
31번~50번	4지선택	지문 듣고 답하기
51번~90번	4지선택	어휘 및 문법사항 질문 (동의, 대체, 문장의 오류, 어휘 관련 질문)
91번~140번	4지선택	다양한 지문 읽고 답하기 (생활관련 및 시사관련 등 생활에서 필요한 지문, 원어교재 및 문헌이해 관련, 보고서 작성관련, 공무관련, 일반업무관련, 토론, 협의 및 협상관련 지문)

• 말하기 - 총 시험시간 30분

문제 유형	준비시간	소요시간	문항수	배점
자기소개	없음	50초	1	20점
낭독	30초	50초	1	20점
사진·삽화 묘사	30초	50초	1	30점
역할설정	30초	50초	1	30점
역할설정	30초	50초	1	30점
데이터 분석	30초	50초	1	30점
주관적 의견진술	30초	60초	1	30점
주관적 의견진술	30초	60초	1	30점
사회적 이슈관련 의견진술	30초	60초	1	30점
합 계			9	250점

- 말하기 시험시간은 언어에 따라 다소 차이가 있을 수 있습니다.
- 말하기 시험에서의 준비시간이란 실제 말하기 문제에 답을 하기 전 문제에 대해 생각할 수 있는 시간이며 소요시간이란 실제 말하기에 주어지는 시간입니다. 준비 시간과 소요시간은 언어에 따라 다소 차이가 있을 수 있습니다.
- 말하기 시험시간은 총 30분 정도이며 이는 준비 시간, 소요시간, 문제에 따른 지시문을 읽어주는 시간, 답변시간, 그리고 시험 안내 시간을 전부 포함한 시간입니다.

• 쓰기 - 총 시험시간 60분

문제 유형	문항 수	배점
단문번역	5	문항당 10점
내용요약	1	30점
담화구성	1	40점
데이터 분석	1	40점
서신·메모 작성	1	30점
주제별 작문	1	60점
합 계	10	250점

FLEX 등급기준표

국가공인자격시험

• 듣기·읽기(1,000점) 기준: 9개 등급

등급	점수범위	능력검정기준
1A	951~1000	교양있는 원어민의 듣기, 읽기 능력과 동일한 수준
1B	901~950	원어민에 근접한 듣기, 읽기 능력
1C	851~900	원어민과의 의사소통에 어려움이 없을 정도의 수준
2A	776~850	의사소통에 큰 불편이 없는 정도의 이해 수준
2B	701~775	일반적인 대화는 대체로 수행할 수 있는 능력
2C	626~700	자연스런 의사표시에 어려움 있는 이해 수준
3A	526~625	암기한 표현을 실제 의사소통에 적용하는 수준
3B	426~525	실제적 의사소통이 잘 이루어지지 않는 수준
3C	325~425	독자적 의사소통이 어려워 타인의 도움이 필요

• 쓰기(250점)·말하기(250점) 기준: 9개 등급

등급	점수범위	능력검정기준
1A	239~250	교양있는 원어민의 의사소통능력과 동일한 수준
1B	227~238	원어민과의 다양한 의사소통능력에 근접한 수준
1C	215~226	원어민과의 일상적인 의사소통에 거의 어려움이 없는 수준
2A	200~214	원어민과의 일상적인 의사소통에 큰 어려움이 없는 수준
2B	185~199	일반적인 대화는 대체로 수행할 수 있는 능력
2C	170~184	친숙한 주제에 대해 대체적으로 의사전달을 할 수 있는 수준
3A	150~169	기본적인 회화는 가능하나 자연스러운 의견개진은 어려운 수준
3B	130~149	암기를 통해 습득한 표현은 가능, 자연스러운 의사표시는 어려움
3C	110~129	실제적인 의사소통이 잘 이루어지지 않는 수준

[대한상공회의소]

● 국내 최고의 공익추구 경제단체
- 상공회의소법에 의해 설립된 비영리 특별법인
- 전국적, 세계적 네트워크를 가진 국내 유일 종합 경제 단체
- 상공업계를 대표하여 정부 등 각계의 권익 대변 및 교류와 협력사업 전개

● 국내 최고의 시험 시행 기관
- 1962년부터 40년 이상 사무분야 자격시험을 시행한 국가기술 자격 시행기관으로 국내 최고의 노하우를 보유
- 국내 최초 문제은행시스템 도입으로 철저한 보안과 회차별 균형있는 난이도 유지
- 전국 7여개 지역에 지역상공회의소가 설립되어 있어 전국 모든 지역에서 정기 및 수시시험 가능
- 국가기술자격 등 상공회의소 시행 34개 종목에 연간 300만 이상 응시

[한국외국어대학교]

● 국내 외국어 교육의 메카
- 1954년 개교 이래 전 세계 45개 이상의 언어를 교육하는 명문사학
- 첨단교육시설 및 원어민을 활용한 완벽한 외국어 교육환경을 바탕으로 실용적인 외국어 연수 및 교육
- 주야간 정규 외국어 연수과정과 기업체 위탁교육, 특강, 단기교육과정 등을 통해 회사 업무 활동과 해외 프로젝트 수행 또는 일상에서의 의사소통 능력 향상을 위한 집중적인 교육 실시

● 국가 지정 외국어능력평가 기관
- 국제과학기술협력규정(대통령령)에 의해 해외 파견 공무원에 대한 어학능력평가기관으로 지정
- 정부기관 및 기업체의 요청에 따라 해외파견자 및 승진자를 대상으로 다양한 외국어에 대한 언어사용능력평가
- 1999년부터 전문적인 언어사용능력 측정시험인 FLEX(외국어능력시험)를 개발하여 시행
- 정기 및 수시(비정기) 외국어능력평가 시행
- 전국 초·중·고등학생을 대상으로 하는 외국어경시대회 개최

[대한상공회의소 검정사업단]	[한국외국어대학교 FLEX센터]
서울시 중구 세종대로 39	서울시 동대문구 이문로 107
Tel 02-2102-3600 **Fax** 02-318-6484	**Tel** 02-2173-2532 **Fax** 02-2173-2533
Homepage http://license.korcham.net	**Homepage** http://flex.hufs.ac.kr

Ⅱ. FLEX 영어 문제출제 예시 및 풀이자료

1 Listening Comprehension

응시자의 듣기 능력을 측정하기 위한 듣기 시험은 총 50문항으로 이루어져 있으며, 각 문항은 8점이다. 네 부분으로 나누어져 있는 듣기 시험의 Section Ⅰ에서는 다양한 상황에서 질문이나 진술문장을 듣고 이에 적절한 반응을 하는 능력을 테스트하게 되며, Section Ⅱ에서는 짧은 대화를, Section Ⅲ에서는 긴 대화를 듣고 난 후에 대화의 이해도를 테스트하게 되며, 마지막으로 Section Ⅳ에서는 다소 긴 지문을 듣고 난 후에 이 지문에 대한 이해도를 테스트하게 된다.

• Section Ⅰ (Q1~Q10): 반응테스트 •

Section Ⅰ은 문장이 짧아서 비교적 쉽다고 생각할 수 있는 영역이지만 배점은 긴 대화나 지문듣기와 마찬가지로 문항 당 8점이므로 이곳에서 점수를 올리는 것이 유리하다. 한 문제가 1~2 문장으로 구성되어 있지만 한 번씩만 대화내용을 들려주기 때문에 중요 단어를 놓치지 않고 집중해서 들어야 한다. 문제의 유형은 두 가지로 나눌 수 있는데 1번에서 7번까지의 7개 문항은 한 사람이 말한 내용에 대한 반응으로서 적합한 답을 고르는 문제이고 8번부터 10번까지의 3개 문항은 두 사람이 나누는 대화가 주어지고 그 뒤에 적합한 반응이 무엇인지를 묻는 질문이다. 모두 기초언어능력을 측정하기 위한 문제로서 대화의 상황이 다양하게 주어지므로 인사, 소개, 감사, 위로, 사과, 초청, 칭찬, 격려, 부탁, 거절, 허락 등에 사용되는 다양한 구어체의 표현 및 관용 표현을 익혀 두는 것이 도움이 된다.

▶ 문제유형:

Q: How's the weather outside?

① I'm late for school.
② Feathers are very light.
③ It's raining now.

• Section Ⅱ (Q11~Q20): 짧은 대화 •

Section Ⅱ는 두 사람의 짧은 대화가 주어진다. 이 대화를 통해 짐작 할 수 있는 것을 묻는 질문으로 구성되어있으므로 대화를 듣기 전, 또는 들으면서 문제와 선택지 내용을 미리 읽어두면 정답을 찾는 것이 수월해진다. 주로 앞으로 일어나게 될 일이나 대화자간의 갈등 원인, 대화자들이 놓여있는 상황, 대화자 간의 관계, 대화자들이 나누는 말의 의미 등에 대한 질문들이 많다. 즉, 일상생활에서 일어날 수 있는 다양한 상황에서 가능한 대화들을 얼마나 잘 이해할 수 있는가를 측정하는 문항이 주로 출제된다.

▶ 문제유형:

W: Shall we go out for a walk?

M: Okay, but how's the weather?

Q: What would be the best response by the woman?

① This book is very easy to read.

② It couldn't be better.

③ I don't have to go outside to work.

④ It was a wonderful day.

▶ 질문유형:

- What happened to the woman?
- What will the man and the woman probably do?
- What does the man mean?
- What is the woman's problem?

• Section III (Q21~Q30): 긴 대화 •

Section III는 원어수학, 실무언어 능력에 관해 묻는 영역으로 원어강의, 업무협의 및 협상에 대한 긴 대화가 주어진다. Section II에서와 마찬가지로 이 부분에서도 문제와 선택 문항을 미리 읽어두는 것이 정답을 고르는 데 도움이 된다. 들을 때는 대화의 첫 문장과 마지막 문장을 특히 집중해서 듣는 것이 중요하다. 이 부분의 질문들은 대화 주제, 두 사람의 대화 장소, 두 사람의 관계 등을 물어보는 질문 유형이 많기 때문에 전체적인 대화의 내용이나 분위기 파악을 할 수 있어야 한다.

▶ 질문유형:

- What is the talk mainly about?
- Where would this conversation most likely to take place?
- What is the problem?
- What would the man do next?

• Section IV (Q31~Q50): 지문 이해 •

Section IV는 생활언어, 원어수학, 실무언어 모두를 평가하는 영역으로 일상생활에서 들을 수 있는 안내방송이나 음성메시지를 비롯하여 입학관련정보, 원어발표 및 토론, 그리고 업무상 회의와 세미나, 시사성 뉴스 등 다양한 주제를 다룬다. Section IV는 듣기지문을 듣고 4개의 선택지 중에서 가장 적절한 것을 찾아내는 방식으로서 하나의 지문에 2~4개의 문제가 출제되며 문제는 문제지에 인쇄되어 있으나 지문은 한번밖에 들려주지 않으므로 주의 깊게 들어야 한다. Section IV는 복잡한 구성의 문장이 많기 때문에 듣고 바로 의미를 이해할 수 있는 직청직해 능력을 갖도록 연습해야 한다. Dictation (받아쓰기)를 통해 연습을 하되 짧은 문장에서 긴 문장, 긴 문장에서 단락 순으로 연습을 한다면 문장의 구조를 이해하는데도 도움이 될 것이다. 독해에서 그 글의 주제나 제목을 파악하는 것을 물어보듯이 Section IV에서도 주제, 제목, 내용 등을 묻는 질문 유형들이 많이 나온다. 이 부분에서는 보통 하나의 듣기 지문당 두 개의 질문이 주어지는데 대개 내용에 대한 단서는 첫 문장에 있는 경우가 많으므로 첫 문장을 집중하여 잘 들어두는 게 좋다.

▶ 제목, 주제를 묻는 질문유형:
- Which of the following is the best title of the talk?
- What is the topic of the phone message?
- What is the best title for the reading?
- What is the major topic of this talk?

▶ True/False를 묻는 질문유형:
- Which of the following is not true?
- According to the talk, which of the following is not true?
- According to the talk, which of the following is true?
- Which of the following is not what the speaker suggests?

▶ 세부 내용 파악을 묻는 질문유형:
- Why was the man summoned to the court?
- Why does the speaker want to put a tax on gasoline?
- Why were the caretakers punished?
- What did John and his father have in common?

2 Reading Comprehension

• Section V (Q51~Q65) : 어휘 · 문법 •

Section V에서는 어휘나 문법에 관한 기초적 지식을 묻는 문제가 출제된다. 내용 면에서는 기초언어능력에 관한 영역이 주를 이루며 4개의 선택지 중에서 의미상이나 문법상 가장 적절한 어휘나 표현을 찾아야 한다.

▶ 문제유형:

Q1. They ______ by June, will they?

① won't have returned

② will have returned

③ shall have returned

④ wouldn't have returned

Q2. Jamie became a ______ when his wife died, refusing even to answer the door.

① sage

② busybody

③ widow

④ recluse

• Section IV (Q66~Q85) : 동의어 · 유의어 찾기 •

Section VI에서는 문장전체, 또는 문장 내에 밑줄 친 부분과 가장 가까운 의미를 지닌 문장이나 어휘를 찾는 문제가 출제된다. 숙어나 관용어, 특히 자주 쓰이는 관용적 표현 등의 의미를 충분히 알고 있어야 득점에 유리하다. 선택지로 나와 있는 유사한 표현 중에서 문제에 제시된 표현과 가장 비슷한 의미를 지닌 표현을 골라내는 판별 능력이 요구된다.

▶ 문제유형:

Q1. **He is above telling a lie.**

① Nobody can beat him in telling a lie.

② He quit telling lies.

③ He keeps telling lies.

④ He would never lie.

Q2. The Prime Minister was **admired** by the whole country.

① admonished

② respected

③ likened

④ imitated

• Section VII (Q86~Q90): 오류 찾기 •

Section VII에서는 한 문장을 구성하는 여러 부분 중에서 잘못된 부분을 찾아내는 문제, 그리고 4개의 문장 중에서 의미상, 문법상 오류가 있는 문장을 하나 골라내는 문제, 이렇게 두 가지 유형의 문제가 출제된다.

▶ 문제유형:

Q. The dog behaved(①) as well as(②) had been(③) expected it(④).

• Section VIII (Q91~Q140): 지문 독해 •

Section VIII에서는 짧게는 4~5행, 길게는 8~12행정도 되는 지문을 읽고 그 내용을 제대로 파악했는지를 묻는 문제가 출제된다. 내용상 생활언어 영역, 원어수학 영역, 그리고 실무언어 영역에 관한 내용의 지문이 제시되며, 듣기 시험과 마찬가지로 일상생활에서 들을 수 있는 안내 방송이나 음성메시지를 비롯하여 입학관련 정보, 원어발표 및 토론, 그리고 업무상 회의 및 세미나, 시사성 뉴스 등 다양한 주제를 다룬다. 생활언어 영역에서는 서신 (편지, 메모, e-mail 등), 생활문건 (사용설명서, 광고, 여행안내서 등), 시사문제 (신문, 잡지, TV 방송 등), 인터넷 사용 관련 문제 (IT 관련 용어가 있는 지문)에 관한 지문이 제시된다. 원어수학 영역에서는 학교생활과 관련된 내용으로 예를 들면, 원어교재 및 문헌, 보고서, 논문, 칼럼 등의 내용이 지문으로 제시된다. 그리고 실무언어 영역에서는 대외무역을 비롯한 국제교류 관련 문건 및 서식 (대외 관련 법률 문건, 조약, 계약, 의사록 등)과 업무협의 및 협상에 관련된 내용, 회의와 세미나에서의 발표 및 연설문과 같은 지문이 출제된다. 따라서 평상시부터 각 분야에 관심을 가지고 다양한 문장을 많이 접해 보는 것이 중요하다.

1. 빈출질문유형

A. 주제를 찾는 문제

전반적으로 모든 종류의 지문이 주제를 찾는 유형의 문제에 해당되며 글의 주제, 목적, 의도 등에 관한 문제의 단서는 각 문단의 첫 부분에 나오는 경우가 많다. 지문 중간이나 뒷부분에 주제가 있는 경우에는 앞부분부터 읽어가면서 내용을 종합적으로 분석하여 글의 주제를 파악하여야 한다.

▶ 글의 목적을 묻는 질문유형:

- What is the purpose of this letter?
- What is the main purpose of this memo?

▶ 글의 주제를 묻는 질문유형:

- What is the main topic of this article?
- Which of the flowing is the main point of the article?
- Which of the following is the best title for the above passage?

B. 세부 내용을 파악하는 문제

다양한 의문사(when, why, who, where, how many, how much)를 이용하여 글의 세부 내용을 정확히 파악하고 있는지에 대한 질문을 하는 문제이다. 독해영역 전체 문항에 해당하는 것이지만 지문을 읽기 전 문제를 먼저 읽으면 필요 없는 정보는 버리고 꼭 필요한 정보만을 기억해서 질문의 핵심 부분이나 중요 의문사에 대한 답을 찾는데 도움이 된다. 제한된 시간 속에서 정확한 독해능력을 측정하는 시험이기 때문에 얻고자 하는 정보를 확실히 알고 읽으면서 시간을 절약하는 것이 중요하다.

▶ 세부 내용 파악 질문유형

- When does the special discount apply?
- Who is Dr. Smith most likely to be?
- What did the man probably do?
- How much does the debtor owe the creditor?
- Where is the message likely to have been printed?

C. True/False를 판단하는 문제

지문의 내용을 파악한 후 선택지 4개 중에서 내용과 맞거나 혹은 맞지 않는 것을 골라내는 문제이다. 이 유형의 문제는 각 보기와 지문의 내용을 하나씩 대조해 보면서 확인해야 하므로 시간이 많이 소요된다. 일단 지문을 훑어 보면서 내용을 파악한 후 보기와 연관된 부분을 찾아가 하나씩 대조해 보는 것이 정답을 고르기에 좋다.

▶ Not 문제

- From what is stated or implied, which of the following is NOT true?
- Which of the following is NOT the target audience of the above message?
- Which of the following is NOT true of the above passage?

▶ True 문제

- Which is the following best describes Toby's character?
- Which of the following is true?

2. 유형별 전략

A. 서신

편지글은 매회 출제되는 빈출 유형으로 비즈니스 레터와 사적인 편지로 나눌 수 있다. 비즈니스 레터는 회사간의 거래와 관련된 다양한 상황을 다루며, 사적인 편지는 친구간, 교수와 학생간, 사업주와 고객간에 오가는 서신과 같이 실생활과 관련된 내용이 주로 나온다.

▶ 질문유형

- What is the main purpose of this letter?
- What is enclosed with this letter?
- When did Ms. Dwyer first contact Mr. Frazier?
- Rebecca is the Customer Services Manager. What is her main role?

B. 광고문

광고문은 크게 구인 광고, 제품 광고, 부동산 광고 등으로 나눌 수 있다. 구인 광고는 일정한 패턴이 있으므로 기본적인 틀을 알아 두면 시간을 절약할 수 있다. 제품 광고에서는 제품에 대한 여러 가지 설명들이 나열되므로 제품의 특징에 대한 True/False 유형 문제와 광고 대상에 대한 문제가 많이 나온다. 부동산 광고 역시 연관된 여러 어휘들을 익혀두면 어렵지 않게 풀 수 있다.

▶ 질문유형

- Who is this package targeted at?
- What is the main advantage of this offer?
- What is being advertised?
- What facility is being advertised for sake here?

C. 학술지문

FLEX의 출제의도에는 원어수학 능력의 측정이 포함되어 있기 때문에 학술적 내용에 관한 지문이 자주 출제된다. 학술지문의 경우 주로 세부 사항을 묻는 질문이나 True/False 문제가 출제된다. 제시된 지문을 잘 읽고 문제에서 요구하는 세부 사항을 정확히 파악 하는 것이 중요하다.

▶ 질문유형

- Why is there little snowfall in the PolarRegions?
- What does the speaker in the quote mean?
- What used to be the main purpose of using recycled vegetable oil before?
- Why is the specialization of science full of dangers and wasteful?

3 Speaking Test

• 말하기 시험의 구성 •

문항 번호	문제 유형	준비시간	소요시간	문항 수	배점
1	Warming up Questions	없음	문항당 10 초	3	20 점
2	지문 읽기 (낭독)	30 초	50 초	1	20 점
3	사진 · 삽화 묘사	30 초	50 초	1	30 점
4	역할설정	30 초	50 초	1	30 점
5	역할설정	30 초	50 초	1	30 점
6	데이터 분석	30 초	50 초	1	30 점
7	주관적 의견진술	30 초	60 초	1	30 점
8	주관적 의견진술	30 초	60 초	1	30 점
9	사회적 이슈관련 의견진술	30 초	60 초	1	30 점
총 9문항		총 시험시간 30분 정도			250점

1. Warming up Questions

이 문항은 응시자들이 수험장에 와서 본격적으로 말하기 시험을 보기 전 긴장을 풀고 본인의 실력을 최대한 발휘하게 하기 위해 배치된 문항이다. 주로 자기 자신이나 가족, 친구 등에 관한 아주 간단한 질문들로 구성되어있다. 채점의 공정성을 지키기 위해 응시자가 누구인지 알 수 있는 신상에 대한 질문은 배제되며 일반적으로 응시자의 취미, 성격, 학교, 직업 등 개인적 취향을 묻는 간단한 질문이 출제된다. 각 문항별로 10초 이내에 대답할 수 있는 단답형의 질문이 3문제 출제되는데 이에 따라 각 응시자들은 자신의 답을 들으면서 목소리 크기나 말하는 속도 등을 스스로 모니터링 할 수 있다. 아래의 질문들에 대해 요점만 짧게 대답하는 연습을 하고 이 질문들에 대해 나올 수 있는 어휘들을 미리 숙지하도록 한다. 그리고 과거나 현재 시제를 이용해 본인에 대해 말할 수 있도록 연습하면 도움이 될 것이다.

▶ **Possible questions**

- What is your date of birth?
- What is your hobby?
- What is your favorite movie (song, story, book, color) and why?
- Would you briefly introduce your family?
- Tell us about your hometown.
- When you make a friend, what do you mostly concern?
- Who is your favorite actor (actress)? Why do you like him (her)?

2. 지문 읽기 (낭독 테스트)

100단어 이내의 주어진 지문을 30초의 준비시간동안 눈으로 읽어 연습한 후 50초 동안 소리 내어 읽어야 하는 문항이다. 이 문제를 통해 발음과 억양, 유창성 등의 언어능력을 측정하게 되는데 외국어로서 영어를 학습한 한국어 모어화자들이 주로 범하게 되는 오류를 겨냥한 단어들이 등장한다. 즉 한국어에는 없는 발음들을 정확하게 발음할 줄 아는가, 억양의 높낮이를 올바로 조절해서 읽을 줄 아는가, 끊어 읽는 곳을 알고 적당한 시간을 주어 읽을 줄 아는가를 측정하려는 것이다. 따라서 평소에 많은 종류의 지문을 소리 내어 읽어보는 연습을 많이 하는 것이 이 문제를 대비하는 전략이 될 것이다. 낭독연습을 할 때에는 다음과 같이 틀리기 쉬운 발음에 유의하면서 읽는 연습을 하고 자신의 목소리를 녹음해서 들어보면서 연습하는 것도 도움이 될 것이다: [r] vs. [l], [b] vs. [v], [s] vs. [θ] or [ð] vs. [d] 등.

▶ **Possible question**

I am standing now at the **very** beginning of a **road**, and I am the **lucky** witness to the start of a **marvelous** journey. I am a new **parent**. My husband and I have helped start this journey for our **daughter**, Emily, pause by welcoming her into the world. Over the next several years, pause we will be intimately **involved** with every step she takes on **this road**, but as she gets older, pause she will need us **less** and **less** as she **grows** stronger and more independent, pause and becomes her own person. At that point, pause she must **find** her own way.

(※ 굵게 표시된 부분과 pause 가 표시된 부분은 주의를 기울여 읽어본다.)

3. 사진·삽화 묘사 문제 (Picture description)

다양한 상황의 사진이 주어지며 그 사진 속의 상황을 묘사하는 문항이다. 30초의 생각할 시간과 50초의 묘사 시간이 주어진다. 응시자들이 사진을 보고 누가, 어디서, 무엇을, 왜, 어떻게 하고 있는지를 묘사하게 된다. 주로 현재 시제나 현재 진행형의 시제를 이용해서 상황을 있는 그대로 묘사하게 되고 응시자의 개인적 추측이나 사진에 대한 전반적인 느낌을 추가해도 무난하다. 다양한 상황들을 묘사하는 어휘나 어구를 연습해 놓는 것이 도움이 될 것이며 정해진 시간에 묘사하는 연습 또한 중요할 것이다. 이 문제는 발음과 유창성은 물론이고 다양한 표현을 익숙하게 사용할 줄 아는지, 적절한 시제를 사용하고 있는지 등을 측정하게 된다.

▶ **Possible question**

4. 역할설정 문제 (일상생활관련)

주어진 상황에 맞게 모의 회화를 완성하는 문제이다. 일상생활에서 흔히 겪게 되는 상황이 주어지는데 응시자는 상황을 파악하기 위한 30초의 시간 동안 대사를 준비해서 50초 동안 말하기 과제를 수행해야 한다. 주로 전화를 걸어 음성메시지를 남기거나, 가상의 인물에게 이야기하는 과제가 주어지는데, 발음, 유창성을 비롯해 담화를 구성하는 능력은 물론 응시자들이 각 상황에 알맞게 대처하는 사회언어학적 능력도 함께 측정할 수 있는 문항이다. 즉 감사, 위로, 요청, 칭찬, 문의, 사과 등 일상생활의 다양한 의사소통의 상황에서 흔히 쓰이는 어휘, 어구, 화용적 표현 (discourse markers) 등에 익숙하도록 준비하여 정확하고 유창한 의사소통 능력을 발휘하는 것이 관건이다.

▶ **Possible question 1**

You are supposed to call a restaurant to book a table for four people. You find that no one is answering the phone and the answering machine is on. So, you're supposed to leave a message to check a few possibilities with restaurant policy. You want them to get back to you, responding with all the following inquiries. You will have 30 seconds to study the following information before you leave your message on the answering machine.

Things to ask about:

1. A table for four people by window at 5 p.m. this Saturday
2. The possibility of ordering a special dish for a vegetarian friend.
3. The possibility of bringing your own bottle of wine. (BYO)
4. The possibility of using a voucher for a special discount
5. The closing time of the restaurant.

▶ **Possible question 2** (녹음으로 들려주는 내용)

🎧 (Ring Ring Ring)

Hello. This is the Sun Shine Restaurant. We are sorry that we can't come to the phone right now. So, please leave a message after the beep, and we'll return your call as soon as possible.

Now, you'll have 50 seconds to leave a message. Speak as clearly as possible and include the five points stated above.

5. 역할설정 문제(학술 혹은 실무관련)

위의 문제와 동일한 유형의 문제이며 다만 주어진 상황이 학술이나 실무와 관련되어 있다는 점이 다르다. 예를 들어, 학술과 관련한 상황은 대학교에서 어떻게 자신이 이수한 과목을 확인할 수 있는지, 장학금 신청을 하고 싶은데 어떤 절차를 거쳐야 하는지, 유학생으로서 어떤 도움을 받을 수 있으며 어디로 가야 하는지, 시험을 치르지 못해 학점을 받지 못했는데 해당 교수에게 어떤 도움을 받을 수 있는지 등과 같은 문제를 당면했을 때 주어진 지시문에 따라 가상의 인물에게 이야기하는 문제들이 출제될 수 있다. 실무와 관련한 상황은 상대방과 체결한 계약내용을 갱신하고 싶은데 어떤 절차를 거쳐야 하는지, 회의에 참석할 수 없는 피치 못할 일이 생겼는데 누구에게 어떻게 알려야 하는지, 회사의 신상품에 대한 여론조사를 해야 하는데 어떤 절차를 거쳐야 하는지 등과 같은 문제를 당면했을 때 역시 주어진 지시문에 따라 가상의 인물과 대화하는 등의 과제를 수행하게 된다.

▶ **Possible question**

You are now visiting a bank to open a new bank account for your business. You want consult with the teller. You brought your business certificate, ID and some money to deposit in your new bank account. The following is what you want to know about: You will have 30 seconds to study the following information before you start to talk to the teller.

Things to ask about:

1. What should be provided to open a new business account?
2. How is a business account different from a private account?
3. Is there a minimum deposit?
4. When can the new account be activated and how?
5. Is there a maintenance fee for a new account?

(녹음으로 들려주는 내용)

🎧 Good morning! How can I help you?

Now, you'll have 50 seconds to ask the above questions to the teller.

6. 데이터 분석 문제 (Data description)

다양한 종류의 데이터가 제시되고 이에 대한 객관적 묘사를 하는 과제를 수행하는 문제이다. 제시되는 데이터는 주로 여러 종류의 그래프(막대그래프, 파이 그래프, 선 그래프)나 도표가 포함되며 30초 동안 데이터를 분석하고 50초 동안 묘사하여야 한다. 이 문제는 인지능력을 측정하기 위한 것은 아니나 주어진 데이터를 해석할 수 있는 정도의 최소한의 사고력이 요구되는 문제이다. 너무 단순하게 수치만 나열하게 되는 데이터보다는 남녀, 국가별, 연령별로 비교하여 그 특징을 서술할 수 있는 데이터가 주로 출제된다. 주어지는 데이터의 난이도는 비교적 높지 않은 수준이고 응시자가 데이터 분석에 필요한 표현을 얼마나 잘 구사하는지를 측정하려는 것이므로 이에 대해 준비만 해 둔다면 별 어려움은 없을 것이다. 특히 데이터 분석에 쓰이는 표현은 정형화 되어있기 때문에 평소에 이를 자주 접하여 익숙하도록 연습하는 것이 중요하다. 예를 들어, 수량의 비교를 나타내는 표현, 즉 비교급의 구사에 능숙하게 연습하는 것이 도움이 된다.

▶ **Possible question**

The following graphs show the number of small cars exported to three different zones; America, Asia, and Oceania in 2006. Study them for 30 seconds and from the information on the graph, quarterly export. Please include information on the increase and decrease of the total number of cars exported to three different zones through 4 periods. You will have 50 seconds to answer this question.

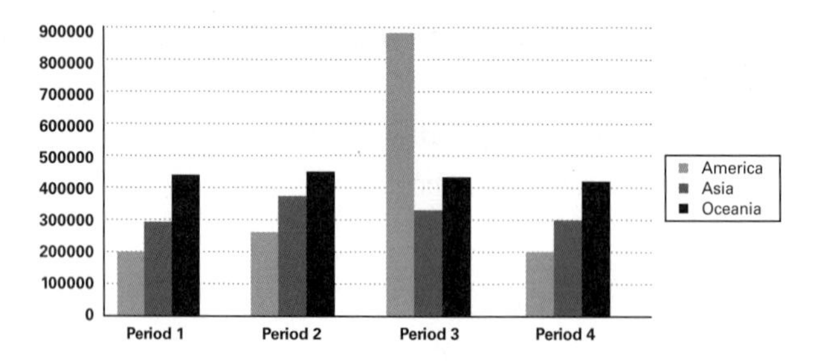

▶ **Possible expressions that can be used in the description:**

- The bar chart demonstrates (shows, illustrates, etc.) ...
- The most striking feature of the chart is that ...
- Improvement in exporting to America in period 3 ...
- The number of cars exported to America drops dramatically in period 4
- The export to Oceania, on the other hand, is steady through the year.
- The export to Asia increased gradually from period 1 to period 2 then it started to decrease in periods 3 and 4.

▶ **Vocabulary that can be used in the description:**

rise, increase, improve, fall, decrease, recover, slight(ly), sharp(ly), dramatic(ally), steady, regular, etc.

7. 주관적 의견 진술(Stating individual opinion)

이 영역은 총 두 개의 문항으로 구성되어 있으며 각 문항당 준비 시간은 30초, 의견 진술 시간은 1분이 주어진다. 주어진 질문을 잘 듣고 그에 대한 자신의 주관적 판단이나 개인적인 생각 및 의견을 구술하는 문제이다. "만약 ~라면"이라는 가정을 통해 주어지는 상황에 자신이 취할 행동이나 태도에 대한 문제가 출제되기도 하고, 어떤 주제에 대해 찬성하는지 반대하는지에 대한 의견을 묻는 문제가 출제되기도 한다. 찬반을 묻는 문제의 경우, 찬반에 대한 자신의 의견을 먼저 말하고 나서 그 주장을 뒷받침하는 이유나 예를 드는 것이 효과적인 답변 진술이 된다. 답변 내용이 주제에서 벗어나지 않도록 주의하고 정확한 근거나 예를 들어 설명하는 것이 바람직하다.

▶ **Possible questions**

- Imagine you are taking an English exam in order to enter a company. You happen to find another test-taker cheating by using his mobile phone. What would you like to do?
- When you have a serious personal problem, who do you talk to for advice, and why?
- Who had the most influence on you to become who you are now? And why?
- Name some things Koreans should do in order to prepare for the 2002 World Cup Soccer Games, and why?
- How can people stop bad habits like smoking, drinking too much alcohol, watching too much TV, playing too many computer games, eating junk food?

8. 사회적 이슈관련 문제

이 영역은 현재 사회적으로 이슈가 되고 있는 주제에 대한 생각을 진술하는 문제로 30초의 준비 시간과 60초의 의견진술 시간이 주어진다. 내용은 주로 어떠한 사안에 대해 동의하는지 동의하지 않는지에 대해 묻는 질문들로 구성되어 있으며, 논리적으로 2개 이상의 의견이 나올 수 있는 다양한 이슈에 대해서 자신의 의견을 말하고 이를 뒷받침하는 근거를 제시하도록 하는 문항이 주를 이룬다. 이 문항은 정답 여부를 가리기 위한 것이 아니라 개인적인 의견과 그에 따른 논리적 근거를 언어를 통해 표현하는 능력을 측정하려는 것이다. 위의 개인적 의견 진술 문제와 마찬가지로 자신의 생각을 먼저 간결한 문장으로 표현하고 근거나 이유에 대해 예를 들어 설명하는 것이 좋다. 평소에 다양한 사회적 이슈에 대해 충분히 생각해보고 그에 대한 자신의 생각을 분명하고 설득력 있게 진술하는 연습을 해 두는 것이 관건이다.

▶ **Possible questions**

- The voting age is the minimum legal age at which a person may vote in a governmental election. The current voting age in Korea is 20, but many people propose that it should be 18. Do you think it's really a good idea giving 18 year-olds the right to vote? Why, or why not?
- Do you agree that Korean History should be a required subject in a high school or not? Use some specific examples to support your answer.
- Children should begin studying English when they are in kindergarten. Do you agree or disagree with it? Explain your answer.
- High school students should wear different clothes, not school uniforms. Do you agree or disagree with this idea?

4 Writing Test

• 쓰기 시험의 구성 •

문항 번호	문제 유형	문항 수	배점
1~5	단문번역	5	문항당 10점
6	내용요약	1	30 점
7	담화구성	1	40 점
8	데이터 분석	1	40 점
9	서신 · 메모 작성	1	30 점
10	주제별 작문	1	60 점
총 10문항	총 시험시간 60분		250점

1. 단문번역

다섯 개의 단문이 한국어로 주어지면 이를 영어로 번역하는 과제를 수행해야 한다. 단문 번역 문제는 쓰기 능력의 기본이 되는 기초적 작문 능력을 측정하려는데 그 목적이 있으며 주로 문법적인 요소와 어휘력을 보기 위한 문제들이 출제된다. 각 문장에 10점씩이 배점되며 말하기 시험의 워밍업 테스트와 마찬가지로 비교적 난이도가 낮은 문제부터 시작함으로써 응시자가 느끼는 시험 부담감을 줄일 수 있도록 했다.

▶ **Possible questions**

- 나는 그의 선물을 열어보고 일기장이었더라면 좋았을 것이라고 생각했다.
- 돌려서 얘기하지 말고 최종안을 주기 바랍니다.
- 나는 그녀의 관심을 끌려고 노력했지만 그녀는 나의 존재를 알아채지 못했다.

2. 원문 요약(Text summary)

보통 350자 내외의 원문을 60-80자로 요약하는 문제로서 자신이 이해한 원문의 중요한 요점과 시간적 흐름을 파악해서 요약하여야 한다. 이 문제는 원문의 이해능력이 선행되며 중요한 정보와 덜 중요한 정보를 판단해 주어진 단어 수에 맡게 재구성하여 작문하는 것으로서 다양한 능력을 측정하게 된다. 즉 독해력, 어휘력, 문장 구성력 등이 골고루 사용되는 수행과제라고 할 수 있다. 주어지는 원문은 전문지식을 요하는 내용이 아니라 보통사람들이 흔히 접하게 되는 장르의 가벼운 이야기나, 내레이션, 에피소드 등으로 출제자가 예측하는 소요시간은 6-7분 정도가 된다. 지필고사 방식의 시험이므로 자신의 손 글씨가 한 문장에 몇 단어를 평균적으로 쓰는지 파악하여 정해진 시간 내에 정해진 분량으로 내용 요약을 할 수 있도록 사전 연습을 할 필요가 있다. 이를 위해서는 시험에 주어지는 원문과 비슷한 길이의 원문을 평소에 주어진 단어 수로 요약하는 연습을 하는 것이 효과적이다. 또한 고득점을 위해서는 전체 내용을 정확하게 파악하여 내용이 어느 한쪽에 치우치지 않도록 전체 분량의 배분에도 신경 써야 한다. 각 문장을 그대로 나열해서는 좋은 점수를 받을 수 없으므로 접속사를 적절하게 사용하여 각 문장을 부드럽게 연결시키는 연습을 하는 것이 중요하다.

▶ **Possible question**

Let me tell you a story: In ancient times, a king had a boulder placed on a roadway. Then he hid himself and watched to see if anyone would remove the huge rock. Some of the king's wealthiest merchants and courtiers came by and simply walked around it. Many loudly blamed the king for not keeping the roads clear, but none did anything about getting the big stone out of the way. Then a peasant came along carrying a load of vegetables. On approaching the boulder, the peasant laid down his burden and tried to move the stone to the side of the road. After much pushing and straining, he finally succeeded. As the peasant picked up his load of vegetables, he noticed a purse dying in the road where the boulder had been. The purse contained gold and a note from the king indicating that the gold was for the person who removed the boulder from the roadway. The peasant learned what many others never understand. Every obstacle presents an opportunity to improve one's condition.

In fact, the people you meet who affect your life and the success and downfalls you experience, help to create who you are and who you become. Even the bad experiences can be learned from, they are probably the most poignant and important lessons. The worst thing in your life may contain seeds of the best. When you can see obstacle as an opportunity, your life does not become easier, but more satisfying. If someone hurts you, betrays you, or breaks your heart, forgive them, for they have helped you learn about trust and the importance of being cautious when you open your heart. If someone loves you, love them back unconditionally not only because they love you, but because in a way, they are teaching you to love and how to open your heart and eyes to things. Make every day count. Appreciate every moment and take from those moments. Talk to people whom you have never talked to before. Hold your head up because you have every right to.

Life is raw material. We are artisans. We can sculpt our existence into something beautiful, or debase it into ugliness. It's in our hands!

3. 담화구성

하나의 원문이 주어지는데 주어진 부분을 읽고 그 뒤를 자유롭게 완성하는 문제이다. 보통 일반인들에게 익숙한 주제가 주어지며 응시자들은 원문이 끝난 시점에서 전반부의 연장선상에서 전체 글의 논리가 일관성있게 유지되도록 원문을 완성해야 한다. 이 문제 역시 앞의 내용을 파악해야 하는 능력과 더불어 주어진 내용에 따라 자신이 알고 있는 내용을 조리 있게 잘 표현할 수 있는지에 대한 능력을 측정하며, 출제자가 예측한 소요시간은 7분 정도이다. 이 영역에서는 먼저 주어진 분장의 내용을 읽고 글의 논지가 무엇인지를 정확하게 파악해야 한다. 자신의 생각이나 주장을 기술하는 것이 아니라 필자가 주장하고자 하는 내용의 핵심, 또는 문장의 주제를 찾아낸 다음 문장의 후반부를 완성해야 한다.

▶ **Possible question**

The given text is incomplete. You should complete them by writing relevant information. You should write some advantages of using a bike, public transportation, or riding in car pool (minimum 50 words for each text).

More and more people are wondering how they can do their part to help reduce the emission of greenhouse gases into the atmosphere. While change won't happen overnight, here are some steps that you can take against global warming. First, we should buy energy efficient appliances. Second, people should be aware of the energy saved just by unplugging electronics from the wall when they are not being used. We should turn off lights and other energy sucking devices as well. Third, we should save a lot of energy by using bike, public transport or carpool.

4. 데이터 분석 문제 (Data description)

말하기에서의 데이터 분석 문제와 매우 유사하나 구어체보다는 문어체로 표현해야 한다는 점이 좀 다르다. 다양한 종류의 데이터가 제시되고 이에 대한 객관적 묘사를 해야 하는 문제인데, 제시되는 데이터는 주로 여러 종류의 그래프(막대그래프, 파이 그래프, 선 그래프)나 도표가 포함되며 출제자의 예측 소요시간은 7분 내외이다. 이 시간 동안 데이터를 분석하고 리포트를 쓰는 형식으로 묘사해야 한다. 말하기 시험에서와 같이 주어지는 데이터는 난이도가 높지 않고 데이터 분석에 필요한 표현을 얼마나 잘 구사하는지를 측정하려는 것이 주요 평가기준이 되므로 반복적인 연습을 통한 사전 대비가 중요하다. 특히 데이터 분석에 자주 쓰이는 표현에 대해 평소부터 많은 자료를 접하고 이해와 암기를 통해 익숙해질 수 있도록 노력하는 것이 필요하다.

▶ **Possible question**

Please describe the following graph of Korean population growth from 2002 to 2005 in Korea. (minimum 50 words)

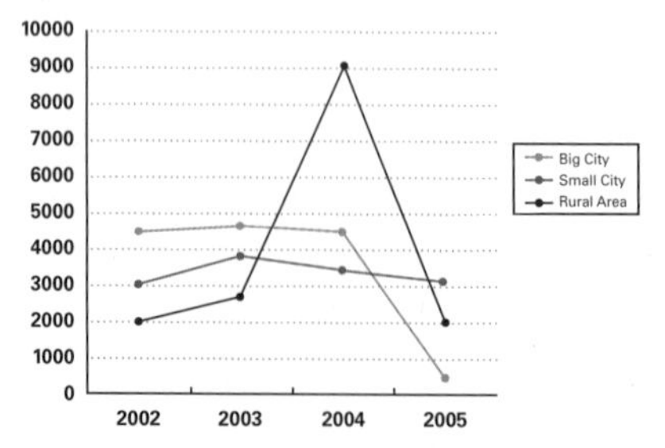

5. 서신/메모 작성

다양한 목적으로 서신을 작성하는 과제를 수행하는 문제이다. 구인 혹은 구직 광고, 상품에 관한 광고, 각종 지원서(application), 개인적 혹은 공식적 용무의 편지, 이메일 등이 포함된다. 주어지는 상황에 따라 서신을 작성하여야 하며 출제자 예측 소요시간은 7분 내외이다.

▶ **Possible question**

You are supposed to write a letter to apply for a position advertised in the newspaper. Study the Job description first and write a cover letter. (minimum 80 words)

Job description

We are an established member of the Jakarta Futures Exchange and Indonesian Derivatives Clearing House. We currently seek Business Development Managers with the following criteria:

- Leadership quality
- Aggressive and possess excellent interpersonal skill
- Team work skill
- Hardworking, independent, and highly motivated

6. 주제별 작문

주어진 주제에 따라 자유롭게 짧은 에세이(essay)를 쓰는 문제이다. 이 영역은 다른 어떤 영역보다도 개개인의 영어 실력을 제대로 반영하는 틀이 될 수 있다. 이와 같은 에세이 유형의 작문을 하기 위해서는 어휘구사력이나 표현력은 물론, 일반적인 에세이 작성 원칙 및 방법에 대한 이해가 필요하다. 주어진 시간이 제한되어 있으므로 실제 쓰는 시간과 에세이 내용 구상에 필요한 설계 시간을 잘 할애하는 것이 중요하다. 구상 없이 무조건 써 내려가다 보면 글의 전체적 구조에 문제가 생기거나 논리적 흐름이 자연스럽지 않게 될 염려가 있다. 따라서 주어진 주제를 분석하여 자신의 입장을 정하고 포함시켜야 할 요점들을 일목요연하게 적어내려 갈 수 있도록 사전에 에세이를 작성하는 연습을 반복적으로 하는 철저한 준비가 필요하다. 출제자가 예측하는 소요시간은 25분 정도이다.

▶ **Possible questions**

- Write an essay on "Living with a pet." (minimum 200 words)
- Write an essay on "Role of Mass Media in modern days." (minimum 200 words)

FLEX

FLEX

FLEX

FLEX

PRACTICE TEST 1회

SECTION I

[1-10] Questions & Answers

Directions:
For each item in this section you will hear a question or statement in a variety of situations. Following that, you will hear three possible answers. Choose the most appropriate response to the statement or question. Listen carefully, as you will hear each item just once, and the statements and answer choices are not written out for you.

For example,
you hear:
How's the weather outside?
① I'm late for school.
② Feathers are very light.
③ It's raining now.

The best answer to "How's the weather outside?" is ③ "It's raining now." Therefore, you should choose answer ③. Now, let us begin Section I with question number 1.

1. Mark the answer on your answer sheet after you hear the question.

2. Mark the answer on your answer sheet after you hear the question.

3. Mark the answer on your answer sheet after you hear the question.

4. Mark the answer on your answer sheet after you hear the question.

5. Mark the answer on your answer sheet after you hear the question.

6. Mark the answer on your answer sheet after you hear the question.

7. Mark the answer on your answer sheet after you hear the question.

8. Mark the answer on your answer sheet after you hear the question.

9. Mark the answer on your answer sheet after you hear the question.

10. Mark the answer on your answer sheet after you hear the question.

SECTION II

[11-20] Short Dialogue

Directions:
For each question in this section you will hear a dialogue between two people. It will be spoken just once. Listen to the dialogue carefully and read the question and the four answer choices and decide which one is the best answer to the question.

For example,
you hear:
Woman: Shall we go out for a walk?
Man: Okay, but how's the weather?

And now you read:
What would be the best response by the woman?
① This book is very easy to read.
② It couldn't be better.
③ I don't have to go outside to work.
④ It was a wonderful day.

From the conversation the best response by the woman is ②. Therefore, you should choose answer ②. Now let us begin Section II with question number 11.

[Question 11]

11. What would be the best response by the woman?

① Thanks, that would be great.
② I kind of want a muffin with it.
③ Yes, and I'll pay you back later.
④ Anything without caffeine is fine.

[Question 12]

12. What would be the best response by the woman?

① In February.
② It hurts so badly.
③ I'm doing what I can.
④ Any time it's hot outside.

[Question 13]

13. What does the man mean?

① He's too fat to climb.

② He's more fit than her.

③ He's never going to do it.

④ He's excited to start training.

[Question 14]

14. What would be the best response by the woman?

① Yes, let's give it a shot.

② I haven't tried very hard.

③ Yes, it was really amazing.

④ No, I'll go as soon as I can.

[Question 15]

15. What does the man mean?

① He doesn't want to see the movie.

② He will be a little late to the theater.

③ He is going to work from home tonight.

④ He will not be leaving the office anytime soon.

[Question 16]

16. What does the man imply?

① Appearances can be deceiving.

② The boss is not an open book.

③ Tattoos are a sign of weakness.

④ The new girl is full of surprises.

[Question 17] ∩

17. Where are the man and woman likely to be?

① At a paint store

② At an art gallery

③ At a window shop

④ At the woman's home

[Question 18] ∩

18. What does the man mean?

① "Everything will be okay."

② "Just do one thing at a time."

③ "I think you agreed to do too much."

④ "If you try your hardest, that will be enough."

[Question 19] ∩

19. What does the man mean?

① His store has no bathroom.

② He does not work at the store.

③ He does not carry what she wants.

④ He does not know what she asked.

[Question 20] ∩

20. What would be the best response by the woman?

① I'm not sure what you'd call it.

② I can't remember where I saw it last.

③ No, I must have left it at home again.

④ Yes, I label all of my belongings at work.

SECTION III

[21-30] Long Dialogue

Directions:
For each question in this section you will hear a dialogue between two people. It will be spoken just one time. Listen to the dialogue carefully and read the question and the four possible answers and decide which one is the best answer to the question. Now let us begin Section III with question number 21.

[Questions 21-22]

21. Where might this dialogue have taken place?

① Chemistry class
② Economics class
③ Driver's education class
④ Physical education class

22. What does the woman imply?

① The subway is a little pricey.
② The subway reduces traffic on the roads.
③ Walking is a safer option than driving a car.
④ The subway is more dangerous than we expect.

[Questions 23-24] ∩

23. What is the man suggesting?

① The woman is not well educated.

② The woman has too much free time.

③ He doesn't trust the motivations of the doctors.

④ He can't believe research that was conducted so long ago.

24. How did the woman feel when she watched the video?

① Amused

② Surprised

③ Disappointed

④ Disapproving

[Question 25] ∩

25. What is true according to the talk?

① The man has been beekeeping and farming for a few years.

② The man needs to buy equipment from a honeybee supplier.

③ The man has had a lower production of crops the past few years.

④ The best way to get started beekeeping is to relocate a nearby hive.

[Questions 26-27] ∩

26. How can the workplace in general be described?

① Gloomy

② Peaceful

③ Disorderly

④ Competitive

27. According to the male speaker, what is true about the boss?

① He often skips meals.

② He's a bit of a tyrant.

③ He is somewhat unconventional.

④ He's very direct in conversations.

[Questions 28-29]

28. What is the man likely to do next?

① Fire Margaret.

② Check his email.

③ Have a talk with Margaret.

④ Have a meeting with Accounting.

29. Why are Margaret's coworkers upset?

① She thinks aloud while she is doing her work.

② She gives her opinions even when she isn't asked.

③ She focuses on office gossip instead of getting her work done.

④ They can't get work done because she's always asking questions.

[Question 30]

30. Which of the following is true about the speakers?

① The man is close with Gary.

② The man used to work in finance.

③ The woman is optimistic about the man's chances.

④ The woman is sure there will soon be a job available.

SECTION IV

[31-50] Short Talks

Directions:
In this section of the test you will hear short talks. After each talk, you will be asked some questions. You will hear the talks just one time. The questions are written in your test booklet, and they will not be spoken. Therefore, after you hear a talk, read the questions and the four possible answers and decide which one is the best answer to the question. Now let us begin Section IV with question number 31.

[Question 31] 🎧

31. What is the reason for the call?

① To request a service call
② To change the meeting time
③ To price a new air conditioner
④ To inquire about a job opening

[Question 32] 🎧

32. What does Jerry want Tina to do?

① To cancel the meeting
② To join him at the gym
③ To leave work an hour or two earlier
④ To meet him an hour later than planned

[Questions 33-34]

33. Which type of accommodation provided is advertised as the most deluxe?

① RVs

② Tents

③ Cabins

④ Campsites

34. Which of the following attractions is mentioned?

① Guided hikes

② Natural pools

③ Beautiful caves

④ Mountain trails

[Questions 35-36]

35. Who is likely the speaker?

① A firefighter

② A news reporter

③ An arson investigator

④ A police representative

36. Which statement is true according to the talk?

① Five people were injured in the fire.

② Three homes were involved in the fire.

③ There were two fatalities caused by the fire.

④ Arson was determined as the cause of the fire.

[Questions 37-38] ∩

37. What is the report about?

① A coach stranded from his team

② Bad accidents on highways in Westford

③ The importance of having a good driver

④ A sports team unable to get home on schedule

38. Which of the following is true according to the report?

① The bus was delayed for two hours.

② The team members on the bus became frantic.

③ The bus continued slowly throughout the storm.

④ The driver was not able to see clearly while driving.

[Questions 39-40] ∩

39. When is a good time to see the baby cub?

① 8 a.m.

② 2 p.m.

③ 4 p.m.

④ 12 p.m.

40. Which of the following is true about Binky Wonder?

① She is usually active for 20 minutes at a time.

② She spends several hours a day with her father.

③ She sleeps around 12 hours in a 24-hour period.

④ She has been a popular attraction for the past 6 months.

[Questions 41-42] 🎧

41. What symptom is the presenter giving advice for?

① Lightheadedness

② Stomach nausea

③ Inability to walk

④ Muscle cramping

42. What does the speaker recommend to do to the sick person?

① Put them flat on the ground.

② Sit them in the nearest chair.

③ Reach around to hold them up.

④ Rock their head from side to side.

SECTION IV

[Questions 43-44] 🎧

43. What question is the speaker addressing?

① How should I get rid of bad germs?

② Should I stop using antibacterial soap?

③ How can I get my hands even cleaner?

④ What's the best way to increase immunity?

44. Which of the following statements does the speaker agree with?

① Exposure to germs is good for immunity.

② Germs are not responsible for most illnesses.

③ Our bodies are naturally immune to most diseases.

④ Antibacterial products may contain harmful bacteria.

[Question 45] ∩

45. Which statement is true according to the speaker?

① He became a vegetarian for health reasons.

② When he was a vegetarian, he was very healthy.

③ When he stopped being vegetarian, he got quite sick.

④ When he started eating meat again, he expected to throw up.

[Questions 46-47] ∩

46. Who is the speaker talking to?

① Conference organizers

② People who will attend the conference

③ Content designers for the conference manual

④ Retailers who will advertise at the conference

47. Which of the following can be inferred?

① Handouts are available online to the public.

② There will be 25 manuals available on site.

③ Printed manuals can be reserved in advance.

④ Most attendees are expected to bring a computer.

[Questions 48-49] ∩

48. Who is the speaker probably talking to?

① Business owners

② Marketing experts

③ Advertising executives

④ Employees at his company

49. Which of the following is implied or suggested?

① Not all customers are worth having.

② Words and images are equally powerful.

③ Focus on the quality instead of quantity of images.

④ The best customers will refer you to other customers.

[Question 50]

50. Which of the following is implied by the speaker?

① He recently started training to be a runner.

② Victories in business usually happen quickly.

③ Prudent timing is essential for entrepreneurs.

④ To become successful in business, you need to be fit.

This is the end of the Listening Comprehension test.

FLEX

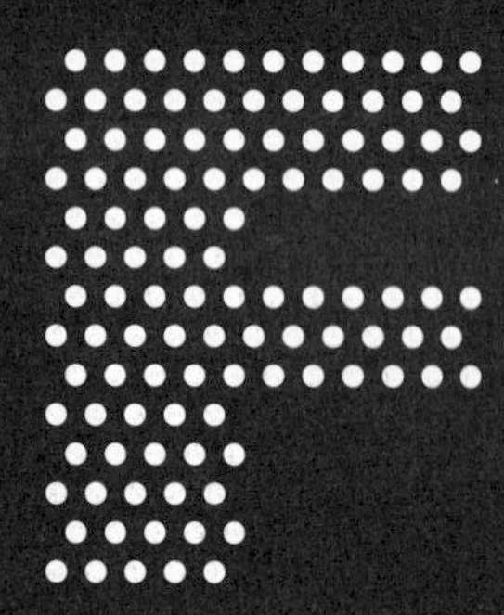
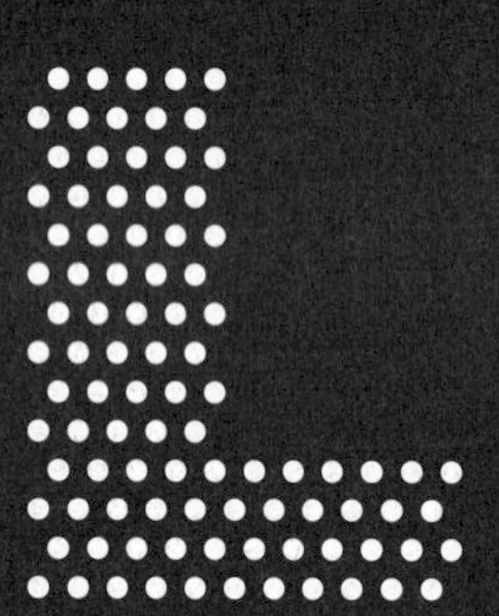
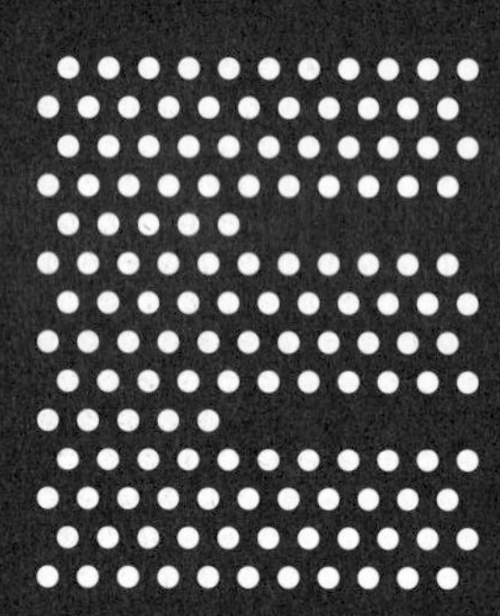
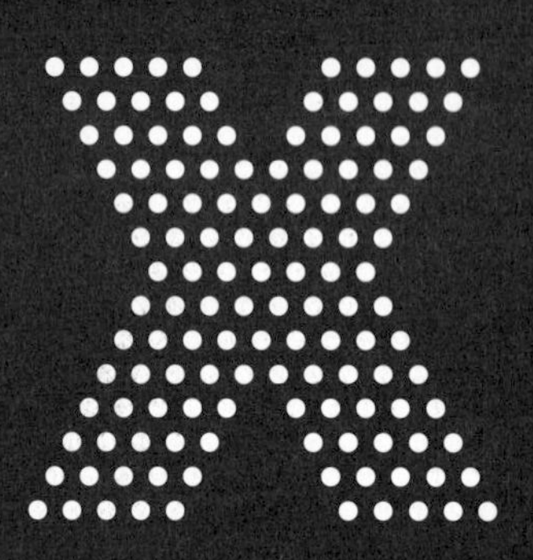

FLEX

FLEX

PRACTICE TEST 2회

SECTION I

[1-10] Questions & Answers

Directions:
For each item in this section you will hear a question or statement in a variety of situations. Following that, you will hear three possible answers. Choose the most appropriate response to the statement or question. Listen carefully, as you will hear each item just once, and the statements and answer choices are not written out for you.

For example,
you hear:
How's the weather outside?
① I'm late for school.
② Feathers are very light.
③ It's raining now.

The best answer to "How's the weather outside?" is ③ "It's raining now." Therefore, you should choose answer ③. Now, let us begin Section I with question number 1.

1. Mark the answer on your answer sheet after you hear the question.

2. Mark the answer on your answer sheet after you hear the question.

3. Mark the answer on your answer sheet after you hear the question.

4. Mark the answer on your answer sheet after you hear the question.

5. Mark the answer on your answer sheet after you hear the question.

6. Mark the answer on your answer sheet after you hear the question.

7. Mark the answer on your answer sheet after you hear the question.

8. Mark the answer on your answer sheet after you hear the question.

9. Mark the answer on your answer sheet after you hear the question.

10. Mark the answer on your answer sheet after you hear the question.

SECTION II

[11-20] Short Dialogue

Directions:
For each question in this section you will hear a dialogue between two people. It will be spoken just once. Listen to the dialogue carefully and read the question and the four answer choices and decide which one is the best answer to the question.

For example,
you hear:
Woman: Shall we go out for a walk?
Man: Okay, but how's the weather?

And now you read:
What would be the best response by the woman?
① This book is very easy to read.
② It couldn't be better.
③ I don't have to go outside to work.
④ It was a wonderful day.

From the conversation the best response by the woman is ②. Therefore, you should choose answer ②. Now let us begin Section II with question number 11.

[Question 11] ∩

11. What would be the best response by the woman?

① I had to call in sick.
② I'll get to bed pretty soon.
③ I wish I had more time to study.
④ I went home right after work.

[Question 12] ∩

12. What would be the best response by the woman?

① Oh, I want to go there.
② Thanks for the tip.
③ Really? Where's it from?
④ Can I take off another day?

[Question 13] ∩

13. What does the man mean?

① He wasn't feeling well.

② The weather was unpleasant.

③ He hasn't joined the club.

④ He isn't sure if he can do it.

SECTION II

[Question 14] ∩

14. What would be the best response by the woman?

① I'm already getting a new sofa.

② So maybe 10 minutes or so?

③ Yes, you did a good job.

④ Then did you find them yet?

[Question 15] ∩

15. What does the man mean?

① He isn't interested in alcohol.

② He has made another appointment.

③ He promises to meet her there.

④ He isn't sure if he can go.

[Question 16] ∩

16. What does the man imply?

① The party will last around an hour.

② The longer they stay, the more fun it will be.

③ They should stay longer than before.

④ They can leave after enough people see them.

[Question 17] 🎧

17. Where are the man and woman likely to be?

① At the woman's home

② At an electronics store

③ At a children's store

④ At an outdoor park

[Question 18] 🎧

18. What does the man mean?

① They are in need of advertising.

② The event has gotten out of control.

③ Someone must have spread the news.

④ The event is doomed to be a failure.

[Question 19] 🎧

19. What does the man mean?

① He hopes to sell his old car.

② He does not know how to do an oil change.

③ He wishes someone else had brought in his car.

④ He is capable of doing anything she can do.

[Question 20] 🎧

20. What would be the best response by the woman?

① Why would it be in there?

② Why can't I make some bread?

③ Where did I put the bread?

④ Where could it possibly be?

SECTION III

[21-30] Long Dialogue

Directions:
For each question in this section you will hear a dialogue between two people. It will be spoken just one time. Listen to the dialogue carefully and read the question and the four possible answers and decide which one is the best answer to the question. Now let us begin Section III with question number 21.

[Questions 21-22]

21. How much of the labor force was unable to find work in the early 1930s?

① 10%
② 25%
③ 40%
④ 80%

22. According to the talk, what was the most destructive effect of the Great Depression?

① Horrible spread of disease
② Lack of proper education
③ Lowered standard of living
④ Elimination of the gold standard

[Questions 23-24]

23. Which of the following benefits was mentioned?

① Healthy coat of hair
② Elevated mood
③ Better digestion
④ Less fatty tissue

24. What is the purpose of the talk?

① To increase pet adoption
② To inform about vitamins
③ To reduce medicine overdoses
④ To explain body storage functions

[Question 25]

25. What is implied in the talk?

① Most of their business is conducted online.
② They have not yet created a company website.
③ Searching for company information on phones may be difficult.
④ They get most of their new customers through social media ads.

[Questions 26-27]

26. How can the man's reaction be described?

① Upset and confused
② Peaceful and supportive
③ Hateful and angry
④ Ambivalent and unemotional

27. According to the talk, what is true about Sally?

① She is unemployed.
② She will go back to school.
③ She is looking for a better job.
④ She wants to increase her savings.

[Questions 28-29]

28. What is the book about?

① Finding more time to focus on your business
② Developing your company in today's environment
③ Better business communications and interactions
④ Succeeding personally and professionally

29. How can the male speaker be described?

① Nosy
② Cocky
③ Cruel
④ Shy

[Question 30]

30. Which of the following is true about the speakers?

① The woman is the man's manager.
② The man and woman work in the same department.
③ The man's office supplies will likely exceed the budget.
④ The man is ordering small, everyday items.

SECTION IV

[31-50] Short Talks

Directions:
In this section of the test you will hear short talks. After each talk, you will be asked some questions. You will hear the talks just one time. The questions are written in your test booklet, and they will not be spoken. Therefore, after you hear a talk, read the questions and the four possible answers and decide which one is the best answer to the question. Now let us begin Section IV with question number 31.

[Question 31] ∩

31. What day was Matt's missed appointment?

① Monday
② Tuesday
③ Thursday
④ Friday

[Question 32] ∩

32. What is the purpose of the call?

① To offer a neighborhood discount
② To offer a free consultation
③ To offer financial planning
④ To offer technical support

[Questions 33-34] 🎧

33. What will happen starting on March 18th?

① Some TV programs will no longer be available.

② All TV programs are changing to digital format.

③ TV programs will be available to watch online.

④ New TVs will be delivered to residents in the area.

34. Who should call the help line?

① People with set-up boxes

② People with analog TVs

③ People with upgraded cables

④ People who don't watch TV

SECTION IV

[Questions 35-36] 🎧

35. How many violins did each of the players in the study try?

① 3

② 6

③ 10

④ 21

36. Which statement is true according to the talk?

① The cost of a Stradivarius is around $50,000.

② Research shows that newer violins are too loud.

③ Over half of study participants liked a new violin better.

④ Researchers are studying the ways violinists determine violin value.

[Questions 37-38] ∩

37. Who is likely the speaker?

① A zoo worker

② A zoo visitor

③ A news reporter

④ An animal rights activist

38. Which statement is true according to the talk?

① Some chimps were injured in the escape.

② A total of six chimps escaped from their habitat.

③ The chimps were spotted on walls of nearby houses.

④ A zoo worker forgot to put a ladder away, which the chimps used.

[Questions 39-40] ∩

39. Who is likely the intended audience of this talk?

① Young children

② Moms with newborns

③ Dads with newborns

④ People without children

40. Which of the following is true according to the talk?

① New moms start posting more after they have a baby.

② New moms are more likely to post pictures than just text.

③ Social media use an algorithm to show you posts similar to yours.

④ Social media pages have a bad reputation among new parents.

[Questions 41-42] ∩

41. What symptom is the presenter giving advice for?

① Headaches

② Forgetfulness

③ Mental illness

④ Inability to work

42. Which of the following is recommended in the talk?

① Try to eliminate stress from your daily life.

② Tell yourself what you're doing out loud.

③ Say what you're going to do, and then do it.

④ Plan in advance the things that you want to do.

[Questions 43-44] ∩

43. Who is the intended audience for the talk?

① Well-experienced travelers

② Travelers who have a country in mind

③ Travelers who have chosen their specific city

④ Travelers who have no time to plan their own trips

44. Which of the following considerations does the speaker mention?

① Reserved bike paths

② Access to rental cars

③ Drinking preferences

④ Volunteering opportunities

[Question 45] ∩

45. Which of the following is implied by the speaker?

① It's important to baby-proof your home for safety.
② New parents should buy toys that stimulate the imagination.
③ Children make big messes when they start walking around.
④ Parents probably need fewer baby items than they expect.

[Questions 46-47] ∩

46. What can you learn from attending the conference?

① How to get more customers
② How to sell products internationally
③ How to create cheaper products
④ How to process customer orders quicker

47. Who is likely to sign up for the conference?

① Food critic for national food magazine
② International coffee and cacao bean exporter
③ Honey beekeeper selling in stores near his home
④ Owner of large industrial meat processing company

[Questions 48-49] ∩

48. Where would you likely hear the announcement?

① On the radio
② On a subway platform
③ At an insurance office
④ At a glassware store

49. Which of the following is implied or suggested?

① You can sign up for an insurance policy directly through the FancyGlass website.

② FancyGlass will send an insurance agent out to your location if you need repairs.

③ The woman's insurance charged her more than the price of FancyGlass repairs.

④ FancyGlass will fix your problem in 20 minutes or less, or it's free.

[Question 50]

50. Which of the following is implied by the speaker?

① Run your own business, and you can control your time.

② You can own a chocolate store and art gift shop in one.

③ By purchasing the e-book, you can get information about a franchise.

④ Open a chocolate business, and you can work in a pleasant environment.

This is the end of the Listening Comprehension test.

FLEX

FLEX

FLEX

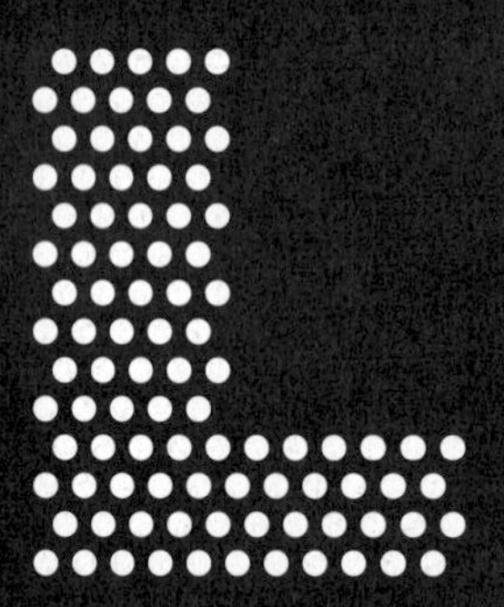

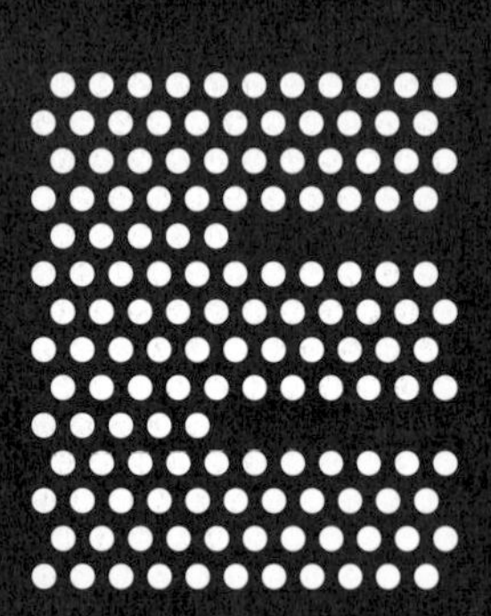

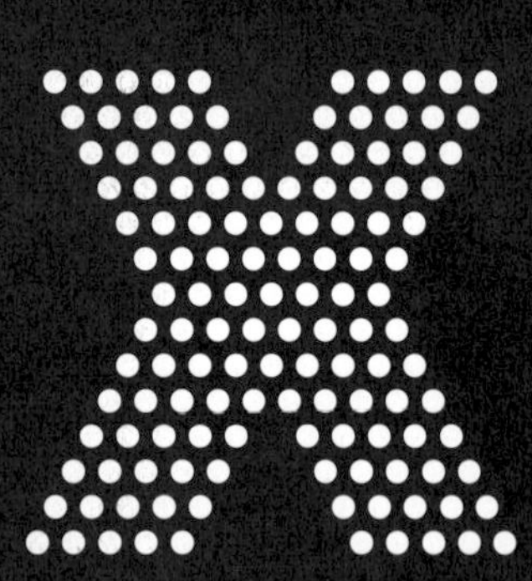

FLEX

PRACTICE
TEST 3회

SECTION I

[1-10] Questions & Answers

Directions:
For each item in this section you will hear a question or statement in a variety of situations. Following that, you will hear three possible answers. Choose the most appropriate response to the statement or question. Listen carefully, as you will hear each item just once, and the statements and answer choices are not written out for you.

For example,
you hear:
How's the weather outside?
① I'm late for school.
② Feathers are very light.
③ It's raining now.

The best answer to "How's the weather outside?" is ③ "It's raining now." Therefore, you should choose answer ③. Now, let us begin Section I with question number 1.

1. Mark the answer on your answer sheet after you hear the question.

2. Mark the answer on your answer sheet after you hear the question.

3. Mark the answer on your answer sheet after you hear the question.

4. Mark the answer on your answer sheet after you hear the question.

5. Mark the answer on your answer sheet after you hear the question.

6. Mark the answer on your answer sheet after you hear the question.

7. Mark the answer on your answer sheet after you hear the question.

8. Mark the answer on your answer sheet after you hear the question.

9. Mark the answer on your answer sheet after you hear the question.

10. Mark the answer on your answer sheet after you hear the question.

SECTION II

[11-20] Short Dialogue

Directions:
For each question in this section you will hear a dialogue between two people. It will be spoken just once. Listen to the dialogue carefully and read the question and the four answer choices and decide which one is the best answer to the question.

For example,
you hear:
Woman: Shall we go out for a walk?
Man: Okay, but how's the weather?

And now you read:
What would be the best response by the woman?
① This book is very easy to read.
② It couldn't be better.
③ I don't have to go outside to work.
④ It was a wonderful day.

From the conversation the best response by the woman is ②. Therefore, you should choose answer ②. Now let us begin Section II with question number 11.

[Question 11]

11. What would be the best response by the woman?

① Thanks, that would be great.

② Yes, I can see what you mean.

③ So did you take the bus instead?

④ Then do you want to borrow my notes?

[Question 12]

12. What would be the best response by the woman?

① I guess it's time.

② Only time will tell.

③ Please stop bothering me.

④ You should stop putting it off.

[Question 13]

13. What does the man imply about the new guy?

① He stares at his female coworkers.

② He's drawing the attention of women.

③ He's a close personal friend of the man.

④ He spends too much time playing around.

[Question 14]

14. What would be the best response by the woman?

① No, I haven't met her yet.

② No, she's not in perfect shape.

③ Yes, that sounds like her.

④ Yes, I'll ask her when I see her.

[Question 15]

15. What does the man mean?

① He is lucky to have new shoes.

② He didn't actually fall and hurt himself.

③ He is used to this kind of misfortune.

④ He is surprised that the woman saw him.

[Question 16]

16. What does the man imply?

① Jeffrey should pick the meal.

② The woman should not cook.

③ He does not have a preference.

④ He would like something different.

[Question 17] 🎧

17. Where are the man and woman likely to be?

① At the man's home
② At a jewelry shop
③ At the lost and found
④ At a party store

[Question 18] 🎧

18. What does the man mean?

① She has to make her own meal.
② There is no food left in the house.
③ He has prepared her favorite meal.
④ He ordered take-out for their dinner.

[Question 19] 🎧

19. What does the man mean?

① His store doesn't sell food containers.
② He thinks that glass is also harmful.
③ He does not carry what she requested.
④ He will have what she wants later.

[Question 20] 🎧

20. What would be the best response by the woman?

① I heard you got some free refills.
② I wonder when you'll receive the code.
③ I can do it for you if you would like.
④ Just follow the instructions on the paper.

SECTION III

[21-30] Long Dialogue

Directions:
For each question in this section you will hear a dialogue between two people. It will be spoken just one time. Listen to the dialogue carefully and read the question and the four possible answers and decide which one is the best answer to the question. Now let us begin Section III with question number 21.

[Questions 21-22]

21. Where might this dialogue have taken place?

① Statistics class
② Biology class
③ Literature class
④ Psychology class

22. What does the woman imply?

① Religious households do not perpetuate the myth of Santa.
② Most children quickly recover after finding out Santa isn't real.
③ The Easter Bunny is more popular than theTooth Fairy.
④ Most children feel betrayed by their parents' lies.

[Questions 23-24] ∩

23. What is the man suggesting?

① Trust the people you work with.

② Learn how to make bigger deals.

③ Think before you act.

④ Discuss personal issues with coworkers.

24. How would the woman describe the man's advice?

① Reasonable

② Shocking

③ Disappointing

④ Confusing

[Question 25] ∩

25. What would the man likely agree with?

① TV news reporters should add more useful headlines on the screen.

② Offering multiple links in news articles increases overall comprehension.

③ Researching in print can be more efficient than looking for information online.

④ It is better to read the newspaper while listening to the radio.

[Questions 26-27] ∩

26. What is the likely relationship between the woman and man?

① Publicist and author

② Boss and employee

③ Mother and son

④ Two business owners

27. What is the main idea of the man's advice?

① Spend time on professional development.

② Have your employees work in teams instead of alone.

③ Try to build a closer relationship with your manager.

④ Listen to the people who work for you.

[Questions 28-29] 🎧

28. Why is the man frustrated at Kathleen?

① She is too personable.

② She interrupts him.

③ She doesn't allow him in the meetings.

④ She speaks too quickly.

29. What is the woman's advice to the man?

① Mirror Kathleen's behavior.

② Don't show your emotions outwardly.

③ Talk to Kathleen's manager about the problem.

④ Don't make a habit of socializing at work.

[Question 30] 🎧

30. Which of the following is true about the speakers?

① Only one received an invitation to the party.

② They are expected to bring a gift to the party.

③ They are used to working on Saturdays.

④ Each should bring some food to the party.

SECTION IV

[31-50] Short Talks

Directions:
In this section of the test you will hear short talks. After each talk, you will be asked some questions. You will hear the talks just one time. The questions are written in your test booklet, and they will not be spoken. Therefore, after you hear a talk, read the questions and the four possible answers and decide which one is the best answer to the question. Now let us begin Section IV with question number 31.

[Question 31] ∩

31. What is the reason for the call?

① To inform about a cancellation
② To changing the meeting time
③ To confirm an appointment
④ To request a service call

[Question 32] ∩

32. What is the purpose of the call?

① To cancel the client's proposal
② To inquire about a procedural change
③ To ask for a change in clientele
④ To request a meeting to discuss an issue

[Questions 33-34] 🎧

33. Who is the intended audience for this announcement?

① Native Australians

② Immigrants in Australia

③ Non-Australians in other countries

④ Government border patrol enforcers

34. Which of the following punishments was mentioned?

① Boat seizure

② Deportation

③ Permanent imprisonment

④ Cancellation of citizenship

[Questions 35-36] 🎧

35. Where would you likely hear this talk?

① In a baby store

② In a university advertisement

③ On a radio show designed for kids

④ On a documentary TV program

36. What is implied in the talk?

① Babies are innately racist.

② Babies are upset by inequality.

③ Infants are prejudiced toward older children.

④ Infants can tell which group they are most like.

[Questions 37-38] ∩

37. What is an appropriate title for the talk?

① The David Beckham Effect

② In America, Ignorance is Bliss

③ Europe's Game, Now Ours

④ Soccer for Creative People

38. Which of the following is implied by the speaker?

① Americans are the biggest soccer fans of all.

② Intelligent Americans are not concerned with soccer.

③ Soccer was not traditionally a popular American topic.

④ More people care about Beckham's hair than about soccer.

[Questions 39-40] ∩

39. Who is the intended audience for this talk?

① Dairy farmers who have difficulty making tasty cheese

② Cheese vendors looking to expand their business

③ Cheese fans who are looking to cut down on the fat in their diet

④ People who want to eat cheese despite their digestive issues

40. Which of the following cheeses is recommended according to the talk?

① Cheese with high levels of lactose

② Cheese with high levels of sugar

③ Older cheese that is high in fat

④ Younger cheese that is low in fat

[Questions 41-42] ∩

41. What symptom is the presenter giving advice for?

① Difficulty falling asleep

② Having nightmares at night

③ Feeling jittery in the daytime

④ Inability to wake up on time

42. What kind of music would the speaker recommend?

① Music with violins and trumpets

② Repetitive music with a slow beat

③ Music with an uneven number of beats

④ Music with piano ending in high tones

[Questions 43-44] ∩

43. Who is likely the audience for the talk?

① University students

② Parents of middle school kids

③ Families who will host exchange students

④ High school guidance counselors

44. Which of the following is implied by the speaker?

① Your biggest expense is probably the flight abroad.

② In many cities, food can cost more than expected.

③ If you plan poorly, you will go into debt.

④ It's good to volunteer when studying abroad.

[Question 45] ∩

45. Which of the following does the speaker imply about working from home?

① You may sometimes feel like a bad parent.

② If you work in a separate room you can avoid problems.

③ You'll need a babysitter when the child is a newborn.

④ A good time to do it is when your child becomes a toddler.

[Questions 46-47] ∩

46. What is likely the relationship between the speaker and the audience?

① Travel agent - Clients

② Manager - Workers

③ Professor - Students

④ Conference organizer - Speakers

47. Which of the following can be inferred about vacation?

① It's the best time to get caught up on work.

② It's a good time to evaluate your finances.

③ It's a smart time to plan your next vacation.

④ It's a convenient time to rethink your career.

[Questions 48-49] ∩

48. Who is the speaker probably talking to?

① Well established business owners

② Angel investors or venture capitalists

③ University students majoring in finance

④ Small business owners looking to expand

49. Which is the recommended order for getting funding according to the speaker?

① Get a loan from your friends before using your credit cards

② Get a bank loan before trying crowdfunding

③ Try crowdfunding before asking family for money

④ Try getting angel investors before using your own savings

[Question 50]

50. Which topic is likely to be discussed at the conference?

① Extinct animals: how their elbows differed from now

② Medicinal drugs extracted from the elbows of monkeys

③ New surgical procedures and their impact on growing societies

④ How lifestyle is affecting dietary changes in Tasmanian habitats

SECTION IV

This is the end of the Listening Comprehension test.

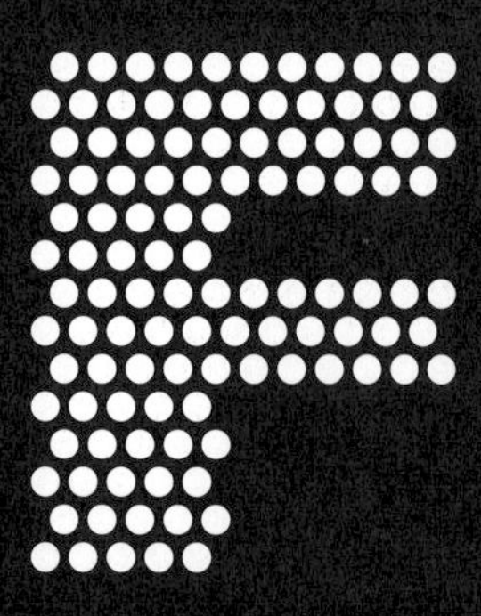
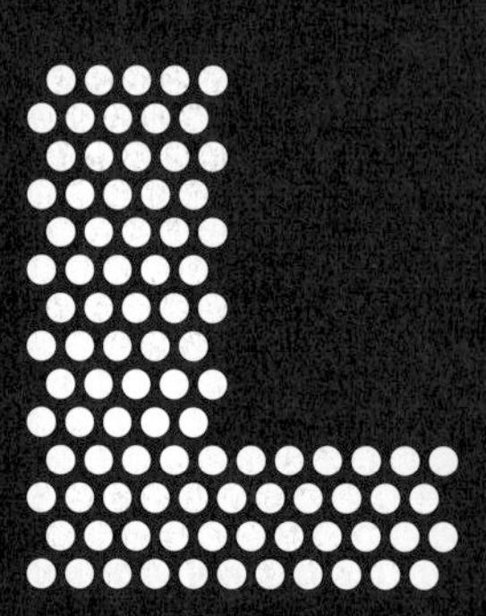
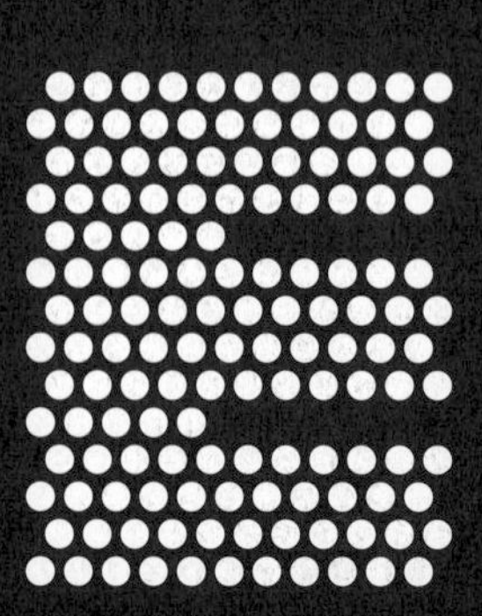
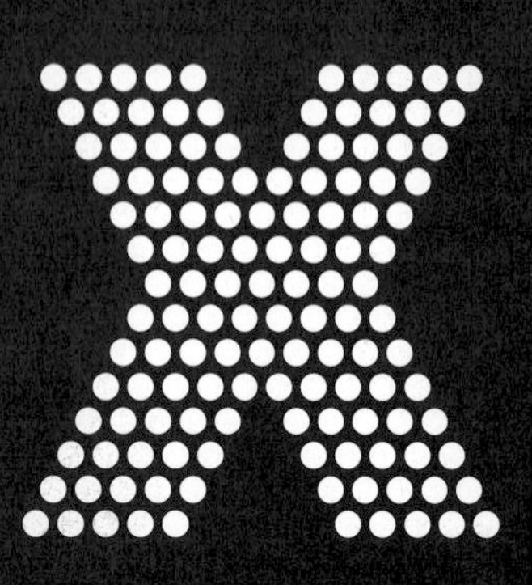

ACTUAL TEST

LISTENING COMPREHENSION

In this part of the test you will demonstrate your ability to understand spoken English.
There are three sections in this part of the test.

SECTION I

[1-10] Questions & Answers

Directions:
For each item in this section you will hear a question or statement in a variety of situations. Following that, you will hear three possible answers. Choose the most appropriate response to the statement or question. Listen carefully, as you will hear each item just once, and the statements and answer choices are not written out for you.

For example,
you hear:
How's the weather outside?
① I'm late for school.
② Feathers are very light.
③ It's raining now.

The best answer to "How's the weather outside?" is ③ "It's raining now." Therefore, you should choose answer ③. Now, let us begin Section I with question number 1.

1. Mark the answer on your answer sheet after you hear the question.

2. Mark the answer on your answer sheet after you hear the question.

3. Mark the answer on your answer sheet after you hear the question.

4. Mark the answer on your answer sheet after you hear the question.

5. Mark the answer on your answer sheet after you hear the question.

6. Mark the answer on your answer sheet after you hear the question.

7. Mark the answer on your answer sheet after you hear the question.

8. Mark the answer on your answer sheet after you hear the question.

9. Mark the answer on your answer sheet after you hear the question.

10. Mark the answer on your answer sheet after you hear the question.

SECTION II

[11-20] Short Dialogue

Directions:
For each question in this section you will hear a dialogue between two people. It will be spoken just once. Listen to the dialogue carefully and read the question and the four answer choices and decide which one is the best answer to the question.

For example,
you hear:
Woman: Shall we go out for a walk?
Man: Okay, but how's the weather?

And now you read:
What would be the best response by the woman?
①This book is very easy to read.
② It couldn't be better.
③ I don't have to go outside to work.
④ It was a wonderful day.

From the conversation the best response by the woman is ②. Therefore, you should choose answer ②. Now let us begin Section II with question number 11.

[Question 11] ∩

11. What would be the best response by the woman?

① No, you can buy that box.
② No, I'm not going there today.
③ Yes, I have to make a delivery.
④ Yes, my order should have arrived.

[Question 12] ∩

12. What would be the best response by the woman?

① No, I'm not sure what to think.
② No, I don't have time to garden.
③ Yes, I'll do it on the way to work.
④ Yes, they're growing way too fast.

[Question 13]

13. What does the man mean?

① He has a dangerous job.

② He will work at the party.

③ He cannot attend the party.

④ He will rest at home on Saturday.

[Question 14]

14. What would be the best response by the woman?

① So maybe 20 minutes or so?

② Have you already been to the show?

③ Is that the one you saw last weekend?

④ Can you recommend me a good show?

[Question 15]

15. What does the man mean?

① He will drink a small amount.

② He already has his own drink.

③ He isn't sure what drink to choose.

④ He wants to know how much it costs.

[Question 16]

16. What does the man imply?

① He would rather eat broccoli.

② Cabbage soup is served too often.

③ He already ate cabbage soup for lunch.

④ He likes cabbage soup more than broccoli.

[Question 17] ∩

17. Where are the man and woman likely to be?

① At a funeral

② At a wedding

③ At a retirement party

④ At a graduation ceremony

[Question 18] ∩

18. What does the man mean?

① They should line up some babysitters soon.

② They should call their brothers and sisters.

③ They should keep this secret as long as they can.

④ They should get the house ready for a baby.

[Question 19] ∩

19. What does the man mean?

① He is not sure what time it is.

② He is not ready to go to the party yet.

③ He does not want to argue at the party.

④ He does not know where the trash goes.

[Question 20] ∩

20. What would be the best response by the woman?

① Never. I haven't been there in ages.

② Likely. He often uses confusing words.

③ Absolutely. I am the only woman in the office.

④ Impossible. No one in the office is named Jessie.

SECTION III

[21-30] Long Dialogue

Directions:
For each question in this section you will hear a dialogue between two people. It will be spoken just one time. Listen to the dialogue carefully and read the question and the four possible answers and decide which one is the best answer to the question. Now let us begin Section III with question number 21.

[Questions 21-22]

21. Who is the speaker likely giving a lecture to?

① Home owners
② Veterinarians
③ Government officials
④ Small business owners

22. According to the talk, what is a benefit of cats?

① They are loving pets.
② They require little attention.
③ They cost less than dogs.
④ They reduce the number of rats.

[Questions 23-24] ∩

23. Which of the following luxuries was mentioned?

① Exotic animals
② Luxury brands
③ Natural wonders
④ Decorative houses

24. Where is this conversation likely taking place?

① In a lecture hall
② On a game show
③ On a news report
④ At a car dealership

[Question 25] ∩

25. What is implied by the woman?

① It is safer to drink liquor than beer.
② The best hangover cure is a little alcohol.
③ Different types of alcohol lead to different hangovers.
④ The total alcohol drank determines how bad the hangover is.

[Questions 26-27] ∩

26. How long was Su in America with her boys?

① Six weeks
② A month
③ Six months
④ Two years

27. According to the talk, what does the woman think?

① Education is more important than family.

② In tough times, both parents need to work.

③ Young boys need to be around their fathers.

④ It is sometimes best for parents to live apart.

[Questions 28-29]

28. What is the genre of the books being discussed?

① Nonfiction

② Romance

③ Mysteries

④ Science fiction

29. When does the story in *Playing With Poison* take place?

① 1990s

② 2000s

③ 2010s

④ 2020s

[Question 30]

30. Which of the following is true about the speakers?

① The man is currently unemployed.

② The woman is getting a new office.

③ The woman likes the office she has.

④ The man and the woman work together.

SECTION IV

[31-50] Short Talks

> *Directions:*
> In this section of the test you will hear short talks. After each talk, you will be asked some questions. You will hear the talks just one time. The questions are written in your test booklet, and they will not be spoken. Therefore, after you hear a talk, read the questions and the four possible answers and decide which one is the best answer to the question. Now let us begin Section IV with question number 31.

[Question 31] 🎧

31. Where is the grocery store located?

① Next to the man's house
② Next to the running track
③ Next to the hardware store
④ Next to the man's workplace

[Question 32] 🎧

32. What is the purpose of the call?

① To offer advice about a car
② To inquire about a car for sale
③ To inform that a car was towed
④ To check with the owner of a car

[Questions 33-34]

33. Who is this announcement meant to attract?

① Festival vendors

② Potential volunteers

③ Famous jazz musicians

④ Jamestown vacationers

34. Which of the following information is mentioned?

① Hours of the event

② Age of the performers

③ When the festival will occur

④ Number of stages at the event

SECTION IV

[Questions 35-36]

35. Who is the intended audience?

① Farmers

② Consumers

③ Grocery store clerks

④ Agricultural researchers

36. Which quality will a ripe watermelon have?

① Lightweight feel

② Smooth green exterior

③ A hollow sound when tapped

④ A shape that can easily be rolled

[Questions 37-38] ∩

37. Where would you likely hear this?

① On a radio advertisement

② On a cooking show

③ In a news report

④ In a biology lecture

38. Which of the following is recommended?

① Baking herbs to dry them out

② Dissecting herbs to examine cell structure

③ Mincing herbs for a household aroma

④ Slapping herbs for use as a garnish

[Questions 39-40] ∩

39. Who is likely the speaker?

① Psychic

② Biologist

③ Psychologist

④ Personal trainer

40. According to the talk, what is often the reason for disliking others?

① They have traits similar to yours.

② They expect you to act like them.

③ You can't understand their way of life.

④ You wish you could be more like them.

[Questions 41-42] ∩

41. What would be the best time of the day to work on a creative project?

① 7 a.m.

② 1 p.m.

③ 8 p.m.

④ 2 a.m.

42. In the talk, why are dreams compared to creativity?

① They connect ideas that seem dissimilar.

② They happen randomly without warning.

③ They create strong emotional connections.

④ They allow us to remember forgotten things.

[Questions 43-44] ∩

43. Who does this race hope to attract?

① Mainly professional athletes

② Mainly senior citizens

③ Teens and their parents

④ Everyone in the community

44. Which of the following is true about the race?

① The race is free for elderly participants.

② All participants are required to run the 5 miles.

③ White shirts must be worn at the start of the race.

④ Children under 5 are prohibited from participating.

[Question 45] ∩

45. Which of the following is implied by the speaker?

① It's important to take time to relax.

② It's useful to voice your ideas.

③ You should find a loyal work buddy.

④ You need to work harder in the morning.

[Questions 46-47] ∩

46. What is the best title for the talk?

① Getting through tough times: brand your business

② Managing difficult people: what you need to know

③ Small business vs. big business: who's the winner?

④ Invest in your business: make time for education

47. Which of the following does SBI offer?

① Office software

② Online seminars

③ Business magazines

④ Pre-recorded video lectures

[Questions 48-49] ∩

48. Which of the following does the speaker mention as a possible job duty?

① Taking dogs for a walk

② Giving medicine to animals

③ Mailing packages at post office

④ Watering plants in the garden

49. What is mentioned as a reason this profession began?

① A number of companies allowed people to work at home.

② Working women chose to get pets instead of getting married.

③ Young couples delayed having kids and got pets instead.

④ More vets began recommending that animals need human interaction.

[Question 50]

50. Which of the following is true?

① YoYo has opened more than 100 stores.

② You can purchase a franchise for less than $20,000.

③ It is possible to open a YoYo store in a foreign country.

④ YoYo decreases labor costs by hiring well-trained employees.

This is the end of the Listening Comprehension test.

READING COMPREHENSION

SECTION V

●●● **[51-60] Choose the one that best completes the sentence.**

51. The amount of sugar Koreans consume __________ vary from year to year.

① doesn't
② don't
③ isn't
④ have not

52. Wanting to break the ice, she asked him, "__________ you like some coffee?"

① Do
② Can
③ Would
④ Could

53. Not only __________ store data but also performs logical operations.

① the computer
② does the computer
③ do the computer
④ has the computer

54. The company is looking forward to the benefits of recent restructuring and __________ improvements in underwear manufacturing.

① anticipatory
② anticipation
③ anticipates
④ anticipate

55. A solar day is the length of time __________ takes for the earth to revolve once around the sun.

① that
② that it
③ which
④ what it

56. VISUALIZE Group's Communication Skills Seminar should be __________ more informative and beneficial for our sales representatives than any other seminar.

① such
② much
③ too
④ very

57. The deputy director thanked everyone for their __________ hard work.

① except
② exception
③ excepting
④ exceptionally

58. Any tax that remains unpaid during the extension period accrues interest, ___________ late payment penalties will not be added.

① until
② that
③ over
④ but

59. Although Ms. Clinton has agreed to accept the position, she ___________ needs to sign an employment agreement.

① either
② besides
③ too
④ also

60. During the orientation, department managers will explain ___________ the job will exactly entail to their new employees.

① that
② when
③ how
④ what

●●● **[61-65] Choose the one that best completes the sentence.**

61. When a marriage ___________, it is rarely the case that one marriage partner is completely to blame and the other blameless.

① fails
② succeeds
③ thrive
④ strive for

62. Traditionally, courts have granted divorces on fault grounds: one ________ is deemed to be at fault in causing the divorce.

① judge
② problem
③ spouse
④ divorce decree

63. The student's ________ of a language will therefore be judged not by how much he knows but by how well he can perform in public.

① order
② command
③ direction
④ request

64. The Battle of New Orleans gave a clear demonstration of the need for effective communication during wartime; it also showed the disastrous results that can come to pass when communication is ________.

① appropriate
② inadequate
③ delinquent
④ invulnerable

65. ________ is the damaging of someone's good reputation by saying something bad and untrue about them.

① Libelous
② Defamation
③ Snare
④ Incrimination

SECTION VI

[66-70] Choose the one that is closest in meaning to the given sentence.

66. **She couldn't help but interrupt their conversation.**

① She couldn't help interrupting their conversation.
② She couldn't stop to interrupt their conversation.
③ She couldn't cut in their conversation.
④ It was not possible for her to stop their conversation.

67. **The skipper notified the coastguard of the tragedy.**

① The skipper was told about the tragedy of the coastguard.
② The coastguard broke the tragic news to the skipper.
③ The skipper announced the tragedy of the coastguard.
④ The coastguard was informed of the tragedy by the skipper.

68. **Choi proved himself to be second to none when it comes to golf.**

① It was proved that Choi is the second best golfer in the world.
② Choi was proved to be the best golf player in the world.
③ Choi demonstrated that he is the second to golf.
④ Choi testified that he is one of the best golfers in the world.

69. **Uncountable goods were passed on to other regions.**

① People traded precious goods with foreigners.
② They strived to export valueless goods.
③ Innumerable goods were spread over to other regions.
④ A great number of merchandisers were sent to other regions.

70. **Had it not been for Watergate, Nixon would not have resigned from the presidency.**

① Despite Watergate, Nixon kept working as president.
② The Watergate scandal allowed Nixon to resign as president.
③ Owing to Watergate, Nixon stepped down from the presidency.
④ Without Watergate, Nixon couldn't become president.

[71-80] Choose the one that best replaces the underlined word or phrase.

71. He gave **a satisfactory** explanation to Mary concerning the rumor.

① a satisfied
② an acceptable
③ an alluring
④ a commensurable

72. She has **no less than** $100,000.

① as much as
② as little as
③ at most
④ at best

73. In these letters, he **mocked** life around Boston. The letters amused the paper's readers, but not the city officials.

① mimicked
② imitated
③ made fun of
④ paid attention to

74. When the apparently **negligible** movement of the stars is contrasted with the movement of the planets, the stars are seemingly unmoving.

① neglecting
② insignificant
③ magnificent
④ disregarding

75. The **asymmetrical** nature of the portrait, with his mother seated off-center, is highly characteristic of Whistler's work.

① proportionate
② uneven
③ balanced
④ lyrical

76. According to market analysts, the growing signs that the housing slump will be deeper and longer than investors had expected **jolted** the financial markets.

① invigorated
② energized
③ shook
④ affected

77. Dodgson graduated with honors from Christ Church, Oxford, in 1854, and then **embarked** on a career in the world of academia.

① started
② traveled off
③ shipped
④ loaded up

78 Translators should have cultural **competence** related to the foreign languages in question.

① competition
② sufficient
③ ability
④ proficient

79. At the close of the Civil War; the United States did not have in place any agency responsible for **accounting for** what had happened to the innumerable men who had served in the military during the war.

① the accountants of
② the result
③ explaining
④ amounting to

80. Last year 400,000 acres of land **yielded** a crop worth $1.75 billion.

① produced
② has turned out
③ surrendered
④ has given in

SECTION VI

●●● **[81-85] Choose the one that is closest in meaning to the contextual meaning of the underlined word(s).**

81. Uncle Sam, a bearded gentleman **costumed** in the red, white, and blue stars and stripes of the nation's flag, is another well-known national symbol.

① seen
② camouflaged
③ hidden
④ dressed

82. Esperanto has had its **ups and downs** in the period since World War I.

① tops and bottoms
② highs and lows
③ floors and ceilings
④ takeoffs and landings

83. It is important to treat failures as **invaluable** learning opportunities.

① useless
② priceless
③ uncalculated
④ unworthy

84. When heated, it changes into a poisonous gas that can cause severe illness and even death if it is **inhaled**.

① armed
② breathed in
③ careless
④ blown

85. Owing to its dangerous properties, the United States **revoked** permission for the home use of carbon tetrachloride in 1970.

① gave
② granted
③ enacted
④ took away

SECTION VII

[86-88] Choose the one that makes the sentence grammatically incorrect.

86. Every open space(①) in the targeted area that has(②) grass and a few(③) bushes are occupied(④) by the white-crowned sparrow.

87. Carl Sagan's Cosmos initiated tens of million of(①) viewers not only(②) into the wonders of space but also into awareness of(③) the deepest scientific questions concerning(④) the nature and origin of the world, of life, and of humankind.

88. Readers of the *Odyssey* will remember(①) the well-prepared and touching scene(②) in book 19, when Odysseus has at last came(③) home, the scene in which the old housekeeper Eurycleia, who(④) had been his nurse, recognizes him by a scar on his thigh.

[89-90] Choose the one that is grammatically incorrect.

89. ① Men, but not women, systematically tend to overinterpret the sexual intentions of potential mates.
② Is this simply a matter of wishful thinking?
③ Not at all, argues the evolutionary psychologists Martie Haselton and David Buss.
④ Instead, it's a highly efficient strategy shaped by natural selection, a cognitive error reinforced by nature.

90. ① His research for the thesis was more useful than hers.
② I want a new secretary who is as efficient as the previous one.
③ You have less homework than they do.
④ Music in your country is quite similar to my country.

SECTION VII

SECTION VIII

[91 - 140] Read the following passages and answer the questions.

[Question 91]

This winter natural gas prices will rise by 30 cents per unit. That translates to higher residential gas bills for consumers who heat their houses using gas. To help lower the cost of your bill by up to 30%, keep your thermostat set below 69 degrees Fahrenheit. Read the bulletin enclosed with this letter for additional details on how you can save energy costs.

91. For every ten units of gas, how much more will a customer have to pay each month this winter than before?

① Thirty cents
② Three dollars
③ Thirty percent
④ Thirty dollars

[Questions 92-93]

It's almost the season for health insurance enrollment. If you have not already enrolled in a health plan, you will have the chance to enroll during this period. If you are already enrolled in a plan but want to make a change, this will be the time to do it. Open season starts January 1 and ends January 20. If your family situation has changed in the past year due to marriage, divorce, death, or birth of a child, you need to update your plan during the upcoming enrollment period to ensure all of your dependents have adequate coverage. The majority of the cost of this insurance is covered by your employer, so you and your family can have excellent coverage at an economical price. If you are uninsured at present, it is highly recommended that you consider signing up while you can.

92. Which of the following describes employees who would probably ignore this notification?

① Those not covered by a health plan
② Those dissatisfied with their health plan
③ Those covered by a spouse's health plan
④ Those ready to change their insurance

93. Why is participation recommended?

① All of the employees have yet to enroll in a health plan.
② The employer pays a lot, and the benefits are excellent.
③ Changes may be made in the following year.
④ The employees pay the entire cost of the insurance.

[Questions 94-95]

To celebrate the upcoming holiday season, we are thrilled to announce our special holiday offer. Starting December 1st, all mall customers who spend $75 or more at any store can get complimentary gift-wrapping during this season of giving. Simply bring your gifts along with your sales receipts to the fifth floor of Seven Stars Mall, and our holiday helpers will wrap your gifts free of charge. This special offer is only valid during weekdays. Gift-wrapping on weekends will be available for a small fee. Please, no more than three packages per customer per day, and no packages over forty pounds. Offer expires December 24th.

94. How many gifts per customer can be wrapped each day?

① One
② Two
③ Three
④ Four

95. When is the free gift-wrapping offer valid?

① On packages over fifty pounds
② On weekends
③ Every day
④ Weekdays only

[Questions 96-97]

Our Power Dive Fins (PDF's) have a patented blade to produce the desired force you need for all four competitive swim strokes. Most fins are not designed for Breaststroke, but the PDF's are totally groundbreaking. With a short asymmetrical blade that is extra-wide, you can safely create extra power in your Breaststroke kick. Plus, our PDF's are good for Backstroke, Freestyle and Butterfly because the fins help you have a more natural inward kick when your body is prostrate. The PDF's help build up leg strength and make your ankles more flexible for the four swim strokes, and they're available in various sizes.

96. What item does the passage describe?

① Fins for swim kick training
② Swimming paddles for arm stroke training
③ Portable Document Format
④ Jet propulsion motor

97. Which of the following is NOT true according to the passage?

① Traditional fins are unsuitable for Breaststroke.
② Freestyle is excluded from the four competitive swim strokes.
③ Swimmers can do the Breaststroke kick training with the PDF's
④ PDF's are available in multiple sizes.

[Questions 98-99]

If you wear heels often or play a lot of sports, your feet likely have a lot of dry and thick skin. With Pretty Foot Electronic Pedi Filer, you don't have to waste your time and money going to the nail shop for a pedicure every month. This gadget is an electronic foot file that effectively removes hard skin from the foot. With an ergonomically shaped design, it has a head roller that rotates quickly and makes it easy to get rid of dead skin, [A] exfoliating the foot gently and safely. A complimentary replacement head is included with the foot file, which you can use on the go with four AA batteries.

98. Which of the following is implied about the gadget in the passage?

① Its roller is replaceable.
② Its batteries are rechargeable.
③ It is a waterproof device.
④ It is a file cabinet system.

99. The word [A] exfoliating could best be replaced by ___________.

① massaging
② decapitating
③ severing
④ filing

[Questions 100-101]

When we talk about heart health, margarine usually beats out butter. Because it's made from vegetable oils, margarine has no cholesterol. It's also got more "good" fats than butter. These good fats serve to reduce low-density lipoprotein (LDL), better known as "bad" cholesterol. In contrast, butter comes from animal fat and thus is high in saturated fat and cholesterol. However, some kinds of margarine are better than others, as some contain trans fats. A general rule of thumb is the softer the margarine, the less trans fats it has. This means stick margarines are typically higher in trans fats than their tub counterpart. Like saturated fat, trans fats raise cholesterol levels in the blood and increase your risk of heart disease. Trans fats also lower high-density lipoprotein (HDL), which is the "good" cholesterol. So stick to the tub and stay away from the stick.

100. Which of the following is NOT good for health?

① High-density lipoprotein
② Trans fat
③ Unsaturated fat
④ Vegetable oils

101. Which of the following is NOT argued in the passage?

① Vegetable oil is better for health than animal fat.
② Stick margarines have more trans fat than tub margarines do.
③ Saturated fat increases blood cholesterol levels.
④ Margarine lowers high-density lipoprotein (HDL) levels.

[Questions 102-103]

There are around three billion people in the world, but only twelve million of them are Jewish; to be precise, that's not even one half of one percent. Statistically speaking, one should hear of them as infrequently as the Ainu, who are virtually out of sight somewhere in Asia, spectators of the rest of the world. But in reality we hear about the Jews at a surprisingly disproportionate frequency relative to their small population. In fact, at least 12 percent of all Nobel winners in medicine, chemistry and physics have been Jewish. Jews have contributed an amazing amount to religion, finance, and the arts.

102. Of the entire population of the earth, the Jews account for ________________.

① less than 0.5 percent
② more than 1 percent
③ more than 1.5 percent
④ approximately 2 percent

103. Which of the following is the main point of the passage?

① The Jews are seldom heard of, like the Ainu.
② The Jews are heard of a lot more than the Ainu.
③ The Jewish achievements are remarkable despite their small population.
④ The Jewish population is as small as that of the Ainu.

[Questions 104-105]

The social security system in South Korea delivers social welfare services and public assistance and is comprised of four insurance schemes, all of which are [A] compulsory. Every Korean citizen has to pay into national health insurance, industrial accident compensation insurance, unemployment insurance, and the national pension scheme. These social programs are in place as safeguards for citizens' health, income, and employment. Any foreigner working in South Korea is also permitted to participate in and contribute to the four schemes and is eligible for the same benefits enjoyed by Korean nationals. Their dependents are also eligible for coverage.

104. Which of the following can be inferred from the passage?

① Foreigners in Korea are under the same obligation as native Koreans.
② The children of a working foreigner in Korea can benefit just like Koreans.
③ A Korean citizen with a job has to choose one of the four schemes.
④ All Koreans should heavily depend on private insurance policies.

105. The meaning of the word [A] compulsory is far from ___________.

① required
② obligatory
③ complementary
④ mandatory

[Questions 106-107]

A Greeny House is basically an airtight building with extremely good insulation. For heating, it primarily uses passive solar gain as well as internal gains from whatever is inside the house, including people and electronics so that energy losses are kept to a minimum. Window placement and shading are also strategically used to lower heat gain and minimize cooling load in summer months. The house uses an energy recovery ventilator to deliver a continuous and balanced supply of fresh air. In the end, you've got a stellar system that offers fantastic indoor air quality and saves you up to 90% on space heating costs.

106. Why should a House be an airtight building?

① To be heated by passive solar gain
② To maintain terrific indoor air quality
③ To ventilate the entire indoor space
④ To minimize heat gain or loss

107. Which of the following would NOT be a benefit of a House?

① It can save 90% of space heating costs.
② It minimizes space cooling loads.
③ It keeps indoor air clean and fresh.
④ It can house a greater number of people.

[Questions 108-109]

On September 18, 2014 the Scottish independence referendum was carried out, in which Scottish voters decided not to leave the United Kingdom. The Yes or No question posed to voters was simple: "Should Scotland be an independent country?" An impressive 84.6% of the electorate voted in this historic referendum determining Scotland's future, with 55.3% voting against and 44.7% in favor of becoming independent from the UK. The country will stay part of the United Kingdom, with its separate Scottish Parliament. The two governments have said they intend to move forward with the proposed changes in power to the Scottish Parliament in abidance with the Scotland Act 2012.

108. What percent of the electorate voted in the referendum?

① 44.7%
② 55.3%
③ 84.6%
④ 90.5%

109. Which of the following is true according to the passage?

① The majority of the Scottish want to gain independence from the UK.
② There will be changes to the powers of the Scottish Parliament.
③ There were more votes on Yes than on No.
④ The Scottish Parliament was disbanded in 2012.

[Questions 110-111]

Korean users of mobile messenger services are switching to foreign services in large numbers in a so-called "cyberexile" after Korea's prosecutors said that they would amp up their real-time social media monitoring to fight online libel and slander. Foreign messaging app TalkingToo seems to be the real winner of Korea's online monitoring campaign, with its number of Korean users seeing a rapid rise last week. TalkingToo was originally created to circumvent the strict monitoring by Chinese government authorities, as the company encrypts all data and does not store on its servers any pictures or text that is transmitted using the app. TalkingToo's developer is planning to launch mobile Korean services soon to capture more of the Korean market of users of mobile messenger services.

110. Which of the following is likely the cause of the "cyberexile"?

① Groundless online rumors that are exaggerated in Korea
② Messenger app developers' lack of cooperation with the government
③ People's fear that private online messages would be monitored by authorities
④ Online monitoring that is limited to major portals, not to messenger services

111. Which of the following is true according to the passage?

① TalkingToo has cooperated with the government to monitor social media.
② TalkingToo was first developed by Chinese security authorities.
③ TalkingToo became popular with its Korean language services.
④ A number of Koreans have begun to use TalkingToo.

[Questions 112-113]

REMOTELY MONITOR & POWER YOUR ELECTRONICS ON/OFF

The BeGo Vision Switch with WiFi allows your electronics and home appliances to connect to your Wi-Fi network, so you can switch your gadgets on or off, set up customized notifications, and modify your device status no matter where you are using your smartphone or tablet. The BeGo Vision Switch can update you with info about the usage of your devices any time, whether you've got air conditioning units, televisions, space heaters, washing machines, fans, lights or other electronics. BeGo allows you to set when certain devices should be on or off and notifies you about any device you connect to a BeGo Vision Switch.

112. According to the passage, the BeGo Vision Switch is a(n) ________________.

① electronic switch controllable through wireless Internet
② Wi-Fi router with low standby power consumption
③ wireless LCD monitor display
④ daily planner software for smartphones or tablet PCs

113. Which of the following would NOT be possible with BeGo?

① Turning off the hair dryer in your home bathroom from your office
② Checking how much electricity your TV consumes a day
③ Programming your home heater to automatically turn on at sunset
④ Getting rid of electrical wires from your house

[Question 114]

We tested the Kotania L240 tablet with our video rundown trial, and as for battery life we got 10 hours 13 minutes, which outperformed the Taven ZJZ (7:02) by a long shot and beat out the Rika 16 (5:42) by even more. The first test was just using the tablet, but you can also use the docking keyboard with it, which has its own battery and can supplement or recharge the tablet. When we tested the Kotania L240 with the keyboard attached, it ran for a remarkable 17 hours 47 minutes.

114. If you use the Kotania L240 with the docking keyboard attached, how long can you work on it at a time?

① Almost 18 hours
② About 10 hours
③ Approximately 5 hours
④ About 3 hours

[Questions 115-116]

These days most people spend a lot of time on screens from mobile phones to computers to tablets, and this can lead to eye problems. To help prevent eye fatigue from extensive exposure to the blue light and flickering of LCD monitors, many manufacturers have started making electronic-display devices that are supposedly flicker-free and have low blue light. While this 'flicker' phenomenon generally comes from a miniscule difference in contrast brightness and the human eye cannot usually detect it, certain flickering is actually harmful to the human eye, including the flicker from LEDs, TVs, illuminating devices, and computer screens, which people have long-term exposure to. Furthermore, long-term exposure to blue light, which is as harmful as ultraviolet rays, may result in macular degeneration and sleep disorders.

115. Why have major manufacturers begun producing flicker-free display devices?

① Flickering is not detectable by the human eye.
② LED light emits infrared rays.
③ Flickering monitors can do harm to the eyes.
④ LCD monitors are safer than LED monitors.

116. Long-term exposure to blue light wavelength may cause ______________.

① muscle degeneration
② sleep disorders
③ blue color blindness
④ inability to detect brightness change

[Questions 117-118]

After 1920, modern American creationism adopted the anti-evolution movement led by William Jennings Bryan. It had already become common practice to teach evolution in public school, but Bryan blamed German militarism on Darwinism, and he campaigned that teaching evolution threatened traditional religion and morality. Consequently, many states passed laws banning or limiting the teaching of evolution, and therefore, evolution science was eliminated from the curriculum in many public schools. In the 1960s when the United States was trying to make advances in science, new curriculum was instated that reintroduced evolution, thus instigating the creation science movement. Challengers tried to reintroduce legal injunctions, but the Supreme Court made a ruling in 1987 that deemed bans on teaching evolutionary biology as unconstitutional since they infringed on the establishment clause of the US Constitution, which prohibits the government from supporting a particular religion.

117. Which of the following seems to be advocated by William Jennings Bryan?

① Creationism
② Evolution science
③ German militarism
④ Frontier spirit

118. The ruling of the Supreme Court in 1987 was that ______________________.

① evolutionary biology threatens traditional religion
② bans on teaching evolutionary biology are a violation of the US Constitution
③ teaching creationism in public schools is an infringement on human rights
④ evolution science forbids the government to advance a particular religion

[Question 119]

One of the most mesmerizing books on Japan is Ruth Benedict's *The Chrysanthemum and the Sword*. Published in 1946 after the war, it was a revised version of what began as a research project that the U.S. military intelligence service proposed to Benedict in 1944 during the war. The reason for the timing is clear: as Benedict herself writes in the printed version, the Americans knew that after the war was over, there would be a lengthy occupation inside a culture that was both literally and metaphorically foreign to them. The Americans merely knew that they were fighting a nation with a skillful and technologically advanced army that did not apply Western cultural tradition.

119. Which of the following is implied in the passage?

① *The Chrysanthemum and the Sword* was first published in book form in 1944.
② The U.S. government asked Benedict to do research on the Japanese culture.
③ The Japanese culture was quite familiar to the U.S. citizens in 1944.
④ Japan outrivaled the U.S. with its well-organized army.

[Questions 120-121]

Art: what is it good for? That was the question in 1860s Britain, and many commentators of the time were rather skeptical. Britain had become a distinguished nation with its industrial towns and well-engineered systems of railways and canals, and none of that was attributable to art. In fact, it was feared that an appreciation for art would set the country back; after all, those entrenched in the art world were overly effeminate and introspective, two qualities not greatly valued at the time. John Bright, MP for Birmingham, pronounced the cultural elite as overly pretentious and puerile for being proud of mastering Greek and Latin, both of which he considered dead languages. Frederic Harrison was an Oxford academic who shared an equally scathing opinion on the value of indulging in literature, history or painting: 'The man of culture is one of the poorest mortals alive. For simple pedantry and want of good sense no man is his equal. No assumption is too unreal, no end is too unpractical for him.'

120. Which of the following can NOT be inferred from the passage?

① John Bright disregarded the benefits of studying classical languages.
② John Bright had a caustic view of cultured people.
③ Frederic Harrison had a negative opinion about literature, history or painting.
④ Frederic Harrison thought that culture should be applied to everyday life.

121. Which of the following best summarizes the passage?

① There was a tendency to doubt the value of art in 19th century Britain.
② Art contributed to the industrial achievements in the 19th century.
③ Cultured people only learned to speak the Greek and Latin languages.
④ The man of culture is one of the poorest mortals alive.

[Question 122]

The Israeli and Arab conflict over Gaza has been going on for decades and is only one of the areas of contention between the two. Following World War II and the killing of six million Jews in the Holocaust, more Jewish people desired to have their own country. A big part of Palestine was given to them, but the Arabs who had been living there and in nearby countries felt robbed and would not accept the new country. As a result, the two sides went to war in 1948, and after it ended, Egypt controlled Gaza while Jordan took control of the West Bank. Both areas held thousands of Palestinians who escaped from what then became Israel, the new Jewish country.

122. Which of the following would be the best title for the passage?

① The Second World War and the Holocaust
② Armistice Agreed: What to Do Now?
③ The Rise and Fall of Israel
④ Gaza Conflict: How it All Started

[Questions 123-126]

In most species that reproduce sexually, offspring are bestowed fifty percent of their genes from each parent. In order to exploit the number of genes in the next generation, most organisms churn out as many offspring as possible. The hitch is that when organisms are young they are more vulnerable, and as a result babies in most species meet their demise before adulthood. Thus, every organism must choose how to use their time and calories and whether or not to prioritize cranking out new offspring and having them manage on their own or risk caring for the existing offspring and boosting their odds of survival. Either strategy may be genetically lucrative for different species, depending on their body plan and the ecosystem in which they live. Birds and mammals choose to take care of their young, with mammals doing so by evolving bodily organs that secrete nutrients into milk for their young. Mammals and birds are rewarded with increased life expectancy of their offspring because they invest time, calories, and risk and are willing to sacrifice wear and tear on their own bodies.

123. Which of the following is NOT true according to the passage?

① Baby organisms are more vulnerable than adults.
② Mammals feed their young from their own bodies.
③ Most organisms prioritize reproducing over caring for existing offspring.
④ Birds and mammals pump out more babies than they can care for.

124. What is the reward for the mammalian investment in their offspring?

① Increased production of milk and siblings
② Increased life expectancy of the offspring
③ Calories, time and safety of the parent
④ Bodily wear and tear

125. Which one of the following is a different genetic strategy from the others?

① Allocating their time and calories to their existing offspring
② Cranking out as many babies as possible
③ Risking caring for existing offspring
④ Feeding the offspring with milk

126. The expression "boosting their odds of survival" has nothing to do with ______________________.

① higher chances of survival of the offspring
② providing nourishment for the offspring
③ caring for the offspring
④ the offspring's fending for themselves

[Questions 127-128]

Separating history from legend is not difficult in and of itself. After all, each possesses a different structure. The legendary is usually illustriously peppered with miraculous elements, and even when it is not, there is the recurrence of the standard familiar motives, archetypal subjects and patterns, and a general disregard for details of where and when events occurred, giving it a fairly recognizable structure in terms of composition. The stories are a little too neatly tied up, with details tangential to the main events and confusing cross-currents left ignored along with anything unresolved or confusing that might bring into question the actors or main theme. A historical event that we ourselves bear witness to or gather from the testimony of firsthand observers, is much more convoluted with unseemly details that are at times even contradictory; it is only after results have been produced in a definite area that we can to some extent categorize it; and frequently, even after thinking we have organized all of the details, we find ourselves wondering if the so-called facts have perhaps led us to an oversimplification of the original events!

127. Which of the following is NOT a characteristic of the legendary?

① Neglect of clear details of time and place
② Detailed description of confusing cross-currents
③ Typical patterns and themes
④ Elements of the miraculous

128. Which of the following is the main argument of the passage?

① Legendary stories run more contradictorily than historical events.
② The details of legends are based on definitive truths.
③ Historical events show aspects different from those of legendary stories.
④ The historical has a lot in common with the legendary.

[Questions 129-130]

Dear Ms. Warda,

After careful review of our files, we noticed that you have not placed any orders from our monthly catalogs in the past six months. London Offerings values our customers and wants to maintain strong relationships with them. In order to retain your business, we would like to offer you a special 15% discount on your next order from any of our catalogs. We are enclosing three of our most popular catalogs featuring the latest fashions for babies, young children and teens. These designs have consistently been among our most popular, so we're certain that you'll love them, too.

Thank you,

Alicia Milner
Customer Services
London Offerings

129. What product does London Offerings sell?

① Clothing
② Magazines
③ Cookware
④ Furniture

130. What is implied about Ms. Warda?

① She has requested the delivery of the most popular catalogs.
② She contacted the company asking for a discount.
③ She has made purchases from the company before.
④ She was previously employed by London Offerings.

[Question 131]

If you want to use Internet banking on more than one PC, you need to make a copy of your certificate: Log on to our website on the PC where you have a certificate stored; Go to the Certificate Center; Insert a USB storage device into the PC and click the [EXPORT] button, and the certificate will be copied to the USB. Next you should copy the certificate from the USB to your other PC: Insert the USB into the other PC; Go to the Certificate Center and click [IMPORT]; Choose the USB drive and double click the certificate. Now you will be able to use our Internet banking services on your second PC.

131. Which of the following is implied about the certificate?

① It is not recommended to use Internet banking from multiple PCs.
② You have to e-mail the certificate from one PC to another.
③ You have to visit the offline Certificate Center to get another certificate.
④ A removable data storage device is needed to copy the certificate.

[Questions 132-133]

Mighty Murphree is a successful gas and electricity provider that is quickly expanding in Tennessee. We are seeking a financial controller who will replace two part-timers and allow our Managing Director to focus on areas other than finance. The controller will be in charge of managing the company's finances, including day-to-day accounting in addition to providing accurate reports in a timely manner on the profitability of the whole company, including small projects. Applicants must possess a four-year degree in Accounting and have at five years of experience in accounts payable and receivable as well as general ledger accounting. Familiarity with the accounting program, Haven, and advanced mastery of Office programs would be an advantage. Applicants must have experience in general management and business planning. To apply for our financial controller position, please send your resume with cover letter to by April 14, 2015. Successful applicants will be contacted for interviews after April 16.

132. Who is advertising the position?

① A finance corporation
② A utility company
③ An accounting firm
④ An IT company

133. What is NOT mentioned as a requirement for the position?

① Computer proficiency with Office programs
② A four-year accounting degree
③ At least 5 years of general ledger accounting
④ Experience in business planning

[Question 134]

COPINA BANK
58 Main Street, Springfield, IL 14523
September 1, 2014
Sam Spade
39 Odessa Street
Springfield, IL 14523

Dear Mr. Spade:

Your certificate of deposit through Copina Bank, account number 32-777-698, will mature on September 30. The current value of your account is $10,832.57, and the interest rate of 3.2 percent will continue until maturity. Unless you contact us with different instructions before September 30, your certificate of deposit will automatically renew for another year at the then-prevailing interest rate. Should you decide you do not want to renew your certificate of deposit, you can withdraw the funds in your account without penalty through October 10.
If you are interested in considering other ways to invest your money, we would be happy to discuss with you the investment opportunities available at Copina Bank. You may call the bank at any time to set up an appointment with a Copina Bank investment officer.

Thank you for being a Copina Bank customer.

Sincerely,
Malena Holmes
Account Advisor

134. What should the customer do if he wants to renew his certificate of deposit?

① Wait until the interest rates go up
② Open a new account
③ Send instructions
④ Nothing

[Questions 135-138]

A tremendous number of South Koreans support the scrapping of the use of ActiveX because it is a deterrent to online transactions, according to a poll by the Federation of Korean Industries (FKI). Because ActiveX is compatible only with Internet Explorer (IE), it has trouble interacting with other browsers and is likewise inappropriate for mobile platforms. When using the ActiveX system, individuals submit authentication certificates that first have to be issued by local authorities. While this results in extreme frustration for Koreans, foreigners find it nearly impossible to make online purchases from South Korean shopping malls. The FKI claims that the difficulties caused by ActiveX are the reason that South Korea's online shopping sector is low in comparison to its GDP when contrasted with the U.S., China and Japan, despite South Korea's cutting-edge information technology infrastructure. Figures from the Korea Institute for Industrial Economics and Trade indicate that the size of the online shopping sector in South Korea is roughly 2.91 trillion won or 0.24 percent of its GDP. Data for the United States and China, in contrast, show figures at 1.24 and 1.68 percent of their GDP, respectively.

135. Which of the following is true about each country's online shopping sector proportion compared to its GDP?

① China tops the United States.
② Japan has recently surpassed the US.
③ The proportion in Korea is ten times bigger than that in the US.
④ The size of Korea's online transaction accounts for 2.91 percent of its GDP.

136. The word scrapping can LEAST be replaced by ___________.

① abandonment
② disposal
③ scrapbook
④ discontinuation

137. Which of the following best summarizes the argument of the FKI?

① The use of ActiveX should be discontinued because it hinders online transactions.
② Korea will dominate the international online market with ActiveX.
③ The use of several browsers is inappropriate on mobile platforms.
④ Korea will not be able to catch up with the new IT trends.

138. Which of the following is true about ActiveX?

① It is compatible with different web browsers.
② It performs well on mobile phones.
③ It allows foreigners easy access to Korean online shopping.
④ Its system requires an authentication certificate.

[Questions 139-140]

Cultural differences exist between the East and West in areas such as independent versus interdependent self-construal, values of autonomy versus group harmony, and hierarchical versus egalitarian relationships. Cultural values are formed through a process of both individual and social learning as to how to adapt to one's environment. There is less variability in East Asian countries compared to Europe and North America, where individual learning is favored over social learning, which is more prevalent in the East. Parallel to these varied adaptive strategies, East-West differences result from styles of learning that oscillate between rote memorization and copying, on one side, and a focus on problem solving, innovation, and critical thinking on the other. These basic cultural differences manifest themselves in personality attributes such as conformity, submission, and independence that effectively reflect social or individual learning. Educational psychological research on these fundamental differences along with other cross-cultural research areas shed light on the reason for the particular differences evident in Eastern and Western cultures.

139. Which of the following pair does NOT show the East-West cultural difference?

① Harmony and autonomy
② Conformity and compliance
③ Hierarchical and egalitarian relationships
④ Rote memorization and critical thinking

140. Which of the following seems to favor individual learning in the West?

① Social learning
② Interdependent self-construal
③ Copying and rote memorization
④ Greater extent of environmental variability in the West

This is the end of the Reading Comprehension test. Thank you.

MEMO

MEMO

지은이

한국외국어대학교 FLEX Center

FLEX 영어 수험서 LISTENING

펴 낸 이 주민홍
펴 낸 곳 주소 : 서울특별시 마포구 월드컵북로 396(상암동) 누리꿈스퀘어 비즈니스타워 10층
(주)능률교육 (우편번호 04001)
펴 낸 날 2016년 3월 30일 초판 제1쇄
2020년 8월 15일 제2쇄
전 화 02 2014 7114
팩 스 02 3142 0357
홈페이지 www.neungyule.com
등록번호 제 1-68호
I S B N 979-11-253-1165-2 53740
정 가 21,000원

NE 능률

고객센터

교재 내용 문의 : contact.nebooks.co.kr (별도의 가입 절차 없이 작성 가능)
제품 구매, 교환, 불량, 반품 문의 : 02-2014-7114
☎ 전화 문의 응답은 본사의 근무 시간(월-금 / 오전 9시 30분 ~ 오후 6시) 중에만 가능합니다.

Foreign Language
EXamination
FLEX
Foreign Language EXamination
국 가 공 인 자 격 시 험

FLEX

영어 수험서 | LISTENING

정답 및 해설

한국외국어대학교 | **책임집필** 김지인 책임연구원
책임검수 조수경 교수

NE 능률

FLEX

영어 수험서 | LISTENING

정답 및 해설

PRACTICE TEST 1회

01. ①	02. ②	03. ①	04. ②	05. ①	06. ③	07. ③	08. ①	09. ①	10. ②
11. ④	12. ①	13. ③	14. ①	15. ④	16. ①	17. ①	18. ③	19. ③	20. ④
21. ②	22. ②	23. ③	24. ②	25. ③	26. ②	27. ③	28. ②	29. ①	30. ②
31. ①	32. ④	33. ③	34. ④	35. ②	36. ②	37. ④	38. ④	39. ③	40. ①
41. ①	42. ①	43. ②	44. ①	45. ④	46. ②	47. ④	48. ①	49. ①	50. ③

1~10

● 본문 p.34

[1-10] 다음 질문을 듣고 문제에 대한 답을 표시하시오.

1. Would you mind closing the window?

① **Not at all.**

② It's wide open.

③ It's closing soon.

1. 창문 좀 닫아주실 수 있을까요?

① 그럼요.

② 활짝 열려 있습니다.

③ 곧 끝납니다.

어휘 mind 꺼리다

문제풀이 'Would you mind ~?'는 상대방에게 뭔가를 정중히 요청하는 표현이다. 여기서 'mind'는 '꺼리다', '싫어하다'와 같이 부정적인 의미를 갖는 동사로, 직역을 하자면 '당신은 창문을 닫는 것이 싫으십니까?'이다. 따라서 'Not at all.'과 같이 부정어를 사용해서 답을 해야 '싫지 않습니다.' 또는 '그럼요.'와 같은 긍정적인 의미의 대답이 된다.

정답 ①

2. Can you call me back in an hour?

① Sure, I'll meet you then.

② **No, I have a class then.**

③ Yes, I already called you.

2. 한 시간 후에 다시 전화주실 수 있나요?

① 그럼요. 그때 만나요.

② 아니요, 그때는 수업이 있어요.

③ 네, 이미 당신에게 전화를 했어요.

문제풀이 한 시간 후에 전화를 해 줄 수 있다면 Yes를, 그렇지 않으면 No라고 대답하고 그 이유를 말하는 것이 적절하다. 보기 중에는 수업이 있어서 그 시간에 전화를 할 수 없다고 한 ②가 가장 자연스럽다.

정답 ②

3. How often do you travel abroad?

① **More seldom than I'd like.**

② It's almost time to go.

③ I've never traveled alone.

문제풀이 ①의 'seldom'은 '드물게, 좀처럼 ~하지 않는'이라는 의미를 갖는 단어이다. '원하는 만큼보다는 더 드물게(more seldom) 여행한다.'는 것은 '원하는 것만큼 자주 여행을 하지는 못한다.'는 의미로 보기 중 질문에 대한 응답으로 가장 적절하다.

정답 ①

3. 얼마나 자주 외국 여행을 하십니까?

① 제가 원하는 것만큼 자주는 못합니다.

② 이제 곧 가야할 시간이네요.

③ 저는 한 번도 혼자 여행을 해 본 적이 없습니다.

4. I'm going grocery shopping. Do you need anything?

① Of course, go on without me.

② **No, but thanks for asking.**

③ Yes, I went shopping earlier.

문제풀이 장보러 가는 길에 필요한 것이 있는지 물어보는 질문이므로 ②가 응답으로 가장 적절하다.

정답 ②

4. 장보러 가려고 해요. 뭐 필요한 거 있어요?

① 당연하죠. 나 없이 가세요.

② 없어요. 하지만 물어봐 줘서 고마워요.

③ 네, 아까 쇼핑을 했어요.

5. You're great at designing. Can you help me with this brochure?

① **Yes, tell me how I can help.**

② No, I'm not very busy.

③ No, I haven't read it.

문제풀이 디자인을 잘 하는 상대방에게 자신의 일을 도와줄 수 있겠냐고 물어본 것이므로, 어떻게 도움을 주면 되겠냐는 내용의 ①이 응답으로 가장 자연스럽다.

정답 ①

5. 당신 정말 디자인을 잘하네요. 이 안내 책자와 관련해서 나를 좀 도와줄 수 있나요?

① 네, 어떻게 제가 도울 수 있는지 말씀해 주세요.

② 아니요, 저는 별로 바쁘지 않습니다.

③ 아니요, 아직 그것을 읽지 않았어요.

6. Did you already hand in your paper?

① Yes, I'm writing it now.

② Yes, please hand it to me.

③ **Yes, I finished it yesterday.**

어휘 hand in 제출하다

문제풀이 논문을 이미 제출했는지의 여부를 묻는 것이므로 ③이 적절한 응답이다.

정답 ③

6. 논문을 이미 제출했나요?

① 네, 지금 쓰고 있어요.

② 네, 저한테 건네주세요.

③ 네, 어제 끝냈어요.

7. You aren't kidding me, are you?

① No, I'm kidding.

② Yes, I'm serious.

③ **Yes, I'm joking.**

문제풀이 이 문장의 부가의문문 'are you?'는 'are you kidding me?'라고 물어보는 것과 같다. 따라서 놀리는 것이라면 'Yes, I'm joking(kidding)', 그렇지 않다면 'No, I am not joking(kidding)'으로 답하는 것이 적절하다.

정답 ③

7. 당신 지금 나를 놀리는 거 아니죠, 그런가요?

① 아니요, 장난이에요.

② 네, 나는 진지해요.

③ 네, 농담이에요.

8. **M:** We need to build a taller fence.

W: What's wrong with the one we have?

M: The dog keeps jumping over it.

W: ______________________

① **Do you know how much it'll cost?**

② He isn't as tall as you might think.

③ You're right. Let's get another dog.

문제풀이 개가 자꾸 울타리를 뛰어 넘어 가기 때문에 남자는 더 높은 울타리를 설치할 것을 제안하고 있다. 이에 대해 ①과 같이 울타리 설치에 들어갈 비용에 대해 묻는 것은 대화의 흐름상 자연스럽다.

정답 ①

8. **남:** 더 높은 울타리를 세워야겠어요.

여: 우리 울타리에 무슨 문제가 있어요?

남: 개가 자꾸 울타리를 뛰어 넘어가요.

여: ______________________

① 비용이 얼마나 들까요?

② 당신이 생각하는 것처럼 개의 키가 크지는 않아요.

③ 당신 말이 맞아요. 다른 개를 구해옵시다.

9. **W:** Did you hear about the weather forecast?

M: Yes, and I'm over the moon!

W: Oh, really? I thought you hated cold weather.

M: ________________________________

① **I do. But I'll be on a beach vacation far away next week.**

② I'm not sure if I can make it or not, but I heard it's good.

③ Exactly. It's worst at night when the sun has gone down.

어휘 be over the moon 행복하다, 황홀하다

문제풀이 추운 날씨를 싫어하는 것은 맞지만, 다음 주에 해변으로 휴가를 가기 때문에 행복하다는 내용의 ①이 적절하다.

정답 ①

9. **여:** 날씨 예보 들었어요?

남: 네, 저 정말 행복해요!

여: 정말요? 전 당신이 추운 날씨를 싫어하는 줄 알았는데요.

남: ________________________________

① **싫어해요. 하지만 전 다음 주면 먼 곳에 있는 해변에서 휴가를 보내고 있을 거거든요.**

② 제가 할 수 있을지 없을지 확신할 수는 없지만, 아주 좋다고 들었어요.

③ 그러게요. 해가 지고 난 밤에는 최악이죠.

10. **M:** I'm a little nervous about seeing my boss today.

W: Why is that?

M: I'm meeting with him this afternoon for my performance review.

W: ________________________________

① No problem. I can do that for you.

② **Maybe you'll finally get a raise.**

③ Make sure to review before the performance.

어휘 performance review 근무 평가, 인사 고과

문제풀이 남자는 근무 평가 때문에 상사와 만나는 것에 대해 걱정하고 있다. 이에 보기 중 가장 적절한 반응은 ②로서 상대방에게 상황에 대한 긍정적인 가능성을 언급해 주고 있다.

정답 ②

10. **남:** 오늘 제 상사를 만나는 것 때문에 마음이 좀 불안해요.

여: 왜요?

남: 제 근무 평가 때문에 오후에 그 분을 만나는 것이거든요.

여: ________________________________

① 문제없어요. 내가 당신을 위해 그걸 해 줄게요.

② **어쩌면 마침내 봉급 인상을 받을 수도 있죠.**

③ 실행 전에 꼭 검토를 하도록 하세요.

11~20

● 본문 p.36

[11-20] 다음 대화를 듣고 문제에 대한 답을 고르시오.

11. **W:** I'm so thirsty. Could you grab me a drink?

M: Okay, I can do that for you, but what kind do you want?

Q: What would be the best response by the woman?

① Thanks, that would be great.

② I kind of want a muffin with it.

③ Yes, and I'll pay you back later.

④ **Anything without caffeine is fine.**

문제풀이 어떤 종류의 음료수를 원하는지 묻고 있으므로 ④의 응답이 가장 적절하다.

정답 ④

11. **여:** 목이 너무 마르네요. 음료수 좀 가져다주실 수 있을까요?

남: 네, 그러죠. 그런데 어떤 종류를 원하세요?

Q. 여자의 응답으로 가장 적절한 것은?

① 고마워요, 그래주시면 정말 좋겠네요.

② 그것과 함께 머핀도 먹고 싶네요.

③ 네, 그리고 다음에 갚을게요.

④ 카페인이 안 들어 있는 것이라면 뭐든 좋아요.

12. **W:** I am in so much pain. My back is killing me! And my feet are swollen. My huge belly is making me so uncomfortable in this heat!

M: When are you due?

Q: What would be the best response by the woman?

① **In February.**

② It hurts so badly.

③ I'm doing what I can.

④ Any time it's hot outside.

어휘 swollen 부은, 부어오른 belly 배 due ~하기로 예정된

문제풀이 'When are you due?'는 언제가 출산예정일인지를 묻는 질문이다. 따라서 그에 대한 응답으로는 ①이 가장 적절하다.

정답 ①

12. **여:** 정말 고통스럽네요. 허리 때문에 죽겠어요! 게다가 발도 부었어요. 배가 불러서 이런 더위엔 너무 힘들어요!

남: 출산예정일이 언제에요?

Q. 여자의 응답으로 가장 적절한 것은?

① 2월이에요.

② 너무 아파요.

③ 내가 할 수 있는 건 하고 있어요.

④ 밖이 더울 때는 언제든지요.

13. **W:** I've been thinking lately that I might like to start mountain climbing. It looks fun, and it's really healthy. Would you want to train with me to eventually climb Everest?

M: Yeah, I'll climb Mount Everest when pigs fly.

Q: What does the man mean?

① He's too fat to climb.

② He's more fit than her.

③ **He's never going to do it.**

④ He's excited to start training.

문제풀이 돼지들이 하늘을 나는 것은 현실적으로 불가능한 일이므로 에베레스트 등반을 하는 일은 없을 것이라는 의미이다.

정답 ③

13. **여:** 요즘 들어 등산을 시작해보고 싶다는 생각을 해왔어요. 재미도 있어 보이고, 건강에도 정말 좋잖아요. 언젠가 에베레스트 등반을 위해 나와 함께 훈련할래요?

남: 네, 돼지들이 하늘을 날게 되면 에베레스트에 오를 거예요.

Q. 남자가 의미하는 바는 무엇인가?

① 그는 등반하기에는 너무 살이 쪘다.

② 그는 여자보다 더 건강하다.

③ 그는 절대 등반을 하지 않을 것이다.

④ 그는 훈련을 시작하는 것에 대해 신이 나 있다.

14. **W:** Do you want to go out to eat?

M: Sure. Shall we try the new Indian restaurant?

Q: What would be the best response by the woman?

① **Yes, let's give it a shot.**

② I haven't tried very hard.

③ Yes, it was really amazing.

④ No, I'll go as soon as I can.

문제풀이 남자는 새로 생긴 인도 음식점에 가 보자는 제안을 하고 있다. 'give a shot'은 '시도를 해 보다'는 의미로서, 한 번 가서 먹어보자는 뜻의 ①이 여자의 응답으로 적절하다.

정답 ①

14. **여:** 나가서 사 먹을까요?

남: 그래요. 새로 생긴 인도 음식점에 가 볼까요?

Q. 여자의 응답으로 가장 적절한 것은?

① 네, 한 번 시도해 봅시다.

② 열심히 노력을 하지는 않았어요.

③ 네, 정말 굉장했어요.

④ 아니요, 최대한 빨리 갈게요.

15.

W: Honey, do you want to meet me after work for a movie? I hear the new Gary Flanker film is showing at the theater downtown.

M: I wish I could, but I'm really swamped at work. Looks like it's going to be a late night at the office for me.

Q: What does the man mean?

① He doesn't want to see the movie.

② He will be a little late to the theater.

③ He is going to work from home tonight.

④ **He will not be leaving the office anytime soon.**

어휘 swamped 눈코 뜰 새 없이 바쁜 anytime soon (주로 의문문이나 부정문에서) 곧, 당분간

문제풀이 사무실에서 긴 밤이 될 것 같다는 말은 늦게까지 사무실에 남아 일을 해야 하는 상황을 의미한다.

정답 ④

15. **여:** 자기야, 일 끝나고 영화 보러 만나지 않을래? 시내 극장에서 새로운 Gary Flanker 영화가 상영 중이라고 들었어.

남: 나도 그랬으면 좋겠지만, 직장에서 정말 눈코 뜰 새 없이 바쁘네. 사무실에서 긴 밤이 될 것 같아.

Q. 남자가 의미하는 바는 무엇인가?

① 남자는 영화를 보러가고 싶지 않다.

② 남자는 극장에 조금 늦게 갈 것이다.

③ 남자는 오늘밤 집에서 일할 것이다.

④ 남자는 당분간 사무실을 떠나지 못할 것이다.

16.

W: Did you see that new girl in accounting? She's covered in tattoos! I can't believe the boss hired her. I'm sure she's wild and won't be dedicated to the job.

M: You might be surprised. You can't judge a book by its cover.

Q: What does the man imply?

① **Appearances can be deceiving.**

② The boss is not an open book.

③ Tattoos are a sign of weakness.

④ The new girl is full of surprises.

어휘 tattoo 문신 deceive 기만하다, 현혹하다, 속이다 be an open book 쉽게 밖으로 드러나다, 누구나 알 수 있다

문제풀이 겉표지만 보고 책을 판단할 수 없다는 말은 겉모습이나 외형만을 보고 그 사람에 대해 평가할 수 없음을 의미한다.

정답 ①

16. **여:** 회계부서에 새로 온 여자 봤어요? 문신으로 덮여 있어요! 상사가 그녀를 고용했다는 게 믿겨지지 않아요. 분명 그녀는 거칠고 일도 열심히 하지 않을 거예요.

남: 그러다 놀라게 될 수도 있어요. 겉표지만 보고 책을 판단할 수는 없으니까요.

Q. 남자가 의미하는 바는 무엇인가?

① 겉모습은 믿을 것이 못 된다.

② 상사는 속을 쉽게 알 수 있는 사람이 아니다.

③ 문신은 나약함의 징표이다.

④ 새로 온 여자는 놀라운 것들로 가득하다.

17. **W:** Excuse me, I'm redoing my kitchen, and I'm looking for these colors for my walls. Can you help me find them?

M: Well, I'm not sure we have these exact shades, but I'm sure we can find something pretty close in a blue that you'll like. Let me show you what we've got.

Q: Where are the man and woman likely to be?

① **At a paint store**

② At an art gallery

③ At a window shop

④ At the woman's home

어휘 shade 색조, 음영

문제풀이 여자는 부엌 벽에 칠할 색깔을 찾는 손님이고, 남자는 여자에게 자신이 갖고 있는 물건을 보여 주겠다고 하는 상황이므로 대화가 이루어지고 있는 장소로는 페인트 가게가 가장 적절하다.

정답 ①

17. **여:** 실례합니다. 부엌을 개조하고 있는데, 벽에 사용하려고 이 색깔들을 찾고 있어요. 찾는 것을 도와주실 수 있을까요?

남: 글쎄요, 이것들과 완전히 똑같은 색조들을 저희가 갖고 있는지 모르겠네요. 하지만 손님이 좋아하실만한 파란색으로 상당히 비슷한 것을 찾을 수 있을 겁니다. 저희가 갖고 있는 것을 보여드리죠.

Q. 여자와 남자가 있는 장소로 적당한 것은?

① **페인트 가게**

② 미술관

③ 창문 가게

④ 여자의 집

18. **W:** I'm so busy this week! I agreed to work three extra shifts at the office because some of my coworkers are out sick. And on top of that, I volunteered to help at Jimmy's school a few mornings this week to help out his homeroom teacher. I'm swamped.

M: Sounds like you bit off more than you can chew.

Q: What does the man mean?

① "Everything will be okay."

② "Just do one thing at a time."

③ **"I think you agreed to do too much."**

④ "If you try your hardest, that will be enough."

어휘 swamped 눈코 뜰 새 없이 바쁜 chew 씹다, 베어 물다

문제풀이 'bite off more than someone can chew'는 직역하면 '씹을 수 있는 것보다 더 많이 베어 물다'는 뜻이므로, 감당할 수 없는 일을 벌인다는 뜻이다. 따라서 보기 중 ③의 내용과 일맥상통한다.

정답 ③

18. **여:** 이번 주는 정말 바쁘네요! 동료 몇 명이 아파서 못 나오는 바람에 사무실에서 세 번의 추가 근무를 하기로 했어요. 거기에다가, 이번 주 몇 차례 오전에 Jimmy의 학교에 가서 담임 선생님을 돕기로 자원했어요. 눈코 뜰 새 없이 바쁘네요.

남: 당신이 씹을 수 있는 것보다 더 많이 베어 문 것 같아요.

Q. 남자가 의미하는 바는 무엇인가?

① "모든 것은 잘 될 것이다."

② "한 번에 하나씩만 해라."

③ **"당신은 너무 많은 것을 하기로 약속한 것 같다."**

④ "최선을 다한다면, 그걸로 충분할 것이다."

19. **W:** Oh, great! You work here, right? I need some help. I can't seem to find the toilet cleaner. Can you tell me which aisle it's on?

M: I'm sorry, ma'am. Your best bet is the store next door.

Q: What does the man mean?

① His store has no bathroom.

② He does not work at the store.

③ **He does not carry what she wants.**

④ He does not know what she asked.

어휘 aisle 진열대, 통로 bet 방법, 방책 carry (물건 등을) 취급하다, 팔다

문제풀이 'bet'은 '방법, 가능성'이라는 뜻으로, 'best bet'은 '최선의 방법' 또는 '가능성'을 의미한다. 여자에게 옆 가게로 가는 것이 최선의 방법이라고 말하는 것으로 보아, 남자의 가게에서는 여자가 원하는 물건을 취급(판매)하지 않음을 알 수 있다.

정답 ③

19. **여:** 오, 잘됐네요! 여기에서 일하시죠, 그렇죠? 도움이 좀 필요한데요. 변기 세정제를 찾을 수가 없네요. 어느 진열대에 있는지 말씀해주시겠어요?

남: 죄송합니다, 부인. 최선의 방법은 옆 가게입니다.

Q. 남자가 의미하는 바는 무엇인가?

① 그의 가게에는 화장실이 없다.

② 그는 이 가게에서 일하지 않는다.

③ **그는 여자가 원하는 물건을 취급하지 않는다.**

④ 그는 여자가 요청한 것이 무엇인지 모른다.

20. **W:** My stapler keeps disappearing from my office! This is so frustrating.

M: Calm down. I'll do my best to help you find it. Is your name on it?

Q: What would be the best response by the woman?

① I'm not sure what you'd call it.

② I can't remember where I saw it last.

③ No, I must have left it at home again.

④ **Yes, I label all of my belongings at work.**

어휘 label 표식을 붙이다, 이름표를 붙이다

문제풀이 스테이플러에 이름을 써 놓았냐고 물었으므로, 자기의 모든 물건에 이름표를 붙여 놓았다는 ④가 응답으로 가장 적절하다.

정답 ④

20. **여:** 자꾸 내 스테이플러가 사무실에서 없어져요. 정말 짜증나네요.

남: 진정해요. 당신이 그것을 찾을 수 있도록 최선을 다해 도울게요. 그것에 당신의 이름이 쓰여 있나요?

Q. 여자의 응답으로 가장 적절한 것은 무엇인가?

① 그것을 뭐라고 부르는지 확실히 모르겠어요.

② 마지막으로 그걸 어디에서 봤는지 기억나지 않아요.

③ 아니요, 또 그걸 집에 놔 둔 모양이에요.

④ **네, 직장에 있는 모든 내 물품들에는 이름표를 붙여 놓아요.**

21~30

● 본문 p.39

[21-22] 다음 지문을 듣고 문제에 대한 알맞은 답을 고르시오.

W: Today we're going to be talking about the financial effects of transportation in East Asian countries. But first, how did most of you get to school today?

M: Subway.

W: Right. And I'm sure that's how you get around every day, and because it's available for such a modest price and since it's so safe in relative terms, you probably don't often think about how much more difficult your lives would be without such an easy option.

M: But without the subway, we could all just drive cars.

W: Oh, but I think you're failing to consider how much more congested traffic would be if we all depended on cars. Without the subway, you'd more likely be on foot than driving.

여: 오늘 우리는 동아시아 국가들에서 교통수단이 갖는 경제적 효과에 대해 얘기할 것입니다. 그보다 먼저, 여러분들은 오늘 어떻게 학교에 왔나요?

남: 지하철로요.

여: 그래요. 여러분들은 매일 그와 같은 방법으로 여기저기를 돌아다닐텐데, 아주 저렴한 가격으로 이용이 가능하고 또한 상대적으로 매우 안전하기 때문에, 아마 그런 손쉬운 선택 사항이 없다면 삶이 얼마나 더 어려울지 자주 생각해보지는 않을 것입니다.

남: 하지만 지하철이 없다면, 모두 그냥 자동차를 몰면 되지요.

여: 오, 하지만 당신은 만약 우리가 모두 자동차에 의존한다면 교통이 얼마나 더 정체될지는 생각하지 못한 것 같군요. 지하철이 없다면, 운전을 하기보다는 걸어 다니게 될 가능성이 더 크답니다.

21. Where might this dialogue have taken place?

① Chemistry class

② **Economics class**

③ Driver's education class

④ Physical education class

22. What does the woman imply?

① The subway is a little pricey.

② **The subway reduces traffic on the roads.**

③ Walking is a safer option than driving a car.

④ The subway is more dangerous than we expect.

21. 이 대화가 이루어진 곳은 어디겠는가?

① 화학 수업

② **경제학 수업**

③ 운전 교육 수업

④ 체육 수업

22. 여자의 말이 함축하는 바는 무엇인가?

① 지하철은 좀 비싸다.

② **지하철은 도로 위의 교통량을 감소시킨다.**

③ 걷는 것은 자동차를 운전하는 것보다 더 안전한 선택이다.

④ 지하철은 우리가 생각하는 것보다 더 위험하다.

어휘 financial 경제적인, 재정적인 get around 돌아다니다, 이동하다 relative 상대적인 congested 혼잡한, 정체된 likely 가능성이 있는, 그럴듯한 physical education 체육 pricey 값비싼

문제풀이 21. 여자는 동아시아 국가에서 교통수단이 갖는 경제적 영향에 대해 얘기할 것이라고 언급했고, 지하철이 없어질 경우 사람들에게 미칠 영향 등에 대한 논의가 이루어지고 있으므로 이 같은 대화가 이루어질 수 있는 곳으로는 경제학 수업이 적절하다.
22. 지하철이 없어져서 자동차에 의존하게 되면 교통이 더 정체될 것이라 언급하였으므로 지하철이 도로 위의 교통량을 감소시킨다는 내용을 함축한다고 볼 수 있다.

정답 21. ② 22. ②

[23-24] 다음 지문을 듣고 문제에 대한 알맞은 답을 고르시오.

W: Did you watch that video I posted on Facebook yesterday?

M: No, I didn't have time. But I saw it was something about vegetarians and a reduced rate of diseases or something. It looked interesting. Can you tell me the main points?

W: Well, basically there were these two doctors who did some research thirty years ago that revealed that people from poorer countries where meat is virtually unavailable for consumption have much lower incidences of diseases, and cancer in particular.

M: Yeah, but who knows if we can actually trust those doctors? They probably got funding from PETA or some other organization against animal cruelty. It's probably just a bunch of propaganda.

W: I guess that's possible, but the video was pretty convincing. I was skeptical before I watched the video but was quite taken aback after I watched it. Maybe you should watch it before passing judgment.

23. What is the man suggesting?

① The woman is not well educated.

② The woman has too much free time.

③ **He doesn't trust the motivations of the doctors.**

④ He can't believe research that was conducted so long ago.

24. How did the woman feel when she watched the video?

① Amused

② **Surprised**

③ Disappointed

④ Disapproving

어휘 post 발송하다, (게시물 등을 온라인에) 올리다 vegetarian 채식주의자 reveal 드러내다, 밝혀내다 virtually 사실상 unavailable 이용할 수 없는, 구할 수 없는 cruelty 학대, 잔혹함 propaganda 선전활동 convincing 설득력 있는 skeptical 회의적인 taken aback 깜짝 놀란 judgement 판단 conduct 실시하다, 수행하다

문제풀이 23. 남자는 의사들을 실제로 믿을 수 있을지 누가 알겠냐고 의문을 제기하며 동영상에 나오는 연구가 동물 학대를 반대하는 단체에 의해 연구비를 받은 선전활동일 것이라고 주장하고 있다. 따라서 남자는 연구를 수행한 의사들의 동기를 신뢰하지 않는다는 것을 알 수 있다.
24. 여자는 동영상을 보기 전에는 회의적이었으나 보고 난 후 상당히 놀랐다고 했다.

정답 23. ③ 24. ②

여: 어제 내가 페이스북에 올린 동영상 봤어요?

남: 아니요, 시간이 없었어요. 하지만 채식주의자들이랑 질병의 감소율인가 뭐 그런 것에 관한 것이던데요. 흥미 있어 보이더군요. 내게 요점들을 말해줄래요?

여: 음, 기본적으로 30년 전에 두 명의 의사들이 어떤 연구를 했는데, 그 연구는 고기를 사실상 소비할 수 없었던 가난한 나라 사람들의 질병 발생률, 특히 암 발생률이 훨씬 낮다는 것을 밝혀냈어요.

남: 네, 하지만 그 의사들을 우리가 실제로 믿을 수 있을지 누가 알겠어요? 그들은 아마 PETA라든지 동물 학대를 반대하는 어떤 다른 단체로부터 자금 지원을 받았을 거예요. 아마 그냥 일종의 선전활동일 거라고요.

여: 그럴 수도 있겠지만, 그 동영상은 상당히 설득력이 있었어요. 저도 동영상을 보기 전엔 회의적이었지만, 그걸 보고 나서는 상당히 놀랐다니까요. 당신도 판단을 내리기 전에 동영상을 한 번 봐야할 것 같아요.

23. 남자가 의미하는 바는 무엇인가?

① 여자는 교육을 잘 받지 못했다.

② 여자는 너무 자유 시간이 많다.

③ **의사들의 동기를 신뢰하지 않는다.**

④ 그토록 오래 전에 실시된 연구를 믿을 수 없다.

24. 여자는 동영상을 보았을 때 어떤 느낌이 들었는가?

① 즐거웠다.

② **놀랐다.**

③ 실망했다.

④ 탐탁지 않았다.

[25] 다음 지문을 듣고 문제에 대한 알맞은 답을 고르시오.

W: Thanks for joining us for the meeting of the Mayberry Beekeeper's Association. I'd like to start with a Q&A session, so ask away.

M: Well, I've got a question. I'm not actually a bee-keeper just yet, but I'm a farmer, and the past few years my crop yield has decreased. I read that having some bees on my land could improve the pollination of my crops. So I'm just wondering how to get started.

W: If you're just starting out, first of all you'll need to buy a hive along with a package of worker bees. There's also some equipment you'll need, but as a member of our club you can borrow that from us at no charge.

M: What about collecting a honeybee swarm from someone else's land and relocating it to my land instead of buying a hive?

W: Well, while that may sound like an attractive prospect, it's actually much more complicated and precarious than you might think.

여: Mayberry 양봉인 협회 회의에 참석해 주셔서 감사합니다. 우선 질의응답 시간으로 시작하고자 하오니, 질문을 해 주세요.

남: 저, 질문이 있습니다. 저는 사실 아직 양봉인은 아니고 농부인데, 지난 몇 년 동안 작물 수확량이 감소하였습니다. 농지에 벌들을 좀 놔두면 작물의 수분을 향상시킬 수 있다는 내용을 읽게 되었습니다. 그래서 이걸 어떻게 시작을 해야 할 지가 좀 궁금합니다.

여: 만약 이제 막 시작하는 것이라면, 우선 일벌들 묶음과 벌집을 사야 할 겁니다. 또 당신이 필요로 할 몇 가지 용품들이 있는데, 우리 단체의 회원 자격으로 무료로 대여할 수 있습니다.

남: 벌집을 구입하는 대신 다른 사람의 땅에서 꿀벌 떼를 채집하여 제 땅에 이주시키는 것은 어떻습니까?

여: 그것이 솔깃한 가능성처럼 들릴 수는 있겠지만, 실제로 당신이 생각하는 것보다 훨씬 복잡하고 불확실한 일이랍니다.

25. What is true according to the talk?

① The man has been beekeeping and farming for a few years.

② The man needs to buy equipment from a honeybee supplier.

③ The man has had a lower production of crops the past few years.

④ The best way to get started beekeeping is to relocate a nearby hive.

25. 대화의 내용으로 보아 다음 중 사실인 것은?

① 남자는 몇 년 동안 양봉과 농사를 해 왔다.

② 남자는 꿀벌 공급자로부터 용품을 구입해야 한다.

③ 남자는 지난 몇 년 동안 농작물 생산이 감소했다.

④ 양봉을 시작하는 최선의 방법은 주변 벌집을 이주시키는 것이다.

어휘 beekeeper 양봉인 association 협회 crop 작물, 수확물 yield 수확량, 생산액 pollination 수분 swarm 벌 떼, 무리 relocate 재배치하다, 이주하다, 이동하다 hive 벌집, 벌통 prospect 가능성, 전망, 예상 precarious 불확실한, 불안정한

문제풀이 'the past few years my crop yield has decreased'라는 부분에서 지난 몇 년 동안 남자의 농작물 생산량이 감소했음을 알 수 있다. 남자는 양봉을 해 본 적이 없으므로 ①은 사실과 다르며, 양봉인 협회 회원으로서 용품을 무료로 빌릴 수 있다고 했기 때문에 ②도 답이 될 수 없다. 또한 여자는 다른 곳에서 꿀벌 떼를 이주시키는 것은 복잡하고 불확실한 일이라고 언급하고 있으므로 ④도 사실과는 다른 내용이다.

정답 ③

[26-27] 다음 지문을 듣고 문제에 대한 알맞은 답을 고르시오.

W: I'm so glad to be working here, but I'm a little nervous. Is there anything special I need to be aware of?

M: Well, as I'm sure you know, there are ten of us on our team, plus the boss. Everyone on the team is pretty relaxed, but the boss is quite an interesting character.

W: Oh, really? Is he like a dictator? Should I be worried?

M: No, it's nothing like that. He's just really eccentric... like, he eats the exact same thing for lunch every day at 1 p.m. sharp, and if you ask him a question with a simple answer, he'll give a really long explanation and take forever to get to the point. But other than that, he's not so bad.

W: Well, I think I can deal with that. Thanks for the heads up.

여: 여기서 일하게 되어 너무 기쁜데, 좀 긴장되네요. 제가 알아두어야 할 특별한 사항이 있나요?

남: 당신도 잘 알겠지만, 우리 팀에는 10명이 있고, 거기에 상사가 있습니다. 우리 팀은 모두 상당히 느긋한 편이지만 상사는 상당히 재미있는 성격이죠.

여: 오, 정말요? 독재자 같은가요? 제가 걱정해야 할 만한가요?

남: 아니요, 그런 건 전혀 아니고요. 그는 그냥 상당히 별나달까요, 날마다 오후 1시 정각에 점심으로 똑같은 걸 먹는다든가 하는 거요. 그리고 만약 당신이 그에게 간단한 답이 필요한 질문을 한다면 그는 정말 긴 설명을 할 거고, 요점에 다다르는 데 엄청나게 오랜 시간이 걸릴 거예요. 하지만 그런 걸 제외하면, 그는 그리 나쁘지 않아요.

여: 음, 그런 건 대처할 수 있을 것 같네요. 미리 알려줘서 고마워요.

26. How can the workplace in general be described?

① Gloomy

② **Peaceful**

③ Disorderly

④ Competitive

26. 이 직장은 전반적으로 어떻게 묘사될 수 있겠는가?

① 우울하다.

② 평화롭다.

③ 무질서하다.

④ 경쟁적이다.

27. According to the male speaker, what is true about the boss?

① He often skips meals.

② He's a bit of a tyrant.

③ **He is somewhat unconventional.**

④ He's very direct in conversations.

27. 남성 화자에 따르면, 상사에 대한 내용으로 사실인 것은 무엇인가?

① 그는 종종 식사를 거른다.

② 그는 좀 폭군이다.

③ 그는 다소 평범하지 않다.

④ 그는 대화에 있어 매우 직설적이다.

어휘 nervous 긴장된, 초조한 be aware of ~을 알다 dictator 독재자 eccentric 별난, 기괴한 heads up (미리 알려주는) 주의, 충고, 경고 tyrant 폭군, 독재자 somewhat 다소, 약간 unconventional 평범하지 않은, 틀에 박히지 않은, 독특한

문제풀이 26. 남자는 팀이 상당히 느긋한(relaxed) 편이며 상사도 좀 별날 뿐 그리 나쁘지 않은 사람이라고 언급하고 있다.
27. 남성 화자는 상사를 좀 별난(eccentric) 성격을 갖고 있다고 묘사하였다.

정답 26. ② 27. ③

[28-29] 다음 지문을 듣고 문제에 대한 알맞은 답을 고르시오.

W: Hi, Tim. You look worried. Is something wrong?

M: Yeah, I'm afraid I'm going to have to talk to Margaret in accounting because several of her coworkers have come to me to voice their concern about her. They think she's a little crazy or something.

W: Oh, you mean because she talks to herself? Yeah, she does that all the time, but I read online just the other day that people who talk to themselves are actually far more productive when allowed to verbalize than when they intentionally try to get work done while being silent. For talkative types, talking while working is actually a good thing.

M: Oh, what a relief! I really wasn't looking forward to having that awkward talk with Margaret. Can you send me the link to the article you read right away?

W: Sure, just a minute. Ok, it's done. And you should probably forward it to everyone in the accounting department, too.

여: 안녕하세요, Tim. 걱정돼 보여요. 뭐가 잘못 됐어요?

남: 네, 회계부서의 Margaret이랑 얘기를 좀 해봐야 할 것 같은데, 그녀의 동료들이 나에게 와서 그녀에 대한 우려를 표했거든요. 그들은 그녀가 좀 미쳤거나 어떻게 됐다고 생각해요.

여: 아, 그녀가 혼잣말하는 것 때문에요? 네, 그녀는 항상 그래요. 하지만 지난번에 온라인에서 읽었는데 혼잣말을 하는 사람들은 의도적으로 소리를 내지 않고 일을 처리하려고 할 때보다 말로 표현할 수 있도록 허락되었을 때 사실상 훨씬 더 생산적이래요. 말이 많은 유형의 사람들에게는, 일하면서 말을 하는 게 사실 좋은 거라는 거죠.

남: 정말 다행이네요! Margaret이랑 어색한 대화를 나눠야 하는 걸 정말 원하지 않았거든요. 당신이 읽었다는 그 기사 링크 좀 바로 보내줄 수 있어요?

여: 그럼요, 잠깐만요. 네, 보냈어요. 그리고 아마도 회계부서의 모든 사람들에게도 그걸 전달해 주는 게 좋을 것 같아요.

28. What is the man likely to do next?

① Fire Margaret.

② **Check his email.**

③ Have a talk with Margaret.

④ Have a meeting with Accounting.

29. Why are Margaret's coworkers upset??

① **She thinks aloud while she is doing her work.**

② She gives her opinions even when she isn't asked.

③ She focuses on office gossip instead of getting her work done.

④ They can't get work done because she's always asking questions.

28. 남자가 다음에 할 것으로 생각되는 일은?

① Margaret을 해고한다.

② **그의 이메일을 확인한다.**

③ Margaret과 대화를 한다.

④ 회계부서와 회의를 한다.

29. Margaret의 직장동료들이 당혹스러워하는 이유는 무엇인가?

① **그녀는 일을 하면서 생각하는 것을 소리내어 말한다.**

② 누가 묻지 않았는데도 그녀의 의견을 피력한다.

③ 그녀는 일을 하는 대신 사무실의 소문에 집중한다.

④ 그녀가 항상 질문을 하기 때문에 일을 할 수가 없다.

어휘 voice concern 우려를 표명하다 productive 생산적인 verbalize 말로 표현하다 relief 안도, 다행 awkward 어색한, 이상한 forward 전달하다, 보내다

문제풀이 28. 여자는 남자가 요청한 기사 링크를 보냈다고 했으므로 남자가 다음에 하리라고 생각되는 일은 여자가 보낸 이메일을 확인하는 일이다. 29. 대화 내용 중 Margaret이 혼잣말을 한다는 사실을 알 수 있고, 남자는 여자가 온라인에서 읽은 내용에 대한 설명을 들은 후 안도하고 있다. 따라서 직장 동료들은 Margaret이 자신이 생각하는 것을 스스로에게 소리내어 말하는 것에 대해 당혹스러워 하고 있음을 알 수 있다.

정답 28. ② 29. ①

[30] 다음 지문을 듣고 문제에 대한 알맞은 답을 고르시오.

M: Hi, Janice. I was talking to Kim the other day, and he told me you might have an opening in the finance department next month.

W: Really? Not that I know of, but maybe Kim knows something I don't.

M: Well, he told me that someone in finance was planning to quit soon, and I really want to come back to work in finance again.

W: Okay, I'll keep that in mind. But the decision isn't really up to me. It's the higher ups that make the hiring decisions.

M: Well, I already talked to one of the managers, you know, Hilary. She really wants me to come back, but she said that Gary isn't a big fan of mine. He's holding a grudge from me asking to be transferred to a different department last year and doesn't like that I've changed my mind and want to come back.

W: Hmm really? Gary's pretty hardheaded. He doesn't often change his mind.

M: Well, maybe if Hilary or you talk to him, he might be willing to give me another chance.

남: 안녕하세요, Janice. 지난번에 Kim이랑 얘기를 하는데, 다음 달에 경리부에 일자리가 하나 날 수도 있다고 하더군요.

여: 정말요? 제가 아는 바로는 그렇지 않은데, 아마 제가 모르는 것을 Kim이 알고 있나 보네요.

남: 그가 말하길 경리부의 누군가가 곧 일을 그만 두려고 하고 있대요, 그리고 저는 정말 경리부로 돌아와서 다시 일하고 싶거든요.

여: 네, 기억해 놓을게요. 하지만 결정이 저한테 달려 있는 건 아니어서요. 임용 결정을 내리는 것은 더 윗사람들이거든요.

남: 음, 매니저들 중 한 명인 Hilary와도 이미 얘기를 해봤는데요. 그녀는 제가 돌아오기를 정말 바라지만, Gary는 저를 별로 탐탁지 않아 한대요. 그는 작년에 다른 부서로 옮겨달라고 요청한 것 때문에 저한테 원한을 품고 있고, 제가 마음을 바꿔서 다시 돌아오길 원하는 것을 내켜하지 않아요.

여: 흠, 정말요? Gary는 상당히 고집이 세요. 그는 생각을 바꾸는 일이 별로 없죠.

남: 아마 Hilary나 당신이 그에게 가서 얘기를 해 보면, 제게 다시 한 번 기회를 주려고 할지도 몰라요.

30. Which of the following is true about the speakers?

① The man is close with Gary.

② The man used to work in finance.

③ The woman is optimistic about the man's chances.

④ The woman is sure there will soon be a job available.

30. 다음 중 화자들에 대한 내용으로 사실인 것은?

① 남자는 Gary와 친분이 있다.

② 남자는 경리부에서 일했었다.

③ 여자는 남자가 바라는 일이 일어날 가능성에 대해 낙관적이다.

④ 여자는 곧 일자리가 날 거라는 것을 확신한다.

어휘 higher-up 윗사람, 윗선 hold a grudge 원한을 품다 transfer 전근하다, 이동하다 hardheaded 고집이 센

문제풀이 남자가 'I really want to come back to work in finance again.'라고 말한 것으로 보아 예전에 경리부에서 일했었다는 사실을 알 수 있다. Gary는 남자에게 원한을 품고 있고, 여자는 고집이 센 Gary가 마음을 쉽게 바꾸는 사람이 아니며 임용은 자기보다 윗사람들이 결정한다고 언급했으므로 ①과 ③은 답에서 제외된다. 여자는 일자리가 날 수도 있다는 사실을 몰랐다고 했으므로 ④ 역시 오답이다.

정답 ②

31~50

● 본문 p.42

[31] 다음 지문을 듣고 문제에 대한 알맞은 답을 고르시오.

Voice 1: You have one new message.

(Beep)

Voice 2 (Male): Hello, this is Henry Williams. I got your number from a friend of mine who said you did a great job fixing his air conditioner last summer. Unfortunately, mine is acting up, and I was hoping you could come out and take a look at it tomorrow afternoon. Please call me back at 250-9376 as soon as you can.

Voice 1: Monday 8:47 p.m.

(Beep)

Voice 1: End of messages.

31. What is the reason for the call?

① **To request a service call**

② To change the meeting time

③ To price a new air conditioner

④ To inquire about a job opening

어휘 service call 방문 수리 price 가격을 알아보다, 가격을 매기다 inquire 문의하다, 알아보다

문제풀이 지난 여름 친구의 에어컨을 고쳐 준 사람에게 전화를 걸어 자신의 고장 난 에어컨을 수리해 줄 것을 요청하고 있다.

정답 ①

목소리 1: 새로운 메시지가 한 개 있습니다.

목소리 2 (남자): 안녕하세요, 저는 Henry Williams입니다. 당신의 전화번호를 제 친구에게서 받았는데, 당신이 지난 여름에 그의 에어컨을 훌륭하게 고쳤다더군요. 불행하게도 제 에어컨이 말을 듣지 않아서, 당신이 내일 오후에 와서 한 번 봐 주셨으면 합니다. 가능한 한 빨리 제게 250-9376으로 전화 주십시오.

목소리 1: 월요일 오후 8시 47분

목소리 1: 메시지 종료

31. 전화를 한 이유는 무엇인가?

① 방문 수리를 요청하기 위해

② 회의 시간을 변경하기 위해

③ 새 에어컨의 가격을 알아보기 위해

④ 채용에 대해 문의하기 위해

[32] 다음 지문을 듣고 문제에 대한 알맞은 답을 고르시오.

Voice 1: You have one new message.

(Beep)

Voice 2 (Male): Hi, Tina. It's Jerry. I know we were supposed to meet tonight at six for happy hour, but I'm actually getting off a few hours early today, and since I don't want to start drinking before five, I think I'm going to run to the gym and work out for an hour or two. Then I'll head home for a quick shower before meeting you. So I don't think I'll see you until closer to seven, so if you weren't planning on staying at the bar that late, give me a shout back. Otherwise, I'll see you then.

Voice 1: Tuesday 2:20 p.m.

(Beep)

Voice 1: End of messages.

32. What does Jerry want Tina to do?

① To cancel the meeting

② To join him at the gym

③ To leave work an hour or two earlier

④ **To meet him an hour later than planned**

어휘 happy hour (술집 등에서) 이용 요금을 할인해주는 시간대 give someone a shout 말해주다, 얘기하다

문제풀이 'So I don't think I'll see you until closer to seven,'은 '7시가 다 되어야 당신을 만날 수 있을 것 같다'는 의미이다. 원래 약속은 6시였으므로 남성은 Tina에게 계획했던 것보다 한 시간 늦게 만날 것을 제의하고 있다.

정답 ④

목소리 1: 새로운 메시지가 한 개 있습니다.

목소리 2 (남자): 안녕, Tina. Jerry에요. 우리가 해피 아워에 맞춰 오늘밤 여섯 시에 만나기로 한 걸 알고 있지만, 실은 제가 오늘 몇 시간 더 일찍 퇴근할 거예요. 그리고 5시 이전부터 술을 마시고 싶지 않기 때문에, 체육관에 가서 한 시간 내지 두 시간 동안 운동을 할까 해요. 그러고 나서 당신을 만나기 전에 간단한 샤워를 하러 집으로 갈 거예요. 그래서 7시가 다 되어야 당신을 볼 수 있을 것 같은데, 만약 당신이 바에 그렇게까지 늦게 있으려고 계획하지 않았었다면 나한테 말해 주세요. 그렇지 않다면 그 때 보도록 해요.

목소리 1: 화요일 오후 2시 20분

목소리 1: 메시지 종료

32. Jerry는 Tina가 무엇을 하기를 원하는가?

① 만남을 취소하는 것

② 체육관에서 그와 합류하는 것

③ 한 시간이나 두 시간 일찍 퇴근하는 것

④ 계획했던 것보다 그를 한 시간 늦게 만나는 것

[33-34] 다음 지문을 듣고 문제에 대한 알맞은 답을 고르시오.

W: Campsites, cabins, and tents, oh my! Tennessee's forty-one state parks offer all types of options to make your stay memorable. Whether RVs are your style or you prefer staying in a luxury cabin, we can assist you in finding and booking your accommodations. With over 4,200 campsites and 60 cabins and tents located throughout the state, Tennessee state parks' affordable accommodations offer something for everyone. From the outdoor enthusiast wanting to explore nature's trails on the mountains to the family looking for a lavish weekend in a cabin, the perfect escape is waiting for you in Tennessee. Campground facilities at many parks include restrooms, electrical hookups and shower amenities. And cabins offer comfy alternatives to traditional tent camping. Rugged beauty and a multitude of outdoor recreational activities available at state parks in Tennessee make for the perfect outdoor getaway. Reserve now and play hard!

33. Which type of accommodation provided is advertised as the most deluxe?

① RVs

② Tents

③ **Cabins**

④ Campsites

34. Which of the following attractions is mentioned?

① Guided hikes

② Natural pools

③ Beautiful caves

④ **Mountain trails**

어휘 cabin 오두막 RV(recreational vehicle) 레저용 차량, 캠핑카 accommodation 숙박 시설 affordable (가격이) 알맞은, 저렴한, 감당할 수 있는 enthusiast 열성적 애호가, 팬 trail 자국, 흔적, 길, 코스 lavish 호화로운, 풍성한 escape 탈출, 도망, 도피 electric hookup 전기 콘센트(전기를 꽂을 수 있는 설비) amenities 편의 시설 comfy 편안한, 안락한 alternative 대안 rugged 거친, 울퉁불퉁한 multitude 다수 getaway 휴가; 도주

문제풀이 33. 'a luxury cabin', 'a lavish weekend in cabin' 등에서 주립 공원의 숙박 시설 중 오두막이 가장 고급스러운 종류임을 알 수 있다.
34. 'From the outdoor enthusiast wanting to explore nature's trails on the mountains to the family looking for a lavish weekend in a cabin,'에서 산길이 언급되었다.

정답 33. ③ 34. ④

여: 캠프장, 오두막, 그리고 텐트, 세상에! Tennessee의 41개 주립 공원은 당신의 여행이 기억에 남을 수 있도록 모든 유형의 선택 사항을 제공합니다. 캠핑카가 당신의 스타일이든, 아니면 당신이 호화로운 오두막을 선호하든, 당신이 숙박시설을 찾고 예약하는 것을 도와드릴 수 있습니다. 주 전체에 4,200개가 넘는 캠핑장과 60개의 오두막과 텐트들이 있어, Tennessee 주립 공원의 저렴한 숙소들은 모든 이들에게 무엇인가를 제공해 드립니다. 산에서 자연의 산길을 탐험하고 싶은 야외활동 애호가에서부터 오두막에서 호화로운 주말을 원하는 가족에 이르기까지, Tennessee에서의 완벽한 탈출이 당신을 기다리고 있습니다. 많은 공원의 캠프장 시설은 화장실, 전기 콘센트, 그리고 샤워 편의 시설을 포함하고 있습니다. 그리고 오두막집은 전통적인 텐트 캠핑에 비해 안락한 대안을 제공합니다. Tennessee 주립 공원에 마련되어 있는 거친 아름다움과 다수의 야외 오락 활동은 완벽한 야외 휴가를 만들어줍니다. 지금 예약하고 열심히 즐기세요!

33. 제공되는 숙박 중 어떤 종류가 가장 고급스러운 것으로 광고되고 있는가?

① 캠핑카

② 텐트

③ **오두막**

④ 야영장

34. 다음의 명소들 중 언급된 것은 무엇인가?

① 가이드가 안내하는 하이킹

② 천연 수영장

③ 아름다운 동굴

④ **산길**

[35-36] 다음 지문을 듣고 문제에 대한 알맞은 답을 고르시오.

M: Firefighters were busy fighting a house fire that rapidly spread to two neighboring homes in the Perry area late this morning. The fire broke out after 11 a.m. on James Street. When the team of firefighters arrived on the scene, the first home was already completely engulfed in flames. And very quickly the flames spread to two nearby homes. Two people from the home where the fire originated were transported to the hospital. The extent of their injuries is not known at this time. A firefighter who was attempting to rescue a neighbor's dog was seriously injured after getting bitten by the pet. The firefighter was also taken to a nearby hospital. There were five people in the second home, and they managed to escape without injury, according to firefighters. The Perry Arson Unit is currently investigating to determine what caused the fire. We are gathering more information and will update you on Eyewitness News as more details become available.

남: 오늘 늦은 아침 Perry 지역 한 주택에서 난 불이 빠르게 두 채의 이웃 주택에 번져 소방관들이 이 불을 끄려고 고군분투했습니다. 화재는 James가에서 오전 11시 이후 발생했습니다. 소방 팀이 현장에 도착했을 때, 첫 번째 주택은 이미 완전히 화염에 휩싸여 있었습니다. 그리고 불길은 아주 빠르게 근처 두 주택으로 번졌습니다. 화재가 처음 시작된 주택으로부터 두 사람이 병원으로 옮겨졌습니다. 그들의 부상 정도는 현재 알려져 있지 않습니다. 이웃의 개를 구조하려고 시도하던 소방관은 그 애완동물에 물려 심각한 부상을 입었습니다. 그 소방관 역시 근처 병원으로 옮겨졌습니다. 두 번째 주택에는 다섯 명의 사람들이 있었는데, 소방관들에 따르면 그들은 부상 없이 탈출에 성공했다고 합니다. Perry 소방대는 현재 화재의 원인이 무엇이었는지 알아내기 위해 조사를 벌이고 있습니다. 저희는 더 많은 정보를 모으고 있으며, 보다 더 자세한 소식이 들어오는 대로 '목격자 뉴스'에서 여러분께 최신 정보를 알려드리겠습니다.

35. Who is likely the speaker?

① A firefighter

② A news reporter

③ An arson investigator

④ A police representative

35. 화자는 누구이겠는가?

① 소방관

② 뉴스 리포터

③ 방화 조사관

④ 경찰 대변인

36. Which statement is true according to the talk?

① Five people were injured in the fire.

② Three homes were involved in the fire.

③ There were two fatalities caused by the fire.

④ Arson was determined as the cause of the fire.

36. 이야기에 따르면 다음 중 어떤 내용이 사실인가?

① 다섯 명이 화재로 부상을 입었다.

② 세 집이 화재에 관련되었다.

③ 화재로 인해 두 명의 사망자가 나왔다.

④ 화재의 원인은 방화로 결론이 났다.

어휘 rapidly 빠르게, 급속히 spread 번지다, 퍼지다 scene 장소, 현장 engulf 휩싸다, 둘러싸다 flame 불길, 화염 nearby 근처의, 인근의 originate 근원이 되다, 시작되다 transport 옮기다, 수송하다 extent 정도, 범위 rescue 구조하다, 구하다 gather 모으다

문제풀이 35. 오전에 일어난 화재 사건에 대한 내용을 보도하는 내용이므로 ② 뉴스 리포터가 적절하다.
36. 한 집에서 화재가 발생한 후 주변 두 주택으로 불이 번졌으므로 ②가 정답이다. 화재로 부상을 입은 것은 주택에 있던 두 사람과 애완동물에 물린 소방관 한 명, 총 3명이므로 ①은 오답이며, 사망자에 대한 내용은 없었으므로 ③도 오답이다. 화재의 원인은 현재 조사 중이므로 ④ 역시 오답이다.

정답 35. ② 36. ②

[37-38] 다음 지문을 듣고 문제에 대한 알맞은 답을 고르시오.

W: The Angels' men's baseball team became stranded on Highway 42 in Brownsville late Saturday night due to a blinding snowstorm. Banks, the coach, was with the team traveling back to Westford. Banks said the bus driver pulled over to the roadside to wait for improvement in the severe weather that caused a hampered line of sight when the bus was 2 hours away from Westford, but then the bus got stuck and stalled when trying to pull back onto the road. At that time the highway was shut down, but a police officer told the team that a tow truck would eventually arrive. "Half the team is sleeping, and the others are playing on their phones," Banks said. The athletic director for the Angels told us, "They're warm. Plus, they have plenty of fuel and munchies on the bus. Worst-case scenario, the team will stay where they are for a few more hours." Angels' players posted humorous reactions on social media during the ordeal.

37. What is the report about?

① A coach stranded from his team

② Bad accidents on highways in Westford

③ The importance of having a good driver

④ **A sports team unable to get home on schedule**

38. Which of the following is true according to the report?

① The bus was delayed for two hours.

② The team members on the bus became frantic.

③ The bus continued slowly throughout the storm.

④ **The driver was not able to see clearly while driving.**

어휘 stranded 발이 묶인, 좌초된 pull over 차를 대다, 세우다 severe 가혹한, 혹독한 hamper 방해하다, 막다 sight 시력, 시야 stalled 꼼짝 못하는 shut down 폐쇄하다 tow truck 견인차 munchies 과자, 스낵 ordeal 고난, 역경

문제풀이 37. 심한 눈보라 때문에 Angels의 남자 야구팀이 42번 고속도로 위에서 발이 묶여 Westford로 돌아가지 못하고 있다는 내용이다. 38. 버스 운전사는 악천후 때문에 시야가 잘 보이지 않아 길가에 차를 대야만 했다.

정답 37. ④ 38. ④

여: Angels의 남자 야구팀이 한 치 앞도 보이지 않을 정도의 눈보라로 인해 지난 토요일 밤 Brownsville의 42번 고속도로 위에서 발이 묶였습니다. Banks 코치는 팀과 함께 Westford로 돌아가고 있었습니다. Banks가 말하길 Westford까지 두 시간을 남겨 놓았을 때 버스 기사가 시야를 막는 악천후가 호전되기를 바라면서 길가에 차를 세웠는데, 그 후 다시 길로 진입하려 하자 버스가 꼼짝을 못하면서 시동이 꺼져버렸다고 합니다. 그 때 고속도로는 폐쇄된 상태였고, 한 경찰관이 팀에게 견인차가 곧 올 거라고 말했습니다. "팀의 절반은 자고 있고, 나머지는 전화기를 갖고 놀고 있어요." Banks가 말했습니다. Angels의 운동 감독은 우리에게 말하길, "그들은 따뜻하게 있어요. 게다가, 기름도 넉넉히 있고 버스에 과자도 많이 있답니다. 최악의 시나리오라고 해 봤자 팀이 지금 있는 곳에 몇 시간 정도 더 있는 거예요." Angels의 선수들은 이 고난 와중에 재미있는 반응을 소셜 미디어에 올렸습니다.

37. 무엇에 관한 보도인가?

① 팀에서 떨어져 남겨진 코치

② Westford의 고속도로에서의 불의의 사고

③ 실력 있는 운전사를 두어야 하는 것의 중요성

④ **스포츠 팀 스케줄에 맞춰 귀가하지 못하는 것**

38. 보도에 따르면, 다음 중 사실인 것은 무엇인가?

① 버스가 두 시간 동안 지연되었다.

② 버스 안의 팀 멤버들이 발악했다.

③ 버스는 폭풍이 진행되는 동안 느리게 계속 진행했다.

④ **운전사는 운전을 하는 도중 잘 볼 수가 없었다.**

[39-40] 다음 지문을 듣고 문제에 대한 알맞은 답을 고르시오.

M: Giant panda cub Binky Wonder will make her public debut on Sunday, and keepers at the Toronto Zoo have offered tips to the public on the times when the mischievous yet adorable six-month-old fur ball will be most active. Remarking that Binky Wonder is asleep 70% of the time, zookeepers explained that the baby panda was most likely to frolic about for 20 minutes at a time between 9–11 a.m. and 4–5 p.m. It is also possible that the cub will wake up and be active when her mother, Binky Shy, is fed from 2:30–3:30 p.m. If you were looking forward to seeing the whole clan of Binky Wonder, Binky Shy, and the father, Tin Tin, together, you are in for disappointment. Pandas are territorial animals, so the zookeeper said Tin Tin will stay in his own pen while Binky Shy will be with Binky Wonder in another area.

남: 새끼 대왕판다 Binky Wonder가 일요일 대중에게 첫 선을 보일 것입니다. Toronto 동물원의 사육사들은 이 장난꾸러기이면서도 사랑스러운 6개월짜리 털뭉치가 언제 가장 활동적일지에 대한 정보를 대중에게 제공했습니다. Binky Wonder는 시간의 70% 동안은 잠을 잔다고 말하면서, 사육사들은 아기 판다가 오전 9-11시, 그리고 오후 4-5시에 한 번에 20분 정도 뛰어놀 가능성이 가장 크다고 설명했습니다. 또한 이 아기 판다는 자신의 엄마인 Binky Shy가 오후 2:30-3:30에 먹이를 먹을 무렵에 일어나서 활동할 가능성이 있습니다. 만약 당신이 Binky Wonder, Binky Shy, 그리고 아빠인 Tin Tin을 포함한 모든 일가를 보려고 기대했다면, 실망하게 될 것입니다. 판다는 영역적 동물이기 때문에, 사육사는 Binky Shy가 Binky Wonder와 함께 다른 구역에 있는 동안 Tin Tin은 자신의 우리에서 지내게 될 것이라고 말했습니다.

39. When is a good time to see the baby cub?

① 8 a.m.

② 2 p.m.

③ 4 p.m.

④ 12 p.m.

39. 아기 곰을 보기 좋은 시간은 언제인가?

① 오전 8시

② 오후 2시

③ 오후 4시

④ 오후 12시

40. Which of the following is true about Binky Wonder?

① She is usually active for 20 minutes at a time.

② She spends several hours a day with her father.

③ She sleeps around 12 hours in a 24-hour period.

④ She has been a popular attraction for the past 6 months.

40. 다음 중 Binky Wonder에 관해 사실인 것은?

① 보통 한 번에 20분 정도 활동적이다.

② 하루에 몇 시간씩 자기 아빠와 시간을 보낸다.

③ 24시간 중 12시간 정도를 잔다.

④ 지난 6개월 동안 인기 있는 명물이었다.

어휘 cub 새끼 mischievous 말썽꾸러기의, 짓궂은 adorable 사랑스러운 remark 말하다, 언급하다 frolic 뛰놀다 clan 씨족, 일가 territorial 영역적인, 세력의 pen 우리

문제풀이 39. Binky Wonder는 오전 9-11시, 그리고 오후 4-5시에 각 20분 정도, 그리고 엄마가 먹이를 먹을 무렵인 2:30-3:30에 활동적일 수 있다고 했으므로 보기 중 위 시간대에 해당하는 것은 ③이다.
40. 본문에서 Binky Wonder는 보통 한 번에 20분 정도 활동적이라는 사실을 알 수 있다. 판다는 영역적 동물이므로 아빠인 Tin Tin과는 격리되어 있다고 했으므로 ②는 오답이며, Binky Wonder는 시간의 70% 동안 잠들어 있기 때문에 ③도 오답이다. Binky Wonder는 일요일에 첫 선을 보이므로 ④ 역시 오답이다.

정답 39. ③ 40. ①

[41-42] 다음 지문을 듣고 문제에 대한 알맞은 답을 고르시오.

W: So what should you do if you're out somewhere and your friend starts feeling dizzy? Don't just set them in the nearest chair because they will tumble to the floor. If you are close to a wall when your friend starts feeling like they're going to faint, then lead your friend to the wall, lean them against it and help them slide down to a horizontal position. No wall around? Then pull your dizzy friend as close as possible to yourself because that makes it easier for you to stop them from collapsing. If their head begins moving around from side to side, have them rest their head on your shoulder. Then slowly and carefully bend down together until you're on your knees, and then gently lay your friend out on the ground.

여: 만약 당신이 어딘가 나와 있는데 친구가 어지러움을 느끼기 시작한다면 당신은 어떻게 해야 합니까? 그냥 가장 가까운 의자에 앉혀서는 안 됩니다. 바닥으로 떨어질 것이기 때문입니다. 만약 당신의 친구가 기절할 것 같은 느낌이 들기 시작할 때 당신이 벽에 가까이 있다면, 당신의 친구를 벽으로 인도한 다음, 그를 벽에 기대게 하고 수평 자세가 되게 미끄러져 내려오게 도와주도록 하십시오. 주변에 벽이 없습니까? 그렇다면 어지러워하는 친구를 당신에게 최대한 가깝게 당기십시오. 그 친구가 쓰러지는 것을 막기가 더 쉽기 때문입니다. 만약 친구의 머리가 양옆으로 흔들린다면, 당신의 어깨에 머리를 기대게 하십시오. 그리고 천천히 조심스럽게 당신의 무릎이 땅에 닿을 때까지 함께 몸을 숙이고, 그 후 당신의 친구를 땅에 부드럽게 눕히십시오.

41. What symptom is the presenter giving advice for?

① **Lightheadedness**

② Stomach nausea

③ Inability to walk

④ Muscle cramping

41. 발표자는 어떤 증상에 대한 조언을 주고 있는가?

① **현기증**

② 속이 울렁거림

③ 걷을 수 없음

④ 근육 경련

42. What does the speaker recommend to do to the sick person?

① **Put them flat on the ground.**

② Sit them in the nearest chair.

③ Reach around to hold them up.

④ Rock their head from side to side.

42. 화자는 아픈 사람에게 어떻게 해 주도록 조언하고 있는가?

① **땅에 평평히 눕힌다.**

② 가장 가까운 의자에 앉힌다.

③ 그가 지탱할 수 있게 잡아준다.

④ 그의 머리를 양옆으로 흔든다.

어휘 dizzy 어지러운, 현기증이 나는 tumble 떨어지다, 넘어지다 faint 기절하다 lean 기대다, 의지하다 slide 미끄러지다 horizontal 수평의 collapse 쓰러지다, 붕괴되다 bend down 숙이다, 굽히다 lay 눕히다

문제풀이 41. 'feeling dizzy', 'feeling like they're going to faint'에서 보듯 현기증 증상이 나타날 때 어떻게 대처해야 하는지에 대해 말하고 있다.
42. 발표자는 아픈 사람을 벽에 기대게 하여 땅으로 미끄러져 내려오게 하거나, 벽이 없는 경우는 자신에게 기대게 한 다음 천천히 숙여 땅에 부드럽게 눕히라고 조언하고 있다.

정답 41. ① 42. ①

[43-44] 다음 지문을 듣고 문제에 대한 알맞은 답을 고르시오.

M: Germs are what cause illnesses, right? Sure, it's true that many germs, or bacteria and other such microbial organisms can make humans sick and cause infections. But many germs don't. Without giving too many details about the amazing microscopic organisms that are all over and inside our bodies working hard to make sure we stay healthy, it is safe to say that if you are afraid of germs and do everything you can to get rid of them, you're actually doing more harm than good. If you are zealous to use antibacterial cleaning products to keep from getting sick, you may in fact be lessening the natural contact your immune system would normally have with germs. Our bodies need this contact to develop natural immunities and antibodies so we stay healthy and well. Many scientists are concerned that antibacterial products may have the opposite effect in the end.

남: 세균은 질병을 일으키는 것입니다, 그렇죠? 많은 세균이나 박테리아, 그리고 다른 미생물 유기체가 인간을 아프게 할 수 있고 감염을 일으키는 것은 당연한 사실입니다. 하지만 그렇지 않은 세균들도 많습니다. 우리가 건강할 수 있도록 열심히 일하는 우리의 몸 안팎에 존재하는 굉장한 미생물 유기체들에 대해 자세한 사항들을 너무 많이 나열하지 않더라도, 만약 당신이 세균을 두려워해서 그것을 없애려고 최선을 다한다면 당신은 실제로 득보다는 해를 끼치는 일을 하고 있는 것이라 해도 과언이 아닙니다. 당신이 병에 걸리지 않기 위해 항균 세정 제품을 열렬히 사용하는 경우, 사실상 당신은 면역 체계가 정상적으로 갖는 세균과의 자연적인 접촉을 줄이고 있는 것일 수 있습니다. 우리의 몸은 이 같은 접촉을 통하여 자연적 면역력과 항체를 발달시킴으로써 우리가 건강하고 잘 지낼 수 있게 해 줍니다. 많은 과학자들은 항균 제품들이 궁극적으로 역효과를 가져올 가능성에 대해 염려하고 있습니다.

43. What question is the speaker addressing?

① How should I get rid of bad germs?

② **Should I stop using antibacterial soap?**

③ How can I get my hands even cleaner?

④ What's the best way to increase immunity?

43. 화자가 다루고 있는 문제는 무엇인가?

① 나쁜 세균들을 어떻게 제거해야 하는가?

② **항균 비누 사용을 중지해야 하는가?**

③ 내 손을 더 청결하게 할 수 있는 방법은?

④ 면역력을 증가시키는 최선의 방법은 무엇인가?

44. Which of the following statements does the speaker agree with?

① **Exposure to germs is good for immunity.**

② Germs are not responsible for most illnesses.

③ Our bodies are naturally immune to most diseases.

④ Antibacterial products may contain harmful bacteria.

44. 다음 진술 중 화자가 동의하는 내용은?

① **세균에의 노출은 면역력에 좋다.**

② 세균은 대부분의 질병의 원인이 아니다.

③ 우리의 몸은 대부분의 질병에 자연적으로 면역이 되어 있다.

④ 항균 제품들은 유해한 박테리아를 함유하고 있을 수 있다.

어휘 germ 세균 microbial 미생물의 organism 유기체 infection 감염, 전염 get rid of 제거하다, 없애다 zealous 열렬한, 열성적인 lessen 약화시키다, 줄이다 immune 면역의, 면역성이 있는 immunity 면역, 면역력 antibody 항체 opposite effect 역효과

문제풀이 43. 세균이 두렵다고 해서 항균 세정 제품을 통해 모든 세균을 없애려 한다면 자연적인 면역력과 항체 발달을 저해하여 결국 득보다 실이 많을 수 있다는 내용이다.
44. 우리의 몸은 면역 체계와 세균 간의 자연적 접촉을 통해 자연적 면역력과 항체를 발달시킨다고 하였으므로 화자는 세균의 노출은 면역력에 좋다는 데 동의한다고 볼 수 있다.

정답 43. ② 44. ①

[45] 다음 지문을 듣고 문제에 대한 알맞은 답을 고르시오.

M: You may be wondering why I was ever a vegetarian. Well, my ex-girlfriend was a vegetarian, and our diets became quite similar over time. One day, I realized it had been two weeks since I'd eaten meat, so I just continued down the same road. Healthy vegetarians are careful to make sure they get all the necessary vitamins and nutrients, but I was a lazy vegetarian, so I scarfed down a lot of Mexican food, Chinese food, and tofu. And even though I was working out, I could tell that I was gaining weight. After we broke up, one night when I was at a Russian restaurant with my friends, I decided to no longer be a vegetarian. I warned my friends that this might be a bad night for me, but I was pleasantly surprised. My body felt a little funny at first, and I waited for nausea and vomiting, but it never happened. So from that point forward, I never looked back.

남: 당신은 내가 도대체 왜 한때 채식주의자였는지 궁금해 할지도 모르겠습니다. 내 예전 여자 친구가 채식주의자였는데, 시간이 가면서 우리의 식습관은 상당히 비슷해 졌습니다. 어느 날, 나는 마지막으로 고기를 먹은 지 2주가 됐다는 것을 깨달았고, 그냥 그 후로도 같은 방식을 계속 했습니다. 건강한 채식주의자들은 모든 필요한 비타민과 영양소를 꼭 섭취하지만, 나는 게으른 채식주의자였기 때문에 멕시코 음식, 중국 음식, 그리고 두부를 엄청나게 먹어치웠습니다. 또한 내가 운동을 하고 있었음에도 불구하고, 살이 찌고 있는 것이 보였습니다. 우리가 헤어진 후, 친구들과 러시아 식당에 있었던 어느 날 밤, 나는 더 이상 채식주의자가 되지 않기로 결심했습니다. 나는 친구들에게 내게 힘든 밤이 될 수도 있다고 경고했지만, 의외로 괜찮아서 놀라게 되었습니다. 몸이 처음에는 조금 이상하기에 울렁거림과 구토를 기다렸지만, 그런 일은 일어나지 않았습니다. 그래서 그 때 이후로는, 다시는 뒤를 돌아보지 않았습니다.

45. Which statement is true according to the speaker?

① He became a vegetarian for health reasons.

② When he was a vegetarian, he was very healthy.

③ When he stopped being vegetarian, he got quite sick.

④ **When he started eating meat again, he expected to throw up.**

45. 화자에 따르면 다음 진술 중 사실인 것은?

① 그는 건강상의 이유로 채식주의자가 되었다.

② 그가 채식주의자였을 때, 그는 매우 건강했다.

③ 그가 채식주의자로 지내는 것을 멈췄을 때, 그는 상당히 아팠다.

④ 그가 고기를 다시 먹기 시작했을 때, 그는 토할 것을 예상했다.

어휘 vegetarian 채식주의자 diet 식습관, 식사, 다이어트 nutrient 영양소 scarf down 먹어치우다, 급하게 음식을 먹다 work out 운동하다 break up 헤어지다, 이별하다 nausea 울렁거림, 구역질 vomit 구토하다

문제풀이 'I waited for nausea and vomiting, but it never happened'에서 보듯, 화자는 고기를 다시 먹으면 울렁거리거나 구토를 할 것이라고 예상했다.

정답 ④

[46-47] 다음 지문을 듣고 문제에 대한 알맞은 답을 고르시오.

M: As a special reminder for anyone who signed up for next month's conference on new business growth, please be aware that we are making strides to go green. As a result, at registration each conference attendee will be given a flash drive that contains all speaker handouts along with everything usually included in the conference manual. Also, before the start of the conference, attendees who pre-registered will receive instructions on how to download the handouts in advance to electronic devices. We have printed a limited number of conference manuals for attendees who cannot use an electronic device on site. These manuals can be purchased on site for $25 on a first-come first-serve basis during registration for the conference.

46. Who is the speaker talking to?

① Conference organizers

② **People who will attend the conference**

③ Content designers for the conference manual

④ Retailers who will advertise at the conference

47. Which of the following can be inferred?

① Handouts are available online to the public.

② There will be 25 manuals available on site.

③ Printed manuals can be reserved in advance.

④ **Most attendees are expected to bring a computer.**

어휘 reminder 상기, 공지 make strides 노력하다 go green 친환경적이 되다 registration 등록 attendee 참석자 handout 유인물, 발표자료 on site 현장에서 purchase 구매하다, 구입하다 first-come first-serve basis 선착순

문제풀이 46. 'As a special reminder for anyone who signed up for next month's conference on new business growth'에서 알 수 있듯 회의에 참가 신청을 한 사람들을 대상으로 하는 공지이므로 ②가 정답이다.
47. 회의 시작 전 전자 기기에 유인물을 내려 받는 방법을 안내해 줄 것이고, 회의장에 전자 기기를 가져올 수 없는 사람들을 위해서 책자를 한정 수량 인쇄했다는 것으로 보아 대부분의 회의 참석자들이 컴퓨터를 가져올 것으로 예상하고 있음을 추론할 수 있다.

정답 46. ② 47. ④

남: 다음 달에 있을 새로운 사업 성장에 관한 회의에 참가 신청을 한 모든 분들을 위해 특별히 상기시켜 드리는 내용으로, 우리가 친환경적이 되기 위해 노력하고 있다는 것을 알아주시기 바랍니다. 따라서 각 회의 참석자는 회의장에서 회의 책자에 보통 포함되어 있는 일체의 내용과 모든 발표 유인물들이 들어 있는 플래시 드라이브(저장장치)를 받게 될 것입니다. 또한 회의 시작 전, 사전 등록을 한 참가자들은 전자 기기에 유인물을 어떻게 미리 내려 받을 수 있는지 안내를 받게 될 것입니다. 우리는 현장에서 전자 기기를 사용할 수 없는 참가자들을 위해 회의 책자를 한정 수량 인쇄했습니다. 이 책자들은 회의 등록 기간에 현장에서 선착순으로 $25에 구입할 수 있습니다.

46. 화자는 누구에게 얘기하고 있는가?

① 회의 조직자들

② **회의에 참가할 사람들**

③ 회의 책자 콘텐츠 디자이너들

④ 회의에서 광고를 할 소매업자들

47. 다음 중 추론이 가능한 내용은 무엇인가?

① 유인물은 온라인으로 대중에게 공개되어 있다.

② 현장에는 25부의 책자가 있을 것이다.

③ 인쇄된 책자는 미리 예약할 수 있다.

④ **대부분의 참석자들이 컴퓨터를 가져올 것으로 예상된다.**

[48-49] 다음 지문을 듣고 문제에 대한 알맞은 답을 고르시오.

W: Of course you want to expand your business, and if you want to see your profits increase, then you have to focus on increasing your most profitable customer type. This means that sometimes you have to drop your less profitable customers, and at the same time, you need to pull in more of your ideal customer. You can do that with effective marketing that produces good leads that will turn into profitable customers who will shell out the money that your company is worth. You can't go a day without seeing business marketing, but have you ever really carefully examined those marketing messages around you? Today I'm going to unveil how you can make your marketing dramatically more effective. Basically, you can do this by using images well. It's true that a picture is worth a thousand words. So how can you use that to help your business? Use effective word pictures in your verbal presentation, and increase your overall number of images.

여: 당연히 당신은 사업을 확장하길 원하고, 이윤이 증가하는 것을 보기 원한다면, 가장 이윤이 많이 남는 소비자 유형을 늘리는 것에 중점을 두어야 합니다. 이는 때로 이윤이 덜 남는 고객들을 포기해야 하고, 동시에 이상적인 고객을 더 끌어들여야함을 의미합니다. 당신은 회사의 가치만큼 돈을 지불할 수익성 있는 고객으로 이끌어 줄 효율적인 마케팅을 통하여 이것을 실현할 수 있습니다. 당신은 비즈니스 마케팅을 하루도 보지 않고 지나가는 날이 없지만, 한 번이라도 정말 주의 깊게 주위의 마케팅 메시지를 들여다 본 적이 있습니까? 오늘 저는 당신의 마케팅을 극적으로 더 효과적이게 만들 수 있는 방법을 공개할 것입니다. 기본적으로, 당신은 이미지들을 잘 사용하여 이를 실현할 수 있습니다. 그림 한 장이 천 마디의 말을 대신할 수 있는 것은 사실입니다. 그러면 그것이 당신의 사업에 도움이 되도록 어떻게 사용할 수 있을까요? 말로 하는 프레젠테이션에 효과적인 단어 그림을 사용하고, 전체적인 이미지들의 개수를 늘리십시오.

48. Who is the speaker probably talking to?

① **Business owners**

② Marketing experts

③ Advertising executives

④ Employees at his company

49. Which of the following is implied or suggested?

① **Not all customers are worth having.**

② Words and images are equally powerful.

③ Focus on the quality instead of quantity of images.

④ The best customers will refer you to other customers.

어휘 expand 확장하다 profitable 이윤이 남는, 수익성이 있는 drop 떨어뜨리다, 포기하다 pull in 끌어들이다 shell out (돈 등을) 쓰다, 들이다 unveil 공개하다, 밝히다 verbal 말로 하는, 구두의 overall 전체적인, 전반적인

문제풀이 48. 'you want to expand your business, and if you want to see your profits increase ~', 'So how can you use that to help your business?' 등에서 보듯 화자는 사업을 확장하고 이윤의 증가를 원하는 사업주들에게 보다 더 효과적인 마케팅을 통하여 그들의 사업을 돕는 방법에 대해 얘기하고 있다.
49. 화자는 이윤이 덜 남는 고객들은 포기하고 이상적인 고객들을 끌어들이는 것이 필요하다고 말하고 있다. 따라서 모든 고객이 가치가 있는 것은 아니라는 내용을 함축하고 있다고 볼 수 있다.

정답 48. ① 49. ①

48. 화자가 이야기하고 있는 사람은 누구이겠는가?

① **사업주들**

② 마케팅 전문가들

③ 광고 이사들

④ 그의 회사의 직원들

49. 다음 중 함축되거나 암시되고 있는 것은?

① **모든 고객이 가치가 있는 것은 아니다.**

② 말과 이미지는 똑같이 강력하다.

③ 이미지의 수량보다 질에 집중하라.

④ 최고의 고객들은 다른 고객들을 당신에게 보낼 것이다.

[50] 다음 지문을 듣고 문제에 대한 알맞은 답을 고르시오.

M: Some of the best ideas come to me while running, so while training for a marathon late last year, a question came to mind: from my years of training for races have I learned skills that also apply to running a business? And the answer is yes; much of what is vital for race training is also fundamental to me as an entrepreneur. Long distance running requires knowing how to establish a pace that is effective and challenging that can also be sustained over time. And being a great runner doesn't come easy. You can't just decide to run a marathon tomorrow. You first decide you want to run a marathon, pick a race date, and begin training. Starting a business venture is similar because successful entrepreneurs don't get a great business idea one day and start their business the next day. They have the beginning of an idea that they develop, and they wait until the time is right to jump in.

남: 최고의 아이디어들 중 몇몇은 내가 달리기를 하는 도중에 떠오르는데, 작년 말 마라톤을 위해 연습을 하던 도중 질문 하나가 떠올랐습니다: 경기를 위한 수년간의 훈련으로부터 사업을 경영하는 데에도 적용할 수 있는 기술들을 배웠는가? 답은 '그렇다'입니다; 경기 훈련에 있어 중요한 것 대부분은 기업가로서의 나에게도 본질적인 것입니다. 장거리 달리기를 하는 데에는 장시간 유지할 수 있는 효과적이면서도 도전적인 속도를 어떻게 설정할 것인지를 아는 것이 필요합니다. 그리고 훌륭한 달리기 선수가 되는 것은 쉽게 이루어지는 것이 아닙니다. 그냥 당장 내일 마라톤을 뛰겠다고 할 수는 없는 것입니다. 당신은 먼저 마라톤을 하겠다는 결정을 해야 하고, 경기 일을 선택한 후, 훈련을 시작합니다. 벤처 사업을 시작하는 것도 이와 비슷한데, 성공적인 기업가들은 어느 날 갑자기 훌륭한 사업 아이디어를 얻은 후 바로 다음날 사업을 시작하는 것이 아니기 때문입니다. 그들은 자신들이 개발하는 아이디어의 출발점을 갖고 있으면서 뛰어들만한 적절한 시기를 기다립니다.

50. Which of the following is implied by the speaker?

① He recently started training to be a runner.

② Victories in business usually happen quickly.

③ **Prudent timing is essential for entrepreneurs.**

④ To become successful in business, you need to be fit.

50. 다음 중 화자가 함축하고 있는 내용은 무엇인가?

① 그는 최근 달리기 주자가 되기 위해 훈련을 시작했다.

② 사업에 있어 성공은 보통 빨리 일어난다.

③ **신중한 타이밍이 사업가들에게 필수적이다.**

④ 사업에서 성공을 거두려면, 건강해야 한다.

어휘 marathon 마라톤 race 경기, 경주 apply 적용하다, 응용하다 vital 필수적인, 중요한 fundamental 근본적인, 본질적인 entrepreneur 기업가, 사업가 long distance 장거리 require 요하다, 필요하다 establish 설정하다, 수립하다 pace 속도 sustain 유지하다

문제풀이 화자는 마라톤이 주의 깊은 계획과 훈련을 통해 이루어지는 것처럼, 사업도 마찬가지라는 요지의 얘기를 하고 있다. 특히, 아이디어를 갖고 있으면서 사업에 뛰어들 적절한 시기를 기다려야 한다고 했으므로, 화자의 이야기는 신중한 타이밍이 필수적이라는 내용을 함축하고 있다.

정답 ③

PRACTICE TEST 2회

01. ②	02. ①	03. ①	04. ②	05. ①	06. ②	07. ①	08. ③	09. ③	10. ②
11. ①	12. ③	13. ①	14. ②	15. ④	16. ④	17. ②	18. ③	19. ②	20. ①
21. ②	22. ③	23. ③	24. ②	25. ③	26. ①	27. ④	28. ③	29. ②	30. ④
31. ①	32. ②	33. ②	34. ②	35. ②	36. ③	37. ③	38. ②	39. ④	40. ②
41. ②	42. ②	43. ②	44. ④	45. ④	46. ①	47. ③	48. ①	49. ③	50. ④

1~10

● 본문 p.50

[1-10] 다음 질문을 듣고 문제에 대한 답을 표시하시오.

1. What would you like for lunch?

① Let's eat in half an hour.

② I'm craving Chinese.

③ Maybe another time.

1. 점심으로 뭐가 좋으십니까?

① 30분 후에 먹읍시다.

② 중국 음식이 너무 먹고 싶네요.

③ 아마 다음 기회에요.

어휘 crave 갈망하다, 열망하다

문제풀이 점심으로 무엇이 먹고 싶냐는 질문에 중국 음식이 먹고 싶다는 ②가 응답으로 가장 적절하다.

정답 ②

2. Was that book hard to read?

① It wasn't too bad.

② Reading is my hobby.

③ It's going to be a big one.

2. 저 책 읽기 힘들었나요?

① 그리 나쁘진 않았어요.

② 독서는 저의 취미입니다.

③ 아주 대단한 것이 될 거예요.

문제풀이 책이 읽기 힘들었는지의 여부에 대해 응답하는 것을 찾아야 하므로 ①이 정답이다.

정답 ①

3. Guess who I just saw.

① **I have no idea.**

② I'll see about that.

③ I'm not sure when I can.

정답 ①

3. 내가 좀 전에 누구를 봤는지 맞춰 봐요.

① 전혀 모르겠는데요.

② 확인해 볼게요.

③ 언제 할 수 있을지 모르겠네요.

4. Could you please hand me a spoon?

① Not at all.

② **Where is one?**

③ How many would you like?

문제풀이 스푼을 하나 달라고 부탁했으므로 그것이 어디 있는지 물어보는 ②가 보기 중 가장 적절한 응답이다. ③은 문제에서 'a spoon(스푼 하나)'를 건네 달라고 했으므로 적절하지 않다.

정답 ②

4. 스푼 하나만 좀 건네주실래요?

① 전혀요.

② 스푼이 어디 있는데요?

③ 몇 개를 원하세요?

5. How often does she call you?

① **Every now and then.**

② That's not why I'm calling.

③ She calls me by my first name.

어휘 now and then 가끔씩 first name 이름 (성을 제외한 이름)

정답 ①

5. 그녀가 당신에게 얼마나 자주 전화를 걸어요?

① 가끔씩이요.

② 내가 전화한 이유는 그게 아니에요.

③ 그녀는 나를 이름으로 불러요.

6. Did you buy the tickets online?

① Yes, I got one from a friend.

② **No, I couldn't find the link.**

③ Yes, let's buy them at the door.

정답 ②

6. 티켓을 온라인에서 샀어요?

① 네, 친구로부터 하나 얻었어요.

② 아니요, 링크를 찾을 수가 없었어요.

③ 네, 입구에서 사도록 합시다.

7. You're not leading the meeting, are you?

① **Not if I can help it.**

② I'm not taking a lunch break.

③ It's not a leadership meeting.

문제풀이 ①의 'help'는 부정어 not과 함께 쓰여 '하지 않다, 피하다'와 같은 의미를 갖는다. 따라서 ①은 '하지 않을 수 있으면 안 한다' 또는 '피할 수 있으면 안 한다'는 의미이다.

정답 ①

7. 당신이 회의를 지휘하는 건 아니죠, 그런가요?

① 하지 않을 수 있으면 안 하죠.

② 점심 휴식 시간을 갖지 않을 거예요.

③ 리더십 회의가 아니에요.

8.

M: What do you like doing in your spare time?

W: I enjoy painting and drawing.

M: You know how to paint and draw?

W: ______________________________

① I've been thinking about it lately.

② Thank you for teaching me how.

③ **Yes, I learned back in university.**

8. **남:** 여가 시간에 무엇을 하는 것을 좋아하세요?

여: 나는 채색과 데생하는 것을 좋아해요.

남: 채색과 데생을 할 줄 알아요?

여: ______________________________

① 최근 들어 그것에 대해 생각해 왔어요.

② 어떻게 하는지 가르쳐 줘서 고마워요.

③ 네, 예전에 대학 다닐 때 배웠어요.

문제풀이 남자는 마지막 말에서 여자에게 데생과 채색을 할 줄 아느냐고 묻고 있으므로 예전에 배웠다고 하는 ③이 가장 적절하다.

정답 ③

9.

W: Did you hear the good news?

M: No, I didn't. What's going on?

W: The prices for flights to Europe have just gone down.

M: ______________________________

① Did you really?

② I'm so happy for you.

③ **Great. Let's book a trip.**

9. **여:** 좋은 소식 들었어요?

남: 아니요, 못 들었는데요. 무슨 일이에요?

여: 유럽으로 가는 비행기 가격이 방금 내려갔어요.

남: ______________________________

① 당신이 정말 그랬어요?

② 당신이 잘 되어 기뻐요.

③ 잘됐네요. 여행을 예약합시다.

어휘 book 예약하다

정답 ③

10.

M: The weather sure is ugly today.

W: I know. It looks like it might rain.

M: It's the middle of June. It shouldn't rain today.

W: ______________________________

① Me, too. I don't like cloudy days.

② **I know. That would be weird.**

③ I don't know. Let me check the calendar.

10. **남:** 오늘 날씨가 정말 별로네요.

여: 그러게요. 비가 올 것 같아 보여요.

남: 6월 중순인데요. 오늘 비가 오지는 않겠죠.

여: ______________________________

① 저도요. 구름 낀 날은 좋아하지 않아요.

② 알아요. 그러면 이상하겠죠.

③ 모르겠어요. 달력을 확인해 볼게요.

문제풀이 남자는 6월 중순이라 비가 오지는 않을 것이라고 했다. 이에 대해 자기 생각에도 비가 오면 이상할 것이라고 말한 ②가 보기 중 가장 적절하다.

정답 ②

● 본문 p.52

[11-20] 다음 대화를 듣고 문제에 대한 답을 고르시오.

11.

W: Did you go in to work today?

M: Of course, but it was really hard after staying up so late studying last night. What about you?

Q: What would be the best response by the woman?

① **I had to call in sick.**

② I'll get to bed pretty soon.

③ I wish I had more time to study.

④ I went home right after work.

문제풀이 대화의 시작 부분에서 여자는 남자에게 오늘 일을 하러 갔는지 물어봤고 그 후 남자가 'What about you?'라고 질문한 것이므로 ①이 응답으로 가장 적절하다.

정답 ①

11. **여:** 오늘 일하러 갔어?

남: 당연하지. 하지만 지난밤 공부하느라 아주 늦게까지 깨어 있었기 때문에 정말 힘들었어. 당신은?

Q. 여자의 응답으로 가장 적절한 것은?

① 난 아파서 전화로 결근한다고 해야 했어.

② 금방 자러 갈 거야.

③ 공부할 시간이 더 있었으면 좋겠다.

④ 일 끝나고 바로 집으로 갔어.

12.

W: Wow, John! You look really nice today. I love the amazingly stylish suit you're wearing. It looks so expensive.

M: Thanks. I actually just got this the other day on clearance.

Q: What would be the best response by the woman?

① Oh, I want to go there.

② Thanks for the tip.

③ **Really? Where's it from?**

④ Can I take off another day?

어휘 suit 정장 stylish 스타일이 좋은, 맵시가 좋은 clearance 재고 정리 세일

문제풀이 남자는 재고 정리 세일을 통해 옷을 샀다고 했으므로, 그 곳이 어디인지 묻는 ③이 응답으로 가장 자연스럽다.

정답 ③

12. **여:** 와, John! 오늘 정말 멋져 보여요. 당신이 입은 스타일 좋은 정장이 마음에 들어요. 아주 비싸 보이는데요.

남: 고마워요. 실은 지난번에 재고 정리 세일로 샀어요.

Q. 여자의 응답으로 가장 적절한 것은?

① 오, 거기에 가고 싶어요.

② 조언 고마워요.

③ 정말요? 어디에서 샀어요?

④ 하루 더 쉬어도 될까요?

13. **W:** Why didn't you join us for dinner last night?

M: As much as I wanted to try out that new restaurant with everyone from the club, I just couldn't because I was a bit under the weather.

Q: What does the man mean?

① **He wasn't feeling well.**

② The weather was unpleasant.

③ He hasn't joined the club.

④ He isn't sure if he can do it.

어휘 under the weather 몸이 좀 안 좋은, 컨디션이 좋지 않은

정답 ①

13. **여:** 지난밤 왜 우리와 함께 저녁 식사를 하지 않았어요?

남: 클럽의 모든 사람들과 함께 그 새로운 음식점을 정말 가보고 싶었지만, 몸이 좀 안 좋아서 그럴 수가 없었어요.

Q. 남자가 의미하는 바는 무엇인가?

① **그는 몸이 별로 좋지 않았다.**

② 날씨가 불쾌했다.

③ 그는 클럽에 가입하지 않았다.

④ 그는 자신이 할 수 있는지 확신이 없다.

14. **W:** How long until you'll be ready to go?

M: I just have to find a pair of shoes to wear and then look for my keys. They're probably between the sofa cushions.

Q: What would be the best response by the woman?

① I'm already getting a new sofa.

② **So maybe 10 minutes or so?**

③ Yes, you did a good job.

④ Then did you find them yet?

문제풀이 준비하는 데 시간이 얼마나 걸리겠냐는 여자의 질문에 남자는 신발과 열쇠를 찾아야 한다고 응답했다. 따라서 대략 10분 정도면 되겠냐고 되물어보는 ②가 가장 적절하다.

정답 ②

14. **여:** 나갈 준비가 될 때까지 얼마나 걸려요?

남: 신을 신발을 찾고, 그러고 나서 열쇠를 찾기만 하면 돼요. 아마 소파 쿠션들 사이에 있을 거예요.

Q. 여자의 응답으로 가장 적절한 것은?

① 나는 이미 새 소파를 들이려고 해요.

② **그러면 아마 대략 10분 정도?**

③ 네, 아주 잘했어요.

④ 그럼 그것들을 찾았어요?

15. **W:** Honey, do you have time to go to the Beer Expo this coming Saturday? They're going to have over 100 varieties of beer available to try.

M: I hope so, but no promises.

Q: What does the man mean?

① He isn't interested in alcohol.

② He has made another appointment.

③ He promises to meet her there.

④ **He isn't sure if he can go.**

어휘 expo 박람회, 전람회

문제풀이 남자는 가고는 싶으나, 약속을 하지는 못하겠다고 말했다. 이는 그가 갈 수 있을지 확신하지는 못한다는 의미이다.

정답 ④

15. **여:** 여보, 이번 토요일에 맥주 박람회에 갈 시간 있어? 시음 가능한 100종류 이상의 맥주들이 있을 거래.

남: 그럴 수 있길 바라지만, 약속은 못 하겠어.

Q. 남자가 의미하는 바는 무엇인가?

① 술에 관심이 없다.

② 다른 약속을 잡았다.

③ 거기에서 그녀를 만나기로 약속한다.

④ 갈 수 있을지 확신하지 못한다.

16. **W:** How long do we have to stay at this party? Do we have to stay as long as we did last year, or can we leave earlier?

M: As long as we show our faces, I think we can disappear after about an hour.

Q: What does the man imply?

① The party will last around an hour.

② The longer they stay, the more fun it will be.

③ They should stay longer than before.

④ **They can leave after enough people see them.**

문제풀이 '얼굴을 비추는 한' 일찍 떠날 수 있다고 했으므로, 충분한 수의 사람들이 그들이 파티에 참석했다는 사실을 알 수 있을 정도의 시간이 지난 후에 떠나자는 의미이다.

정답 ④

16. **여:** 우리 이번 파티에 얼마나 오랫동안 있어야 해? 작년에 있었던 것만큼 있어야 해, 아니면 더 일찍 나와도 될까?

남: 우리가 얼굴을 비추는 한, 대략 한 시간 후에는 사라져도 될 것 같아.

Q. 남자가 함축하는 바는 무엇인가?

① 파티는 대략 한 시간 동안 계속될 것이다.

② 그들이 더 오래 머물수록, 더 재미있을 것이다.

③ 그들은 예전보다 더 오래 머물러야 한다.

④ 충분한 수의 사람들이 그들을 본 후에 떠날 수 있다.

17. **W:** Is this the most indestructible phone case you sell? I've got a two-year-old who is constantly throwing my phone, so I need the best you've got.

M: Then this is what you want. No matter how it lands, this will keep it protected.

Q: Where are the man and woman likely to be?

① At the woman's home

② At an electronics store

③ At a children's store

④ At an outdoor park

어휘 indestructible 튼튼한, 파괴할 수 없는 constantly 계속, 끊임없이 throw 던지다 land 땅에 떨어지다, 착륙하다

문제풀이 전화기 케이스를 구입하려고 하는 여성과 점원의 대화가 이루어지기 적당한 곳은 전자제품 매장이다.

정답 ②

17. **여:** 당신이 판매하는 전화기 케이스 중 이것이 가장 튼튼한 것인가요? 제 두 살짜리 아이가 계속 제 전화기를 집어 던지기 때문에 당신이 가진 것 중 가장 튼튼한 것이 필요해요.

남: 그럼 이게 당신이 원하는 겁니다. 전화기가 어떻게 땅에 떨어지든, 이것이 전화기를 보호해줄 것입니다.

Q. 남자와 여자가 있는 곳은 어디이겠는가?

① 여자의 집

② 전자제품 매장

③ 아동 매장

④ 야외 공원

18. **W:** I'm so excited about tomorrow's dance marathon! We were only expecting 50 people, but we've had over 200 people sign up! We're going to raise so much money.

M: Sounds like someone got the word out.

Q: What does the man mean?

① They are in need of advertising.

② The event has gotten out of control.

③ Someone must have spread the news.

④ The event is doomed to be a failure.

어휘 get the word out 말 또는 소식을 퍼뜨리다

정답 ③

18. **여:** 내일 있을 댄스 마라톤 때문에 너무 신나요! 우리는 기껏 50명을 기대하고 있었는데, 200명이 넘는 사람들이 신청을 했어요! 우리는 아주 많은 돈을 모금할 거예요.

남: 누군가 소식을 퍼뜨린 모양이군요.

Q. 남자가 의미하는 바는 무엇인가?

① 그들은 홍보가 필요하다.

② 행사가 통제 불가능해졌다.

③ 분명 누군가 소식을 퍼뜨렸다.

④ 행사는 실패가 될 운명이다.

19. **W:** Okay, sir. Now for the older model vehicle that you've got, you're going to need this brand of oil. Do you need us to change the oil for you, or can you do it yourself?

M: If I could do it on my own, I wouldn't be here.

Q: What does the man mean?

① He hopes to sell his old car.

② He does not know how to do an oil change.

③ He wishes someone else had brought in his car.

④ He is capable of doing anything she can do.

정답 ②

19. **여:** 좋습니다, 선생님. 선생님이 갖고 계신 그 오래된 모델 차량에는 이 브랜드의 오일이 필요하실 겁니다. 저희가 오일을 갈아드릴까요, 아니면 직접 하실 수 있나요?

남: 만약 제가 직접 할 수 있었다면, 여기에 있지 않겠지요.

Q. 남자가 의미하는 바는 무엇인가?

① 그는 그의 오래된 차를 팔기 원한다.

② 그는 오일 교환을 어떻게 하는지 모른다.

③ 그는 누군가 다른 사람이 그의 차를 가져와줬으면 한다.

④ 그는 그녀가 할 수 있는 모든 일을 할 수 있다.

20. **W:** Where in the world is the flour? I can't find it anywhere in the pantry, and I'm trying to make banana bread!

M: Just relax... Have you looked in the freezer?

Q: What would be the best response by the woman?

① Why would it be in there?

② Why can't I make some bread?

③ Where did I put the bread?

④ Where could it possibly be?

어휘 pantry 찬장, 식료품 저장실

문제풀이 냉동실 안을 찾아봤냐는 남자에 질문에 대한 대답이므로, 보기 중에는 밀가루가 왜 거기에 있겠냐고 반문한 ①이 가장 적절하다.

정답 ①

20. **여:** 도대체 밀가루는 어디에 있는 거야? 찬장을 살펴봐도 어디에서도 찾을 수가 없네. 바나나 빵을 만들려고 하는데 말이야!

남: 진정해… 냉동실 안은 찾아 봤어?

Q. 여자의 응답으로 가장 적절한 것은?

① 그게 왜 거기에 있어?

② 왜 내가 빵을 만들지 못하는 거야?

③ 내가 빵을 어디에 뒀지?

④ 그게 도대체 어디에 있을까?

21~30

● 본문 p.55

[21-22] 다음 지문을 듣고 문제에 대한 알맞은 답을 고르시오.

W: Today we're going to be talking about the horrible effects of the Great Depression. Can anyone tell me what the most devastating impact was?

M: Human suffering.

W: Yes, that's right. In a short period of time, standards of living quickly dropped, and about one-fourth of the labor force couldn't find work in the early 1930s.

M: How long was it until conditions improved?

W: Things began to get a little better by the mid 1930s, but there was not a total recovery until the end of the decade.

M: How did the Great Depression affect the gold standard?

W: Good question. The international gold standard basically ended, and a new system of fixed currency exchange rates was reinstated later, but it never became as popular as the gold standard.

21. How much of the labor force was unable to find work in the early 1930s?

① 10% ② **25%**

③ 40% ④ 80%

22. According to the talk, what was the most destructive effect of the Great Depression?

① Horrible spread of disease

② Lack of proper education

③ **Lowered standard of living**

④ Elimination of the gold standard

어휘 Great Depression 대공황 devastating 처참한, 파괴적인 impact 여파, 영향 labor force 노동력 decade 10년 gold standard 금본위제 fixed currency exchange rate 고정환율제 reinstate 복귀시키다, 부활시키다

문제풀이 21. 노동력의 약 4분의 1이 일자리를 찾지 못했으므로 25%가 정답이다.
22. 대공황의 가장 처참했던 여파가 무엇이었냐는 여자의 질문에 남자는 '인간의 고통'이라고 대답했고, 그에 이어진 부연 설명으로 생활수준이 급격히 떨어졌음을 언급했다.

정답 21. ② 22. ③

여: 오늘 우리는 대공황의 끔찍한 결과에 대해 얘기를 할 것입니다. 가장 처참했던 여파가 무엇이었는지 말해 볼 수 있는 사람 있나요?

남: 인간의 고통이요.

여: 네, 맞습니다. 짧은 시간 안에, 생활수준이 급격히 떨어졌고, 1930년대 초에는 노동력의 약 4분의 1이 일을 찾을 수 없었지요.

남: 상황이 나아질 때까지 얼마나 걸렸나요?

여: 1930년대 중반에 좋아지기 시작했지만, 1930년대 말까지도 완전한 회복을 이루지 못했어요.

남: 대공황이 금본위제에는 어떻게 영향을 미쳤나요?

여: 좋은 질문이에요. 국제 금본위제는 근본적으로 끝이 났고, 고정환율제가 후에 부활되었지만, 금본위제만큼 대중적이지는 않았어요.

21. 1930년대 초에 일자리를 구하지 못한 노동력은 얼마나 되는가?

① 10%

② 25%

③ 40%

④ 80%

22. 대화에 따르면, 대공황의 가장 처참했던 여파는 무엇이었는가?

① 끔찍한 질병의 전염

② 제대로 된 교육의 부족

③ 생활수준 저하

④ 금본위제의 소멸

[23-24] 다음 지문을 듣고 문제에 대한 알맞은 답을 고르시오.

W: Everyone knows vitamins are good for our health, but did you also know they can improve the quality of your pet's life?

M: You mean cats and dogs?

W: Definitely. Vitamins help regulate their body processes and protect them from toxins in the environment. They also help aid digestion, reproduction and bone growth.

M: Are there different types of vitamins?

W: Yes, there are two groups that are classified by how they are stored in the body. Fat-soluble vitamins are stored in the liver and fatty tissue. Water-soluble vitamins, however, have to be taken daily because the body excretes any excess on a daily basis.

M: Are there any vitamins that dogs can take too much of?

W: Yes, you shouldn't give too many fat-soluble vitamins to dogs since the body will store them. This includes vitamins A, D, E and K.

23. Which of the following benefits was mentioned?

① Healthy coat of hair

② Elevated mood

③ **Better digestion**

④ Less fatty tissue

24. What is the purpose of the talk?

① To increase pet adoption

② **To inform about vitamins**

③ To reduce medicine overdoses

④ To explain body storage functions

어휘 regulate 조절하다, 규제하다 toxin 독소, 독성 reproduction 생식 fat-soluble 지용성 water-soluble 수용성 excrete 배출하다, 배설하다 excess 초과, 과잉 on a daily basis 날마다 store 저장하다 benefit 장점, 효과 elevated 향상된, 격상된

문제풀이 23. 'They also help aid digestion'의 내용으로 보아 그것들은 또한 소화를 돕는다는 것을 알 수 있다.
24. 사람 뿐 아니라 애완동물에게도 비타민이 필요하다는 것을 말하고 있으며, 비타민의 종류에 대해서도 설명하고 있다.

정답 23. ③ 24. ②

여: 모두 비타민이 건강에 좋다는 것은 알고 있지만, 당신의 애완동물의 삶의 질도 향상시켜줄 수 있다는 것을 알고 계셨습니까?

남: 고양이와 개를 말씀하시는 겁니까?

여: 물론이죠. 비타민은 그들의 신진 대사를 조절하고 환경의 독소로부터 보호하는 것을 돕습니다. 또한 그것들은 소화, 생식, 그리고 뼈의 성장을 돕습니다.

남: 비타민에는 여러 다른 종류들이 있습니까?

여: 네, 몸에 어떻게 축적되느냐에 따라 분류된 두 개의 그룹이 있습니다. 지용성 비타민은 간과 지방 조직에 저장됩니다. 그러나 수용성 비타민은 몸이 날마다 초과량을 배출해 버리기 때문에 매일 섭취해야 하죠.

남: 개가 너무 많이 섭취해서는 안 되는 비타민이 있습니까?

여: 네, 개들에게 지용성 비타민을 너무 많이 주면 몸에서 그것들을 축적하므로 안 됩니다. 이는 비타민 A, D, E, K를 포함합니다.

23. 다음 중 장점으로 언급된 것은?

① 건강한 모발막

② 향상된 기분

③ **소화가 더 잘 됨**

④ 지방 조직의 감소

24. 이 대화의 목적은 무엇인가?

① 애완동물 입양을 늘리기 위해

② **비타민에 대해 알리기 위해**

③ 약물 과용을 줄이기 위해

④ 신체 축적 기능을 설명하기 위해

[25] 다음 지문을 듣고 문제에 대한 알맞은 답을 고르시오.

W: Okay, let's continue talking about how we can use online tools to promote our business. Any ideas?

M: Yeah, I think we need to make sure our company website works well on mobile devices, and we should also try to figure out where our customers hang out online so we can better target our marketing efforts.

W: Those are some good ideas for a jumping off point. Another issue is that different search engines have separate indexes for mobile content. So we need to make sure our site is optimized to rank well in mobile search results.

M: Good. And another idea is to start a social media feed to build relationships with our customers.

W: Yes, we definitely need to get on that! We can post messages promoting the company, and customers can also tag us when they are satisfied with us. So it's great advertising for little to no cost.

25. What is implied in the talk?

① Most of their business is conducted online.

② They have not yet created a company website.

③ **Searching for company information on phones may be difficult.**

④ They get most of their new customers through social media ads.

어휘 tool 도구 promote 홍보하다, 증진하다 hang out 시간을 보내다 figure out 파악하다 jump off 출발하다, 시작하다 index 지표, 인덱스 optimize 최적화시키다 rank 순위를 매기다, 차지하다 get on 시작하다 tag 태그하다, 표시하다

문제풀이 'we need to make sure our company website works well on mobile devices'의 내용으로 보아 현재 전화로 회사 정보를 검색하는 것에 어려움이 있을 수 있다는 것을 유추해 볼 수 있다.

정답 ③

여: 좋아요, 사업을 홍보하기 위해 온라인 도구를 어떻게 사용하는지에 대해 계속 얘기해 봅시다. 의견이 있나요?

남: 네, 저는 우리 회사 웹사이트가 모바일 기기에서도 잘 작동되도록 하는 것이 꼭 필요하고, 또한 우리의 마케팅 활동을 더 잘 겨냥하기 위해서 우리 고객들이 온라인 어디에서 시간을 보내는지 파악하려 노력해야 한다고 생각합니다.

여: 출발점으로 삼기 좋은 아이디어들이네요. 또 하나 문제는 서로 다른 검색 엔진들은 모바일 콘텐츠에 대해 별개의 지표들을 갖고 있다는 것입니다. 때문에 우리는 모바일 검색 결과에서 좋은 순위를 차지할 수 있도록 반드시 우리 사이트를 최적화시켜야 합니다.

남: 좋습니다. 또 다른 아이디어는 고객과 관계를 쌓아 나갈 수 있도록 소셜 미디어 피드를 시작하는 것입니다.

여: 네, 우리는 반드시 그걸 해야 합니다! 우리는 회사를 홍보하는 메시지를 올릴 수 있고, 고객들은 우리에게 만족을 느꼈을 때 우리를 태그할 수 있죠. 따라서 그것은 거의 돈이 들지 않으면서도 훌륭한 광고가 됩니다.

25. 대화에 함축되어 있는 내용은 무엇인가?

① 그들 사업의 대부분은 온라인으로 행해진다.

② 그들은 아직 회사 웹사이트를 만들지 않았다.

③ **전화로 회사의 정보를 검색하는 것이 어려울 수 있다.**

④ 그들은 그들의 새로운 고객 대부분을 소셜 미디어 광고를 통해 얻는다.

[26-27] 다음 지문을 듣고 문제에 대한 알맞은 답을 고르시오.

W: Did you hear that Sally is going to be quitting?

M: No way! When? I thought she loved working here.

W: She does, but her husband wants to go back to school to get his Master's, so they're moving to America in 6 months.

M: I'm sad to hear that. I mean, it makes sense if it's what she and her husband think is best, but I don't understand it because just the other day Sally was telling me that she and her husband need to save more money. But if her husband goes back to school, they definitely won't be saving money.

W: Yeah, I guess that may be true, but I think he really hates his job right now. He wants better opportunities for the future.

여: Sally가 그만둘 거라는 소식 들었어요?

남: 설마요! 언제요? 그녀가 여기서 일하는 것을 좋아하는 줄 알았는데요.

여: 좋아해요. 하지만 그녀의 남편이 석사학위를 따려고 학교로 돌아가기를 원하고, 그래서 6개월 후에 미국으로 이사를 할 거래요.

남: 그런 소식을 듣게 되어 서운하네요. 만약 그것이 그녀와 그녀의 남편이 생각하는 최선이라면 말이 되지만, 지난번에 Sally가 그녀와 그녀의 남편이 돈을 더 모아야 한다고 말했기 때문에 이해가 안돼요. 그녀의 남편이 학교로 돌아간다면, 저축은 절대 할 수 없을 거예요.

여: 네, 저도 그게 맞는 것 같아요. 하지만 제 생각에 그는 지금 자기 직업을 정말 싫어하는 것 같아요. 그는 미래를 위해 더 나은 기회들을 원해요.

26. How can the man's reaction be described?

① **Upset and confused**

② Peaceful and supportive

③ Hateful and angry

④ Ambivalent and unemotional

27. According to the talk, what is true about Sally?

① She is unemployed.

② She will go back to school.

③ She is looking for a better job.

④ **She wants to increase her savings.**

문제풀이 26. Sally가 그만둔다는 소식을 듣고 남자는 'No way! 설마요!'와 같은 반응을 보였고, 그녀가 그만두는 이유 역시 이해할 수 없다고 했으므로 ①이 가장 적절하다.
27. 'Sally was telling me that she and her husband need to save more money.'에서 보듯 Sally는 남자에게 돈을 더 모아야 한다고 말했으므로 ④가 정답이다.

정답 26. ① 27. ④

26. 남자의 반응을 묘사한 것은?

① **당황스럽고 혼란스럽다.**

② 평화롭고 협력적이다.

③ 증오스럽고 화가 난다.

④ 양면적이고 감정을 드러내지 않는다.

27. 대화에 따르면, Sally에 대해 사실인 내용은?

① 실업 상태이다.

② 학교로 돌아갈 것이다.

③ 더 나은 직업을 찾고 있다.

④ **저축을 늘리고 싶어 한다.**

[28-29] 다음 지문을 듣고 문제에 대한 알맞은 답을 고르시오.

W: I just finished reading this book. It had some powerful information about developing social skills for success in business. Do you want to borrow it?

M: Well, I think I've got pretty good social skills already, and I don't really have time to read a book. Why don't you just give me the highlights?

W: Well, there are basically three things to remember: context, confidence, and content. For context, keep in mind that you need to correctly judge situations, which includes reading people's emotions and body language.

M: Okay, and I'm already an expert on confidence, so what's the last one?

W: Content. This involves knowing who is influential to your success and acknowledging them as a group or as individuals. Essentially, you need to let them know that you're grateful to them.

28. What is the book about?

① Finding more time to focus on your business

② Developing your company in today's environment

③ **Better business communications and interactions**

④ Succeeding personally and professionally

29. How can the male speaker be described?

① Nosy

② **Cocky**

③ Cruel

④ Shy

어휘 keep in mind 기억하다, 마음에 새기다 acknowledge 인정하다, 감사하다 grateful 고마워하는, 감사하는

문제풀이 28. 여자가 언급하고 있는 책은 업무에서 성공하기 위한 사회적 기술에 대한 내용이므로 ③이 정답이다.
29. 'I think I've got pretty good social skills already', 'I'm already an expert on confidence'와 같은 남자의 언급으로 보아 ② cokcy '우쭐대는'이 보기 중 남자를 묘사하는 가장 적절한 단어이다.

정답 28. ③ 29. ②

여: 막 이 책을 다 읽었어요. 업무에서 성공하기 위한 사회적 기술을 발달시키는 것에 대한 효과적인 정보가 담겨 있더라고요. 빌려 갈래요?

남: 음, 저는 이미 상당히 좋은 사회적 기술을 갖고 있다고 생각하고, 게다가 책을 읽을 시간이 별로 없어서요. 그냥 가장 중요한 부분을 말씀해주시면 어떨까요?

여: 음, 기본적으로 기억해야 할 것이 세 가지 있어요: 상황, 자신감, 그리고 내용이에요. 상황에 있어서는, 사람들의 감정과 신체 언어를 읽는 것을 포함해서, 상황을 정확하게 판단할 필요가 있다는 것을 기억해야 해요.

남: 그렇군요. 저는 자신감에 있어서는 이미 전문가이니, 마지막 것은 무엇인가요?

여: 내용이요. 이것은 누가 당신의 성공에 영향을 미칠 수 있는 사람이 누구인가를 아는 것과, 그들을 그룹 또는 개인들로서 인정하는 거예요. 근본적으로, 당신이 그들에게 고마워하고 있다는 사실을 알려줘야 해요.

28. 책은 무엇에 관한 것인가?

① 업무에 집중할 수 있는 더 많은 시간을 찾는 것

② 오늘날의 환경에서 당신의 회사를 발전시키는 것

③ 더 나은 업무적 의사소통과 상호 작용

④ 개인적으로 그리고 직업적으로 성공하는 것

29. 남성 화자는 어떻게 묘사될 수 있는가?

① 참견하기 좋아하는

② 우쭐대는

③ 잔인한

④ 수줍은

[30] 다음 지문을 듣고 문제에 대한 알맞은 답을 고르시오.

M: Hi, Kathleen. Sorry to bother you, but I was wondering if you could show me how to order office supplies.

W: Sure, do you have a requisition form?

M: No, where do I get that?

W: You can download it from the company website. What kind of supplies are you looking to order? If they're big items like a desk or bookshelf, you'll need special permission from your manager.

M: Oh. No, nothing like that. I just need basics like paper, pens, paper clips, and a few ink cartridges.

W: Okay. We'll have to check your department's budget, but I'm sure all of those items will be fine. Do you know how much money you're allocated for supplies?

M: Yeah, I was told $200 per person per month, so I think I'll be under the limit.

W: Oh, definitely. Well, let me know if you need any more help after you print out the form.

30. Which of the following is true about the speakers?

① The woman is the man's manager.

② The man and woman work in the same department.

③ The man's office supplies will likely exceed the budget.

④ **The man is ordering small, everyday items.**

남: 안녕, Kathleen. 귀찮게 해서 미안하지만, 당신이 사무 용품을 어떻게 주문하는지 보여줄 수 있을까 해서요.

여: 그럼요, 요청 양식은 가지고 있나요?

남: 아니요, 그것은 어디서 얻을 수 있나요?

여: 회사 웹사이트에서 내려 받을 수 있어요. 어떤 종류의 물품을 주문하려고 하나요? 만약 책상이나 책장처럼 큰 것일 경우에는, 당신의 매니저로부터 특별 허가를 받아야 할 거예요.

남: 오. 아니요, 그런 건 아니에요. 저는 그냥 종이, 펜, 종이 클립, 그리고 잉크 카트리지 몇 개가 필요할 뿐이에요.

여: 그렇군요. 당신 부서의 예산을 확인해 봐야 하겠지만, 그 물품들은 모두 문제가 없을 거예요. 물품을 사는 데 당신에게 배정된 금액이 얼마인지 알고 있나요?

남: 네, 한 달에 1인당 200달러라고 했으니, 한도보다는 낮을 거라고 생각해요.

여: 오, 그럼요. 그러면 양식을 출력한 후에 또 도움이 필요하면 알려주세요.

30. 다음 중 화자들에 대해 사실인 내용은?

① 여자는 남자의 매니저이다.

② 남자와 여자는 같은 부서에서 일한다.

③ 남자의 사무 용품은 예산을 초과할 가능성이 크다.

④ 남자는 크기가 작은 일상 용품들을 주문하려 한다.

어휘 bother 귀찮게 하다 requisition 요청, 신청 form 양식 permission 허가, 허락 budget 예산 allocate 배정하다, 할당하다 limit 한도, 제한

문제풀이 남자는 종이, 펜, 종이 클립, 잉크 카트리지 등의 소형 사무 용품을 주문하고자 한다. 여자는 대화 중 남자에게 'you'll need special permission from your manager (당신의 매니저로부터 특별 허가를 받아야 할 거예요)', 'your department budget (당신 부서의 예산)'과 같이 말했으므로 ①과 ②는 오답이다. 또한 여자는 남자가 필요한 물품들이 예산 한도와 관련해 문제가 없을 것이라고 했으므로 ③ 역시 오답이다.

정답 ④

31~50

● 본문 p.58

[31] 다음 지문을 듣고 문제에 대한 알맞은 답을 고르시오.

Voice 1: You have one new message.

(Beep)

Voice 2 (Male): Hi, Matt. This is Frank from Quick Weight Loss Clinic. You were scheduled for a consultation with our manager yesterday afternoon, but I guess you weren't able to make it in. We've got an opening for tomorrow at 10 a.m. or Friday at 2 p.m. Please give me a call back and let me know which time works best for you.

Voice 1: Tuesday 8:47 p.m.

(Beep)

Voice 1: End of messages.

31. What day was Matt's missed appointment?

① **Monday**

② Tuesday

③ Thursday

④ Friday

문제풀이 음성 메시지가 녹음된 요일은 화요일이고, 녹음 메시지 내용으로 보아 Matt가 약속을 지키지 않은 시간은 '어제 오후'이므로 정답은 월요일이다.

정답 ①

목소리 1: 새로운 메시지가 한 개 있습니다.

목소리 2 (남자): 안녕하세요, Matt. 저는 Quick Weight Loss Clinic (단기 체중 감량 클리닉)의 Frank입니다. 어제 오후 저희 매니저와 상담을 위해 스케줄이 잡혀 있었는데, 아마 오실 수 없었던 모양이네요. 저희는 내일 오전 10시나 금요일 오후 2시에 빈 시간이 있습니다. 제게 전화를 주셔서 어느 시간이 가장 편하신지 알려주십시오.

목소리 1: 화요일 오후 8시 47분

목소리 1: 메시지 종료

31. Matt가 약속에 가지 않은 요일은 무슨 요일인가?

① **월요일**

② 화요일

③ 목요일

④ 금요일

[32] 다음 지문을 듣고 문제에 대한 알맞은 답을 고르시오.

Voice 1: You have one new message.

(Beep)

Voice 2 (Male): Hello, this is Franklin's Security Systems. One of your neighbors is having us install a security system in his house tomorrow, and since we're going to be in the neighborhood, we'd like to offer you a complimentary consultation. We've got many different kinds of systems to meet your budgetary and safety needs. If you're interested in having one of our techs visit your house, please give us a call back at 512-255-2352.

Voice 1: Thursday 3:30 p.m.

(Beep)

Voice 1: End of messages.

32. What is the purpose of the call?

① To offer a neighborhood discount

② **To offer a free consultation**

③ To offer financial planning

④ To offer technical support

어휘 security 보안 install 설치하다 complimentary 무료의, 공짜의 consultation 상담 budgetary 예산의, 비용의 tech 기술(technician)

문제풀이 보안 시스템 설치에 대한 무료 상담을 제안하고 있다.

정답 ②

[32]

목소리 1: 새로운 메시지가 한 개 있습니다.

목소리 2 (남자): 안녕하세요, 여기는 Franklin 보안 시스템입니다. 내일 귀하의 이웃 한 분이 저희를 통해 보안 시스템을 설치하는데, 저희가 근처에 가게 되는 김에 귀하께 무료 상담을 제공해 드리고자 합니다. 저희는 귀하의 예산과 안전 요구를 만족시켜 드릴 수 있는 다양한 종류의 시스템을 보유하고 있습니다. 만약 저희 기술자가 댁에 방문하는 것에 대해 관심이 있으시면, 512-255-2352로 연락을 주십시오.

목소리 1: 목요일 오후 3시 30분

목소리 1: 메시지 종료

32. 전화의 목적은 무엇인가?

① 이웃 할인을 제의하기 위해

② **무료 상담을 제의하기 위해**

③ 재무 계획을 제의하기 위해

④ 기술 지원을 제의하기 위해

[33-34] 다음 지문을 듣고 문제에 대한 알맞은 답을 고르시오.

W: Are you ready for digital TV? Your area is switching to digital-only TV signals on March 18th. You'll need a set-up box or digital TV to watch all of your favorite television programs. Most existing antennas and cables will work, but some may need an upgrade to deliver your TV shows properly. For help or for more information on how to get ready for digital TV in your area, call 1-800-555-1212. Or visit our website at www.digitalnowandforever.gov/digital. Don't put it off. Call or log on today to find out what you need to do to get digital ready.

33. What will happen starting on March 18th?

① Some TV programs will no longer be available.

② All TV programs are changing to digital format.

③ TV programs will be available to watch online.

④ New TVs will be delivered to residents in the area.

34. Who should call the help line?

① People with set-up boxes

② People with analog TVs

③ People with upgraded cables

④ People who don't watch TV

어휘 signal (TV나 라디오 등의 전파) 신호, 시그널 existing 기존의, 현재의 antenna 안테나 cable 케이블, 선 upgrade 업그레이드 하다 deliver 전달하다, 배송하다 properly 제대로, 올바르게 put off 미루다

문제풀이 33. 'Your area is switching to digital-only TV signals on March 18th'에서 보듯 해당 지역은 3월 18일부터 디지털 전용 TV 신호로 바뀌게 된다.

34. 디지털 TV를 보기 위해서는 셋업 박스 또는 디지털 TV를 갖고 있어야 하고, 일부 경우에는 안테나와 케이블의 업그레이드도 필요할 수 있다고 하였다. 따라서 ①과 ③은 답에서 제외되고, ④ 역시 상담 전화를 이용할 필요가 없다. ②번의 아날로그 TV를 갖고 있는 사람들은 전화를 걸어 디지털 TV 신호를 어떻게 수신할 수 있는지 상담할 수 있을 것이다.

정답 33. ② 34. ②

여: 디지털 TV를 볼 준비가 되셨습니까? 3월 18일부로 귀하의 지역은 디지털 전용 TV 신호로 바뀌게 됩니다. 귀하가 즐겨보시는 텔레비전 프로그램을 모두 보기 위해서는 셋업 박스나 디지털 TV가 필요합니다. 대부분의 기존 안테나와 케이블은 작동이 될 것이지만, 귀하의 TV 프로그램을 제대로 전달하기 위해서 일부 업그레이드가 필요할 수도 있습니다. 귀하의 지역에서 디지털 TV를 보기 위해서는 어떤 준비를 해야 하는지에 관해 도움이나 정보가 필요하시면, 1-800-555-1212로 전화를 주십시오. 또는 www.digitalnowandforever.gov/digital에 있는 웹사이트를 방문하십시오. 미루지 마십시오. 디지털을 준비하기 위해 무엇이 필요한지 알아보기 위해 오늘 전화를 하거나 접속하십시오.

33. 3월 18일부터 무슨 일이 일어나는가?

① 일부 TV 프로그램이 더 이상 이용 불가하다.

② 모든 TV 프로그램이 디지털 형식으로 바뀐다.

③ TV 프로그램을 온라인에서 시청할 수 있게 된다.

④ 새로운 TV가 지역 주민들에게 배달될 것이다.

34. 상담 전화를 걸어야 할 사람은 누구인가?

① 셋업 박스를 갖고 있는 사람들

② 아날로그 TV를 갖고 있는 사람들

③ 업그레이드된 케이블을 갖고 있는 사람들

④ TV를 시청하지 않는 사람들

[35-36] 다음 지문을 듣고 문제에 대한 알맞은 답을 고르시오.

M: Most people in the music world believe the best violins were made 300 years ago by Italian masters like Stradivari, and while there are some wonderful modern violins, most violinists say the sound of a modern instrument worth $50,000 cannot compare with the sweet sound of a million dollar Stradivarius. However, researchers looking into this belief are not so convinced. In a recent study, researchers found that internationally renowned violinists could not differentiate old and new instruments in a blind playoff, and in fact many of the musicians favored a new instrument. Violin experts often insist that new violins are too loud, but the new study shows there is no truth to that. In the study, the researchers asked 21 players at an international competition to wear glasses that blurred their vision, and try playing three new and three old violins. Thirteen selected a new violin as their favorite, and in fact, the least favorite violin out of the six tested was actually a Stradivarius.

남: 음악계의 대부분 사람들은 최고의 바이올린이 300년 전 Stradivari와 같은 이탈리아 장인들에 의해 만들어졌다고 믿고 있고, 현대에 만들어진 훌륭한 바이올린들이 일부 존재하긴 하지만 대부분의 바이올린 연주자들은 5만 달러짜리 현대 악기가 백만 달러에 달하는 스트라디바리우스의 달콤한 소리와 비교할 바가 아니라고 말합니다. 그러나 이 같은 믿음을 살펴 본 연구자들은 썩 납득할 수가 없습니다. 최근의 연구에서, 연구자들은 국제적으로 유명한 바이올린 연주들이 눈을 가리고 연주를 했을 때 오래 된 악기와 새 악기를 구별해 내지 못했으며, 실은 많은 음악가들이 새 악기를 선호했음을 발견했습니다. 바이올린 전문가들은 종종 새 악기들이 너무 소리가 크다고 주장했지만, 이 새로운 연구는 그것이 사실이 아니라는 것을 보여 줍니다. 이 연구에서 연구자들은 21명의 연주자들에게 시야를 흐리게 하는 안경을 끼고 세 대의 새 바이올린과 세 대의 오래 된 바이올린을 연주하도록 했습니다. 열 세 명이 자기가 선호하는 악기로 새 바이올린을 골랐고, 사실 여섯 개의 악기 중 가장 선호도가 낮았던 것은 실제로 스트라디바리우스였습니다.

35. How many violins did each of the players in the study try?

① 3

② **6**

③ 10

④ 21

36. Which statement is true according to the talk?

① The cost of a Stradivarius is around $50,000.

② Research shows that newer violins are too loud.

③ **Over half of study participants liked a new violin better.**

④ Researchers are studying the ways violinists determine violin value.

어휘 convince 믿다, 납득시키다 renowned 유명한, 잘 알려진 differentiate 구별하다, 감별하다 playoff 연주, 플레이오프 favor 선호하다 blur 흐리게 하다 vision 시야, 시각

문제풀이 35. 지문에 언급된 연구에서 바이올린 연주자들은 오래 된 악기 세 대와 새 악기 세 대를 각각 연주하도록 요청받았으므로 총 6대를 연주했다.
36. 21명 중 13명이 새 바이올린을 선호했으므로, 절반 이상이 새 바이올린의 소리를 더 좋아했음을 알 수 있다.

정답 35. ② 36. ③

35. 연구에서 연주자들은 각각 몇 대의 바이올린을 연주하였는가?

① 3

② 6

③ 10

④ 21

36. 이야기의 내용에 따르면 다음 중 사실인 것은 무엇인가?

① 스트라디바리우스의 가격은 약 5만 달러이다.

② 연구는 새 바이올린들이 소리가 너무 크다는 것을 보여준다.

③ 연구 참여자들 절반 이상이 새 바이올린을 더 좋아했다.

④ 연구자들은 바이올린 연주자들이 바이올린의 가치를 결정하는 방식을 연구하고 있다.

[37-38] 다음 지문을 듣고 문제에 대한 알맞은 답을 고르시오.

W: Chimpanzees were returned to their habitat Wednesday after several of the primates got loose Tuesday at the Montana National Zoo, which closed its doors and led visitors indoors for their protection. "All chimps are back where they belong," said Harvey Dunder, a spokesperson for the zoo. Earlier in the day, one visitor of the zoo posted a video online of a small primate just hanging out on a wall, obviously clueless about the mayhem the monkey business was stirring up. In a statement, Dunder said one of the chimpanzees broke a tree limb and then used it as a ladder to ascend to the outdoor enclosure wall. Then the guilty chimp convinced five others to do the same. The chimps never actually exited zoo premises and were eventually enticed back into their holding area with bananas and grapes.

여: 화요일에 영장류 몇 마리가 달아난 후 문을 닫고 방문객들의 보호를 위해 그들을 실내로 안내해야 했던 Montana 국립 동물원의 침팬지들이 수요일 자신들의 서식지로 돌아왔습니다. 동물원의 대변인 Harvey Dunder는 "모든 침팬지들은 자기들이 있어야 할 곳으로 돌아왔습니다."라고 말했습니다. 그 날 이른 시간에 한 방문객은 이 말썽이 어떤 파장을 일으킨 지 전혀 모른 채 벽에 매달려 있는 작은 영장류 한 마리를 찍은 동영상을 온라인에 올렸습니다. Dunder는 성명에서 침팬지 중 한 마리가 나뭇가지를 부러뜨렸고 그것을 사다리로 이용해서 바깥 울타리 벽으로 올라갔다고 말했습니다. 그리고 그 일을 저지른 침팬지는 다른 다섯에게도 똑같이 하도록 설득시켰습니다. 침팬지들이 실제로 동물원 영역 밖을 나갔던 적은 없으며 바나나와 포도로 유인해서 결국 자신들의 구역으로 돌아갔습니다.

37. Who is likely the speaker?

① A zoo worker

② A zoo visitor

③ **A news reporter**

④ An animal rights activist

38. Which statement is true according to the talk?

① Some chimps were injured in the escape.

② **A total of six chimps escaped from their habitat.**

③ The chimps were spotted on walls of nearby houses.

④ A zoo worker forgot to put a ladder away, which the chimps used.

어휘 habitat 서식지, 거주지 primate 영장류 get loose 달아나다, 도망가다 chimp 침팬지 spokesperson 대변인 clueless 전혀 모르는, 멍청한 mayhem 파장 monkey business 멍청한 일 stir up 일으키다 statement 성명, 진술 tree limb 나뭇가지 ascend 올라가다 enclosure 울타리, 담 convince 확신시키다, 설득하다 exit 나가다 premise 영역, 구역 entice 유인하다, 유혹하다

문제풀이 37. 국립 동물원에서 침팬지들이 달아났다가 다시 돌아온 사건을 동물원 대변인의 성명과 함께 보도하고 있으므로 뉴스 리포터가 가장 적절하다.
38. 가장 먼저 달아난 침팬지가 다른 다섯 침팬지에게 똑같이 하도록 했으므로 총 여섯 마리가 달아난 것이다.

정답 37. ③ 38. ②

37. 화자는 누구일 것으로 추측되는가?

① 동물원 직원

② 동물원 방문객

③ **뉴스 리포터**

④ 동물 권리 활동가

38. 이야기에 따르면 다음 진술 중 사실인 것은?

① 침팬지 일부는 탈출하다가 부상당했다.

② **총 여섯 마리의 침팬지가 거주지를 탈출했다.**

③ 침팬지들은 근처 주택의 벽에서 목격되었다.

④ 동물원 직원이 사다리를 치우는 것을 깜빡했고, 침팬지들이 그것을 사용했다.

[39-40] 다음 지문을 듣고 문제에 대한 알맞은 답을 고르시오.

M: It only seems like new mothers are over-sharing online. The fact is that women's posts on social media drop by 50% after childbirth. Most new mothers use social media to keep up with things going on in their lives that they may have lost touch with after having children. So why does it seem like all you see are baby pictures on your social media feed? It's because photo posts are given higher priority on social media news feeds, and a higher percentage of moms' posts include photos. Social media feeds use a mathematical algorithm to determine what you will see. In addition to pictures, the algorithm also calculates posts' popularity, and even if you're not a fan, baby posts are some of the most popular posts on social media.

39. Who is likely the intended audience of this talk?

① Young children

② Moms with newborns

③ Dads with newborns

④ **People without children**

40. Which of the following is true according to the talk?

① New moms start posting more after they have a baby.

② **New moms are more likely to post pictures than just text.**

③ Social media use an algorithm to show you posts similar to yours.

④ Social media pages have a bad reputation among new parents.

어휘 over-share 너무 많이 공개하다, (게시물로) 도배하다 post 게시물 keep up 따라잡다, 유지하다 priority 우선권 algorithm 알고리즘 calculate 계산하다 popularity 인기도, 대중성

문제풀이 39. 소셜 미디어 피드에는 아이를 낳은 여성들이 올린 아기 사진들로 넘쳐난다고 생각하는 사람들에게 왜 그런 것처럼 보일 수밖에 없는지를 설명하고 있으므로 이 이야기는 아이가 없는 소셜 미디어 사용자들을 대상으로 한 것으로 볼 수 있다.
40. 엄마들의 게시물에는 사진이 포함되어 있을 가능성이 더 크다고 했으므로 ②가 정답이다.

정답 39. ④ 40. ②

남: 아이를 막 낳은 엄마들이 온라인을 도배하는 것은 다만 그렇게 보일 뿐인 것 같습니다. 사실 아이를 낳고 나서 여성들의 소셜 미디어 게시물들은 50% 이하로 떨어집니다. 대부분의 아이를 막 낳은 엄마들은 소셜 미디어를 통해 아이들을 낳고 나서 자신의 삶에서 멀어져 버린 것들을 따라 잡으려 사용합니다. 그렇다면 소셜 미디어 피드에 보이는 것이 모두 아기 사진들인 것처럼 느껴지는 것은 왜일까요? 그것은 바로 사진 게시물들이 소셜 미디어 뉴스 피드에서 더 높은 우선권이 주어지고, 엄마들의 게시물들 중 높은 비율은 사진을 포함하고 있기 때문입니다. 소셜 미디어 피드는 수학적 알고리즘을 통하여 당신이 보게 될 것을 결정합니다. 사진들과 더불어, 이 알고리즘은 또한 게시물의 인기도를 계산하는데, 비록 팬이 아니라 할지라도 소셜 미디어에 가장 인기 있는 게시물의 일부는 아기들에 관한 게시물입니다.

39. 이 이야기는 어떤 청중을 대상으로 하고 있는가?

① 어린 아이들

② 신생아를 가진 엄마들

③ 신생아를 가진 아빠들

④ **아이가 없는 사람들**

40. 이 이야기에 따르면 다음 중 사실인 것은 무엇인가?

① 아이를 낳은 엄마들은 아이를 낳고 나서 게시물을 더 많이 올린다.

② **아이를 낳은 엄마들은 문자만 올리기보다는 사진을 더 많이 게시하는 경향이 있다.**

③ 소셜 미디어는 당신의 게시물과 비슷한 게시물을 보여주는 알고리즘을 사용한다.

④ 소셜 미디어 페이지는 아이를 낳은 부모들에게 나쁜 평판을 갖고 있다.

[41-42] 다음 지문을 듣고 문제에 대한 알맞은 답을 고르시오.

W: Everyone is a bit absentminded at times. Whether it's forgetting to take your vitamins in the morning or losing your house keys, it's easy to get aggravated when you overlook something simple. But there are really two main causes for our memory issues, and it's not very difficult to fix them. While you might occasionally have mental lapses due to stress or trying to do too many things at once or just because you're plain tired, there are two things you can do to develop your memory. First, try saying an action aloud as you're doing it, like, "I'm putting my keys in the dish." The other thing you can do is simply pay better attention to what you're doing when you're doing it and to visualize environmental cues.

41. What symptom is the presenter giving advice for?

① Headaches

② **Forgetfulness**

③ Mental illness

④ Inability to work

42. Which of the following is recommended in the talk?

① Try to eliminate stress from your daily life.

② **Tell yourself what you're doing out loud.**

③ Say what you're going to do, and then do it.

④ Plan in advance the things that you want to do.

어휘 absentminded 건망증의, 넋을 놓은 aggravate 악화되다 overlook 간과하다 lapse 부주의, 실수, 상실 plain 그냥, 단순히 pay attention 주의를 기울이다 visualize 시각화하다 environmental 환경의, 주위의 cue 단서, 신호 eliminate 없애다, 제거하다 in advance 미리

문제풀이 41. 발표자는 가끔씩 넋을 놓고 뭔가를 잊어버리는 상황, 즉 건망증을 어떻게 극복할 것인가에 대해 조언하고 있다.
42. 발표자는 이야기 말미에 건망증 극복을 위해 두 가지 방법을 제안하고 있는데, 하나는 자신이 하고 있는 행동을 소리 내어 말하는 것이고, 다른 하나는 자신이 언제, 무슨 행동을 하는지에 관심을 더 기울이고 환경적 단서를 시각화하는 것이다.

정답 41. ② 42. ②

여: 사람들은 모두 가끔씩 넋을 놓을 때가 있습니다. 그것이 아침에 비타민 먹는 것을 깜빡 하는 것이든 아니면 집 열쇠를 잃어버리는 것이든, 당신이 단순한 것을 간과할 때 이런 증상이 악화되기 쉽습니다. 그러나 기억력 문제에 있어서는 실제로 두 가지 주요한 원인이 있고, 그것을 고치는 것은 그리 어려운 일이 아닙니다. 당신이 스트레스 때문에 또는 너무 많은 일들을 한꺼번에 처리하려고 할 때, 또는 단지 당신이 그냥 피곤해서 가끔씩 정신을 놓을 때, 기억력을 발전시키기 위해 당신이 할 수 있는 것이 두 가지 있습니다. 첫 번째, "나는 접시에 내 열쇠를 놓는다."와 같이 행동을 하면서 그것을 소리 내어 말해 보십시오. 또 다른 한 가지는 당신이 하는 행동과 그것을 하는 시간에 그저 더 주의를 기울이고 환경적 단서들을 시각화하는 것입니다.

41. 발표자는 어떤 증상에 대해 조언을 주고 있는가?

① 두통

② **건망증**

③ 정신병

④ 일을 하지 못함

42. 이야기에서 추천하고 있는 것은 다음 중 무엇인가?

① 일상생활에서 스트레스를 없애려 노력한다.

② **자기 자신이 하고 있는 행동을 소리 내어 말한다.**

③ 무엇을 할 것인지 말하고, 그 다음에 그것을 한다.

④ 하고 싶은 것들을 미리 계획한다.

[43-44] 다음 지문을 듣고 문제에 대한 알맞은 답을 고르시오.

M: It probably isn't surprising to hear that the cost of traveling abroad can fluctuate a great deal by country, but the cost of staying in another country can also vary a lot by region. The kind of offerings each location has will also differ from place to place. If you haven't picked out your city, make a list of the things most important to you when it comes to traveling. How important is it to you that English is widely spoken? And will you need access to public transportation, or do you have an international driver's license? Are you concerned about entertainment, or are historical locations more your cup of tea? Putting your priorities on paper can be instrumental before you start your search to find your best destination in the country you've chosen. Is helping the less fortunate or giving of your time part of your goal? If this is high on your priority list, you might consider joining an organization like the Peace Corps if you're able to commit to an extended stay.

남: 해외여행 경비가 국가에 따라 상당히 유동적이라는 사실은 들어도 별로 놀랍지 않겠지만, 한 국가에서의 체류 경비 또한 지역에 따라 차이가 많이 날 수 있습니다. 각 지역이 선사해줄 수 있는 것들의 종류 또한 장소마다 차이가 있을 것입니다. 만약 아직 가고 싶은 도시를 정하지 않았다면, 여행에 있어 당신에게 가장 중요한 것들의 목록을 만들어 보십시오. 영어가 통용되는 것이 당신에게 있어 얼마나 중요합니까? 대중교통으로의 접근성이 필요합니까, 아니면 국제 운전면허증을 갖고 있습니까? 오락에 관심이 있습니까 아니면 역사적 장소들이 당신의 기호에 맞습니까? 당신이 정한 국가 내에서 가장 좋은 목적지를 찾기 시작하기 전에 종이에 당신의 우선 순위들을 적어 보는 것이 유용할 수 있습니다. 자신보다 불행한 사람들을 돕는 것이나 당신의 시간을 나누는 것이 목표의 일부분입니까? 만약 이것이 당신의 우선 순위 목록의 상위에 있다면, 장기 체류를 하는 것이 가능한 경우 평화 봉사단 같은 단체에 가입하는 것을 고려해 볼 수도 있을 것입니다.

43. Who is the intended audience for the talk?

① Well-experienced travelers

② Travelers who have a country in mind

③ Travelers who have chosen their specific city

④ Travelers who have no time to plan their own trips

43. 이야기가 대상으로 하는 청중은 누구인가?

① 경험이 많은 여행자들

② 국가를 마음에 정해 놓은 여행자들

③ 구체적인 도시를 정한 여행자들

④ 자신의 여정을 계획할 시간이 없는 여행자들

44. Which of the following considerations does the speaker mention?

① Reserved bike paths

② Access to rental cars

③ Drinking preferences

④ Volunteering opportunities

44. 다음 중 화자가 언급한 고려 사항은 무엇인가?

① 별도의 자전거 길

② 렌트카에 대한 접근성

③ 술에 대한 기호

④ 자원 활동 기회

어휘 fluctuate 유동적이다, 변동이 심하다 a great deal 상당히, 많이 vary 변하다, 다르다 differ from ~와 다르다 cup of tea 기호에 맞는 것, 선호하는 것 priority 우선순위, 우선권 instrumental 유용한, 도움이 되는 commit (시간 등을) 쓰다, 전념하다

문제풀이 43. 국가는 정했으나, 구체적으로 어떤 도시를 방문해야 할지 아직 결정하지 못한 사람들에게 도시 선정 방법에 대한 조언을 해 주고 있다. 44. 화자는 영어 통용 범위, 대중교통 접근성 (또는 국제 운전 면허증이 있는지), 오락, 역사적 장소들, 자신보다 불행한 사람들을 돕거나 시간을 나누는 것 등을 고려 사항들의 예시로 언급했다. 이들 중 보기에 있는 것은 ④ 자원 활동 기회이다.

정답 43. ② 44. ④

[45] 다음 지문을 듣고 문제에 대한 알맞은 답을 고르시오.

W: Car seats, strollers, playpens, swings, bouncy seats, teething toys, burping cloths, bibs... babies seem to need a lot of gear! But let me save you a lot of money. You don't need even half of these items. A lot of new parents are afraid that their babies will get bored or will constantly need stimulation to develop their brains, but the truth is that infants basically just sleep, wake up and cry to be fed, and then fall asleep after being fed. You don't need endless ways to occupy them even when they've started walking because young children find everything entertaining. And plus, kids tend to go through new toys even quicker than it took you to look for and buy them. I've got a room full of baby toys and stuffed animals just waiting to be donated. To this day, I find myself often wondering, why didn't I just make toys out of socks or toilet paper rolls?

여: 카시트, 유모차, 아기 놀이장, 그네, 바운서, 치아 물리개, 트림 수건, 턱받이… 아기들은 정말 많은 물건들을 필요로 하는 것 같습니다! 하지만 많은 돈을 절약하게 해 드리지요. 당신은 이것들 중 절반도 필요하지 않습니다. 수많은 초보 부모들은 아기들이 지루해하거나 뇌를 발달시키기 위해 끊임없는 자극이 필요할 것이라고 걱정하지만, 사실 유아들은 기본적으로 그냥 자고, 일어나고, 먹을 것 달라고 울고, 먹고 난 후에는 잠이 듭니다. 설령 그들이 걷기를 시작했다 하더라도 어린 아이들은 모든 것에 흥미를 느끼기 때문에 아이들의 주의를 끄는 데 수많은 방법들이 필요하지 않습니다. 게다가, 아이들이 새로운 장난감들을 갖고 노는 시간은 당신이 그것을 고르고 구입하는 데 걸리는 시간보다 더 짧습니다. 저는 방 한 개가 기증을 기다리고 있는 아기 장난감과 봉제인형들로 가득 차 있습니다. 오늘날까지, 저는 제가 왜 그냥 양말이나 화장지 심으로 장난감을 만들어주지 않았었는지 스스로에게 묻곤 합니다.

45. Which of the following is implied by the speaker?

① It's important to baby-proof your home for safety.

② New parents should buy toys that stimulate the imagination.

③ Children make big messes when they start walking around.

④ **Parents probably need fewer baby items than they expect.**

45. 다음 중 화자가 함축하고 있는 내용은?

① 안전을 위해 집을 아기에게 안전하도록 만드는 것은 중요하다.

② 초보 부모들은 상상력을 자극하는 장난감들을 구입해야 한다.

③ 아이들은 걷고 돌아다니기 시작할 때 난장판을 만든다.

④ **부모들이 예상하는 것보다 아기 용품들이 덜 필요하다.**

어휘 stroller 유모차 playpen 아기 놀이장 bouncy seat 바운서(진동이 가능한 아기 의자) burp 트림하다 bib 턱받이 stimulation 자극 donate 기증하다 baby-proof 아기에게 안전한 stimulate 자극하다 mess 난장판, 엉망

문제풀이 화자는 아기들은 부모들이 생각하는 것처럼 수많은 용품들을 필요로 하지 않는다고 주장하고 있다.

정답 ④

[46-47] 다음 지문을 듣고 문제에 대한 알맞은 답을 고르시오.

M: This August 7 that Budget Inn, farmer Hannah Kim will discuss the success of her flash-freeze fruit and vegetable packaging plant, Kim Choice Harvest. The start-up food processing business was founded by a few California farmers in 2013 and now includes 27 member-owners that successfully tap into the local community to grow their business. To match this year's conference focus on local food, speakers from various food processing and local foods businesses will share their ideas on how to approach local business expansion and opportunities to increase profitability. Conference topics include produce processing centers, food hubs, and marketing strategies for increasing your customer base. Early registration for the Local Food conference ends on June 20th at www.localfoodforall.com. The conference is intended for small growers, business vendors, and workers in the food service industry and is also open to anyone interested in expanding local food networks.

남: 8월 7일 Budget Inn에서, 농부 Hannah Kim이 자신의 급속 냉동 과일과 채소 포장 공장인 Kim Choice Harvest의 성공에 대해 얘기할 것입니다. 이 스타트업 식품 가공 사업은 2013년에 캘리포니아 농부 몇몇에 의해 설립되었고 현재 성공적으로 지역 사회에 뿌리 내려 사업을 성공시킨 27명의 회원-소유주들과 함께하고 있습니다. 올해 지역 식품에 대한 회의의 초점에 맞추어, 다양한 식품 가공업과 지역 식품 산업 분야의 연사들이 지역 사업 확장과 수익성을 증대하기 위한 기회들에 어떻게 접근할 것인지에 관한 자신들의 의견을 나눌 것입니다. 회의 주제는 생산품 가공 센터, 식품 허브, 그리고 고객층을 넓히는 마케팅 전략을 포함합니다. Local Food 회의의 조기 등록은 6월 20일 www.localfoodforall.com에서 마감됩니다. 회의는 소규모 생산자, 기업 판매자, 그리고 음식 서비스 산업 종사자들을 위한 것이며 또한 지역 식품 네트워크를 확장하는 데 관심이 있는 모든 분들에게 열려 있습니다.

46. What can you learn from attending the conference?

① **How to get more customers**

② How to sell products internationally

③ How to create cheaper products

④ How to process customer orders quicker

46. 회의에 참가함으로써 무엇을 배울 수 있는가?

① **고객을 더 모으는 방법**

② 제품을 국제적으로 판매하는 방법

③ 더 저렴한 제품을 생산하는 방법

④ 고객 주문을 더 빨리 처리하는 방법

47. Who is likely to sign up for the conference?

① Food critic for national food magazine

② International coffee and cacao bean exporter

③ **Honey beekeeper selling in stores near his home**

④ Owner of large industrial meat processing company

47. 회의에 등록할 가능성이 높은 사람은 누구인가?

① 국내 음식 잡지의 음식 비평가

② 국제적 커피 및 카카오 콩 수출업자

③ **집 근처의 가게에서 판매를 하는 꿀 양봉인**

④ 대규모 산업의 정육 가공 회사의 소유주

어휘 flash-freeze 급속 냉동 packaging 포장, 가공 found 설립하다 approach 접근하다 expansion 확장 profitability 수익성, 이윤 strategy 전략, 방법 registration 등록 vendor 판매자

문제풀이 46. 회의의 주제는 생산품 가공 센터, 식품 허브, 그리고 고객층을 넓히는 마케팅 전략을 포함한다고 하였다.
47. 회의는 소규모 생산자, 기업 판매자, 그리고 음식 서비스 산업 종사자들을 위한 것이며 또한 지역 식품 네트워크를 확장하는 데 관심이 있는 사람들에게 열려 있다고 했으므로 보기 중 ③이 가장 적절하다.

정답 46. ① 47. ③

[48-49] 다음 지문을 듣고 문제에 대한 알맞은 답을 고르시오.

M: When a customer at FancyGlass had a chip on her windshield, it cracked while she was driving around town. She called our shop, and I went out and replaced her windshield. She was very happy with my job. But her insurance took the smile off her face. Two hundred dollars! The thing is, she could have called FancyGlass when she first got the windshield damage and saved that money with a repair instead. Booking an appointment couldn't be easier. You can now even do it online from your cell phone, and we'll come out to wherever's convenient for you. The fix is quick, too. In less than 20 minutes you'll be all fixed up and good as new. Plus, if you're fully covered by your insurance, a repair is usually free for you and won't make your premiums skyrocket. And most insurance companies recommend FancyGlass, so no need to call them. Just call us direct.

48. Where would you likely hear the announcement?

① **On the radio**

② On a subway platform

③ At an insurance office

④ At a glassware store

49. Which of the following is implied or suggested?

① You can sign up for an insurance policy directly through the FancyGlass website.

② FancyGlass will send an insurance agent out to your location if you need repairs.

③ **The woman's insurance charged her more than the price of FancyGlass repairs.**

④ FancyGlass will fix your problem in 20 minutes or less, or it's free.

어휘 chip 조각, 흠 windwhield 앞 유리창, 바람막이 창 crack 갈라지다, 금이 나다 replace 교체하다 book an appointment 예약을 하다, 약속을 잡다 fix up 수리하다 premium 보험료 skyrocket 급등하다, 치솟다

문제풀이 48. FancyGlass를 홍보하는 광고 내용이므로 라디오가 가장 적절하다.
49. 여성이 앞 유리 창에 처음 손상을 입었을 때 FancyGlass로 연락했다면 200달러를 아낄 수 있었다는 것으로 보아, 여자의 보험사가 FancyGlass의 수리비용보다 더 많은 비용을 청구했음을 알 수 있다.

정답 48. ① 49. ③

남: FancyGlass의 고객 한 명이 자신의 앞 유리창에 흠이 났었는데, 동네를 운전하는 도중 금이 가버렸습니다. 그녀는 우리 가게로 전화를 했고, 제가 가서 앞 유리창을 교체했습니다. 그녀는 제 작업에 만족했습니다. 하지만 그녀의 보험이 얼굴에서 미소를 잃게 했습니다. 200달러라니요! 사실, 그녀가 처음 앞 유리창에 손상을 입었을 때 FancyGlass로 전화를 주었다면 수리로 대신하여 그 돈을 아낄 수 있었을 것입니다. 예약을 하는 것은 더할 나위 없이 쉽습니다. 심지어 휴대폰에서 온라인으로 예약할 수도 있고, 어디든 당신이 편리한 곳으로 저희가 나갈 것입니다. 수리 역시 빨리 됩니다. 20분도 걸리지 않아 새 것처럼 수리가 될 것입니다. 게다가 만약 보험으로 완전히 커버가 된다면, 보통 수리는 무료이고 보험료도 급등하지 않을 것입니다. 대부분의 보험 회사들이 FancyGlass를 추천하기 때문에, 그들에게 전화를 따로 걸 필요도 없습니다. 그냥 저희에게 직접 전화를 주세요.

48. 이 광고를 들을 수 있을 법한 곳은?

① 라디오

② 지하철 승강장

③ 보험 사무실

④ 유리 그릇 가게

49. 다음 중 함축 또는 암시된 내용은?

① FancyGlass 웹사이트를 통해 보험에 직접 가입할 수 있다.

② FancyGlass는 당신이 수리를 필요로 할 경우 당신이 있는 곳으로 보험 직원을 보내줄 것이다.

③ 여자의 보험은 FancyGlass의 수리 가격보다 더 많은 돈을 청구했다.

④ FancyGlass가 20분 내에 당신의 문제를 해결하지 못할 경우 무료이다.

[50] 다음 지문을 듣고 문제에 대한 알맞은 답을 고르시오.

W: Are you a chocolate lover? Imagine having your own rewarding business that affords you the opportunity to turn your passion for fine chocolate into a successful enterprise. Gourmet chocolate is the quickest growing sector of the chocolate industry, with sales increasing at double-digit rates every year for the past eight years. Because luxury chocolates often come from abroad or are crafted by local artisans, consumers are willing to pay big bucks to enjoy this everyday indulgence. There are numerous benefits to opening your own gourmet chocolate business. When you have your own chocolate shop, you will have a festive and delightful place. You will be surrounded by high quality merchandise, artfully displayed, with customers keen to explore your shop. You will have the pleasure of helping people find that perfect gift and seeing your patrons relish exceptional chocolate delights. If opening your own gourmet chocolate shop sounds like the career of your dreams, go online and download our e-book for just $17.99 to discover how you can get started and succeed in the retail chocolate business.

50. Which of the following is implied by the speaker?

① Run your own business, and you can control your time.

② You can own a chocolate store and art gift shop in one.

③ By purchasing the e-book, you can get information about a franchise.

④ Open a chocolate business, and you can work in a pleasant environment.

어휘 lover 애호가, ~를 좋아하는 사람 rewarding 수익성 있는, 보람되는 afford ~할 형편이 되다, ~할 수 있게 해 주다 passion 열정 fine 고급의, 세련된 enterprise 기업, 회사 gourmet 고급, 미식의 sector 분야, 부문 double-digit 두 자리 수 craft 만들다, 생산하다 artisan 장인, 공예가 buck 달러, 돈 indulgence 탐닉, 사치 benefit 장점, 이점 festive 신이 나는, 축제의 delightful 행복한, 기쁜 surround 둘러싸다, 에워싸다 merchandise 제품, 상품 display 진열하다 keen 하고 싶은, 열망하는 patron 단골 relish 즐기다 delight 단 음식, 디저트 career 직업, 경력 retail 소매의

문제풀이 'When you have your own chocolate shop, you will have a festive and delightful place.'에서 보듯, 자기 소유의 초콜릿 사업을 하게 되면 신나고 행복한 장소를 갖게 될 것이라 언급했다.

정답 ④

여: 당신은 초콜릿 애호가이신가요? 고급 초콜릿에 대한 열정을 성공적인 기업으로 탈바꿈할 기회를 주는 당신만의 수익성 있는 사업을 가진다고 상상해 보십시오. 고급 초콜릿은 지난 8년 동안 매년 두 자리 수 판매 증가율을 보이고 있는, 초콜릿 산업에서 가장 빠르게 성장하고 있는 분야입니다. 고급 초콜릿이 종종 해외에서 들어오거나 지역 장인들에 의해 생산되기 때문에, 소비자들은 이 매일의 탐닉을 위하여 많은 돈을 기꺼이 지불하려 합니다. 당신 소유의 고급 초콜릿 사업을 여는 것에는 여러 가지 이점이 있습니다. 당신만의 초콜릿 가게를 갖게 되면, 당신은 신나고 행복한 장소를 갖게 될 것입니다. 당신은 예술적으로 진열된 고품질의 제품과, 당신의 가게를 둘러보기 원하는 고객들에 둘러싸이게 될 것입니다. 당신은 사람들이 완벽한 선물을 찾는 것을 도와줄 수 있고 단골들이 최고의 초콜릿 디저트를 즐기는 것을 보는 행복을 갖게 될 것입니다. 만약 고급 초콜릿 가게를 여는 것이 당신이 꿈꾸는 직업처럼 들린다면, 온라인에서 우리의 전자책을 단 17.99달러에 다운 받아 어떻게 소매 초콜릿 사업을 시작하고 성공을 거둘 수 있는지 알아보십시오.

50. 화자가 함축하고 있는 내용은 다음 중 무엇인가?

① 당신의 사업을 하라, 그러면 당신의 시간을 마음대로 쓸 수 있다.

② 초콜릿 가게와 아트 선물 가게를 하나로 소유할 수 있다.

③ 전자책을 구입하면, 프랜차이즈에 대한 정보를 얻을 수 있다.

④ 초콜릿 사업을 시작하면 즐거운 환경에서 일할 수 있다.

PRACTICE TEST 3회

01. ①	02. ②	03. ①	04. ③	05. ②	06. ①	07. ③	08. ①	09. ①	10. ①
11. ④	12. ④	13. ②	14. ③	15. ③	16. ③	17. ②	18. ④	19. ④	20. ③
21. ④	22. ②	23. ③	24. ①	25. ③	26. ④	27. ④	28. ②	29. ②	30. ④
31. ③	32. ②	33. ③	34. ②	35. ④	36. ④	37. ③	38. ③	39. ④	40. ③
41. ①	42. ④	43. ①	44. ②	45. ①	46. ②	47. ②	48. ④	49. ②	50. ③

1~10

● 본문 p.66

[1-10] 다음 질문을 듣고 문제에 대한 답을 표시하시오.

1. What did you do last night?

① **Went shopping.**

② Whenever I can.

③ Probably go to a bar.

정답 ①

1. 어젯밤에 뭐했어요?

① **쇼핑하러 갔어요.**

② 할 수 있을 땐 언제든지요.

③ 아마도 바에 갈 것 같아요.

2. Have you seen my orange marker?

① No, I don't think it is.

② **Yes, it's on my desk.**

③ I'll see what I can do.

정답 ②

2. 내 오렌지색 마커펜 본 적 있어요?

① 아니요, 그건 아닌 것 같아요.

② **네, 내 책상 위에 있어요.**

③ 내가 할 수 있는 일이 있는지 볼게요.

3. What time are you coming home?

① **As soon as I can.**

② About an hour ago.

③ I can't find my watch.

정답 ①

3. 집에 몇 시에 와요?

① **가능한 한 빨리요.**

② 약 한 시간 전에요.

③ 내 시계를 찾을 수가 없어요.

4. Did you meet the new assistants?

① No, I don't have a meeting.

② No, but I'll find some new ones.

③ **Yes, they seem really nice.**

정답 ③

4. 새로운 보조원들 만나 봤어요?

① 아니요, 나는 회의가 없습니다.

② 아니요, 하지만 새로운 사람들을 찾아볼게요.

③ 네, 정말 좋은 사람들 같아요.

5. Did you get that message I sent you?

① Send it after 5 p.m.

② **Not that I know of.**

③ I'm sending it now.

문제풀이 'Not that I know of.'는 '내가 아는 바로는 아니다.(내가 아는 바로는 메시지를 받은 바가 없다)'는 뜻이므로 보기 중 응답으로 ②가 가장 적절하다.

정답 ②

5. 내가 보낸 메시지 받았어요?

① 오후 5시 이후에 보내세요.

② 내가 아는 바로는 아닌데요.

③ 지금 보내고 있어요.

6. Are you going to the dry cleaners tonight?

① **No, I don't need to.**

② Yes, please take it there.

③ Yes, I finished the cleaning.

정답 ①

6. 오늘 밤 드라이클리닝 가게에 갈 거예요?

① 아니요, 그럴 필요가 없어요.

② 네, 거기에 그것을 가져다주세요.

③ 네, 청소를 끝냈어요.

7. You aren't in the newsletter, are you?

① I don't like watching the news.

② It takes too long to read it.

③ **I haven't looked at it yet.**

정답 ③

7. 당신 그 소식지에 나오지 않았죠, 그런가요?

① 나는 뉴스를 보는 것을 좋아하지 않습니다.

② 그것을 읽는 데 시간이 너무 오래 걸립니다.

③ 아직 그것을 읽어 보지 않았습니다.

8. M: Do you have any hobbies?

W: Well, when I've got free time, I enjoy going hiking.

M: Oh, you actually do that?

W: ________________

① **Sometimes when the weather's nice.**

② I'm not actually sure where to go.

③ Maybe. I'd have to think about it.

문제풀이 여가 시간에 하이킹하러 가는 것을 즐긴다고 말한 여자에게 남자는 정말 하이킹을 하냐고 물어보았다. 따라서 때때로 날씨가 좋을 때면 하이킹을 간다는 응답인 ①이 가장 자연스럽다.

정답 ①

8. **남:** 당신은 취미가 있나요?

여: 글쎄요. 여유 시간이 있을 때는 하이킹하러 가는 것을 즐깁니다.

남: 오, 정말 그걸 하세요?

여: ________________

① **때때로 날씨가 좋을 때요.**

② 어디로 가야할지 실은 잘 모르겠어요.

③ 아마도요. 좀 생각을 해 봐야겠어요.

9. W: How have you been doing lately?

M: I've been doing pretty well. You?

W: I'm doing good, but I'm really busy with school right now.

M: ________________

① **Oh. Which school are you attending?**

② I see. I hope you'll be able to get in.

③ Right. When is it going to start?

문제풀이 여자는 학교 때문에 굉장히 바쁘다고 말했으므로, 어느 학교에 다니는지 물어보는 내용인 ①이 대화의 흐름상 적절하다.

정답 ①

9. **여:** 요즘 어떻게 지내세요?

남: 상당히 잘 지냈어요. 당신은요?

여: 잘 지내요, 하지만 지금 학교 때문에 굉장히 바쁘네요.

남: ________________

① **오. 어느 학교에 다니세요?**

② 그렇군요. 들어갈 수 있기를 바랍니다.

③ 그렇군요. 언제 시작하지요?

10. M: Hi, this is Tom. Can I speak to Heather, please?

W: This is Heather. How are you?

M: I've been trying to get a hold of you all day.

W: ________________

① **Sorry about that. My phone was unplugged.**

② I've been really busy. Can I take a message?

③ Oh, that's great news. I'm glad to hear it.

어휘 get a hold of someone 연락을 취하다

정답 ①

10. **남:** 안녕하세요, 저는 Tom인데요. Heather와 통화할 수 있을까요?

여: 제가 Heather에요. 어떻게 지내세요?

남: 하루 종일 당신과 연락하려고 시도했어요.

여: ________________

① **미안해요. 전화기 선이 뽑혀있었어요.**

② 정말 바빴어요. 메시지 남겨 드릴까요?

③ 오, 좋은 소식이네요. 듣게 되어 기뻐요.

11~20

● 본문 p.68

[11-20] 다음 지문을 듣고 문제에 대한 답을 고르시오.

11.

W: Hey, why didn't we see you in class yesterday?

M: My car broke down before I could even get out of the neighborhood. So I stayed home and just emailed my assignment to the professor to explain my situation.

Q: What would be the best response by the woman?

① Thanks, that would be great.

② Yes, I can see what you mean.

③ So did you take the bus instead?

④ **Then do you want to borrow my notes?**

문제풀이 수업에 오지 않은 이유를 물어본 여자의 질문에 대해 남자는 차가 고장 나서 수업에 올 수 없었다고 했다. 따라서 그에 대한 응답으로 여자가 자신이 수업 시간에 필기한 것을 빌리고 싶은지 물어보는 ④가 보기 중 가장 적절하다.

정답 ④

11. **여:** 얘, 어제 왜 수업 시간에 안 보였어?

남: 동네를 벗어나기도 전에 차가 고장 났어. 그래서 집에 있으면서 교수님께 내 상황을 설명하기 위해 과제를 그냥 이메일로 보냈어.

Q. 여자의 응답으로 가장 적절한 것은?

① 고마워, 그러면 정말 좋겠다.

② 응, 네가 무슨 말을 하는지 알겠어.

③ 그래서 대신 버스를 탔어?

④ **그러면 내가 필기한 것을 빌릴래?**

12.

W: The deadline for filing your taxes is coming up next week. Did you remember to print them out and get them mailed off this morning like I asked you to?

M: No, I couldn't be bothered. There's still time.

Q: What would be the best response by the woman?

① I guess it's time.

② Only time will tell.

③ Please stop bothering me.

④ **You should stop putting it off.**

어휘 deadline 마감일 file 제출하다, 신청하다 print out 출력하다 can't be bothered ~이 하기 싫다, 귀찮다

문제풀이 남자는 여자가 부탁한 세금 신고서 보내는 것을 귀찮아서 하지 않았다고 했다. 따라서 미루는 것을 멈추라고 말한 ④가 여자의 응답으로 가장 자연스럽다.

정답 ④

12. **여:** 당신의 세금 신고 마감일이 다음 주에요. 부탁한 대로 그것들을 출력해서 오늘 아침에 우편으로 부쳤나요?

남: 아니요, 귀찮아서 하지 않았어요. 아직 시간이 있어요.

Q. 여자의 응답으로 가장 적절한 것은?

① 때가 된 것 같네요.

② 오직 시간이 말해줄 것입니다.

③ 제발 나를 그만 귀찮게 하세요.

④ **당신은 미루는 것을 그만 멈춰야 해요.**

13. **W:** Have you seen the new guy who's working in the produce department?

M: No, but I heard Cathy and Lynda talking about him all afternoon. Seems like he's really caught the eye of the ladies.

Q: What does the man imply about the new guy?

① He stares at his female coworkers.

② **He's drawing the attention of women.**

③ He's a close personal friend of the man.

④ He spends too much time playing around.

문제풀이 '여성분들의 눈길을 사로잡은 것 같다'는 말은 새로 온 직원이 여성들의 주목을 끌고 있다는 뜻이다.

정답 ②

13. **여:** 제품 부서에서 일하는 새로 온 사람 봤어요?

남: 아니요, 하지만 Cathy와 Lynda가 오후 내내 그에 대해 말하는 것을 들었어요. 그가 여성분들의 눈길을 정말 사로잡은 것 같군요.

Q. 남자가 새로 온 사람에 대해 함축하는 것은 무엇인가?

① 그는 여성 동료들을 빤히 쳐다본다.

② 그는 여성들의 주목을 끌고 있다.

③ 그는 남자의 친한 친구이다.

④ 그는 노는 데 시간을 너무 쓴다.

14. **W:** I noticed a new girl at the fitness club last night when I was working out. Have you seen her yet?

M: Maybe. Is she about five foot ten with blond hair and about 20 pounds overweight?

Q: What would be the best response by the woman?

① No, I haven't met her yet.

② No, she's not in perfect shape.

③ **Yes, that sounds like her.**

④ Yes, I'll ask her when I see her.

문제풀이 남자가 묘사한 사람이 여자가 언급한 사람이 맞는지 물어본 것이므로 ③이 적절하다.

정답 ③

14. **여:** 지난 밤 헬스클럽에서 운동을 하는데 새로 온 여자가 있는 걸 봤어요. 그녀를 이미 본 적이 있나요?

남: 아마도요. 5 피트 10 정도에 금발이고 약 20 파운드 정도 과체중인 여자 말인가요?

Q. 여자의 응답으로 가장 적절한 것은?

① 아니요, 아직 그녀를 만난 적이 없어요.

② 아니요, 그녀는 완벽한 몸매가 아니에요.

③ 네, 그녀가 맞는 것 같네요.

④ 네, 그녀를 보게 되면 물어볼게요.

15. **W:** I can't believe you fell into that dirty puddle right after putting on your brand new pair of leather shoes.

M: I know, and I stained my white pants, too. That's just my luck.

Q: What does the man mean?

① He is lucky to have new shoes.

② He didn't actually fall and hurt himself.

③ **He is used to this kind of misfortune.**

④ He is surprised that the woman saw him.

문제풀이 새로 산 가죽 신발을 신자마자 웅덩이에 빠지고 바지까지 더러워진 데 대해 자신이 운이 원래 그렇다고 말한 것은, 이런 종류의 불운에 익숙하다는 뜻이다.

정답 ③

15. **여:** 새로 산 가죽 신발을 신자마자 더러운 물웅덩이에 빠졌다니 믿을 수가 없네요.

남: 그러게요. 그리고 내 흰색 바지에도 얼룩이 졌어요. 내가 운이 그렇죠 뭐.

Q. 남자가 의미하는 바는 무엇인가?

① 그는 새 신발을 가질 수 있어 운이 좋다.

② 그가 실제로 넘어져서 다친 것은 아니다.

③ 그는 이런 종류의 불운에 익숙하다.

④ 그는 여자가 그를 본 것에 놀랐다.

16. **W:** I'm going to make a special dinner tomorrow night for Jeffrey's birthday. I'm thinking of making some pasta with Italian bread and green beans... or maybe Mexican tacos with rice and beans. Do you have a preference?

M: Makes no difference to me.

Q: What does the man imply?

① Jeffrey should pick the meal.

② The woman should not cook.

③ **He does not have a preference.**

④ He would like something different.

문제풀이 'Makes no difference to me.'를 직역하면 '어떤 것이든 차이가 없다'는 뜻이므로, '어느 쪽이든 좋다'는 말이다. 따라서 여자가 언급한 요리들 중에 특별히 선호하는 것이 없음을 의미한다.

정답 ③

16. **여:** Jeffrey의 생일을 위해 내일 밤에는 특별한 저녁 식사를 만들 거예요. 이탈리아 빵과 녹색 콩을 곁들인 파스타… 아니면 밥과 콩을 곁들인 멕시칸 타코를 만들까 생각중인데요. 어떤 것이 더 좋아요?

남: 어떤 것이든 상관없어요.

Q. 남자가 함축하는 바는 무엇인가?

① Jeffrey가 식사를 골라야 한다.

② 여자가 요리해서는 안 된다.

③ 특별히 선호하는 것이 없다.

④ 뭔가 다른 것을 원한다.

17.

W: Hi, could you help me? I'm looking for some earrings for my niece, but nothing too big because she just got her ears pierced, and she's only nine.

M: I think I've got just what you're looking for. How about these?

Q: Where are the man and woman likely to be?

① At the man's home

② At a jewelry shop

③ At the lost and found

④ At a party store

문제풀이 조카아이에게 줄 귀걸이를 사려는 여자와 가게 주인과의 대화이므로 ②가 가장 적절하다.

정답 ②

17. **여:** 안녕하세요. 저를 좀 도와주시겠어요? 여자 조카아이를 위한 귀걸이를 찾고 있는데, 막 귀를 뚫어서 너무 큰 것은 안 돼요. 그리고 이제 겨우 아홉 살이에요.

남: 손님이 찾고 계시는 걸 제가 딱 갖고 있는 것 같네요. 이것들은 어떠세요?

Q. 남자와 여자가 있는 곳은 어디겠는가?

① 남자의 집

② 귀금속 가게

③ 분실물 센터

④ 파티 상점

18.

W: I'm so tired! I had that big presentation this morning. Then my boss asked me to stay late. I just want to eat and go to bed. Please tell me you made dinner!

M: Not quite, but I picked up something from the deli.

Q: What does the man mean?

① She has to make her own meal.

② There is no food left in the house.

③ He has prepared her favorite meal.

④ He ordered take-out for their dinner.

어휘 pick up 사다, 획득하다 deli (=delicatessen) 만들어 놓은 음식을 파는 판매점 take-out 테이크아웃 음식, 포장해서 사 가지고 가는 음식

문제풀이 음식 판매점에서 뭔가를 사다 놓았다고 했으므로, 남자가 음식 판매점에서 테이크아웃 음식을 주문해 온 것임을 알 수 있다.

정답 ④

18. **여:** 정말 피곤하다! 오늘 아침에 그 중요한 프레젠테이션을 했어. 그러고 나서는 상사가 나한테 늦게까지 남으라고 했고. 그냥 먹고 나서 자러 가고 싶다. 제발 당신이 저녁을 만들어 놨다고 말해줘!

남: 그건 아니지만, 음식 판매점에서 뭘 좀 사다놨어.

Q. 남자가 의미하는 바는 무엇인가?

① 그녀는 자신의 식사를 만들어야 한다.

② 집에 남은 음식이 없다.

③ 그는 그녀가 가장 좋아하는 식사를 만들어 놓았다.

④ 그는 저녁 식사로 테이크아웃 음식을 주문했다.

19. **W:** Do you carry food storage containers made out of glass? I read something about poison from plastic containers, so I'm trying to move to glass.

M: I'm sorry, ma'am. We're out at the moment but have a shipment coming on Tuesday.

Q: What does the man mean?

① His store doesn't sell food containers.

② He thinks that glass is also harmful.

③ He does not carry what she requested.

④ **He will have what she wants later.**

어휘 carry (상점에서 물건을) 갖고 있다, 취급하다 storage 보관, 저장 container 그릇, 용기 ma'am 부인, 손님(여성 손님의 경우) shipment 화물, 물건

문제풀이 여자가 원하는 물품이 화요일에 입고될 것이므로 ④가 가장 적절하다.

정답 ④

19. **여:** 유리로 만들어진 음식 보관 용기 취급하시나요? 플라스틱 용기에서 나오는 독성물질에 대해 뭘 좀 읽은 바가 있어서 유리로 바꾸려고요.

남: 죄송합니다, 손님. 현재는 재고가 없고 화요일에 물건이 들어옵니다.

Q. 남자가 의미하는 바는 무엇인가?

① 그의 가게는 음식 용기를 판매하지 않는다.

② 그는 유리 역시 해롭다고 생각한다.

③ 그는 여자가 요청한 것을 판매하지 않는다.

④ **그는 여자가 원하는 것을 나중에 갖고 있을 것이다.**

20. **W:** Have you redeemed your gift certificate at the coffee shop across the street yet?

M: No, I wasn't sure how to do it since I received it electronically instead of in paper form.

Q: What would be the best response by the woman?

① I heard you got some free refills.

② I wonder when you'll receive the code.

③ **I can do it for you if you would like.**

④ Just follow the instructions on the paper.

어휘 redeem (상품권, 교환권 등을) 상품으로 바꾸다, 교환하다 gift certificate 상품권

문제풀이 남자는 상품권을 어떻게 사용하는지 몰라서 사용하지 못했다고 했으므로 원한다면 대신 해 주겠다는 ③의 내용이 여자의 응답으로 가장 적절하다.

정답 ③

20. **여:** 길 건너 커피숍에서 상품권 잘 사용했어요?

남: 아니요, 종이 형태가 아닌 전자식으로 받아서 어떻게 하는 건지 잘 모르겠더라고요.

Q. 여자의 응답으로 가장 적절한 것은?

① 무료 리필을 몇 번 할 수 있다고 들었어요.

② 당신이 언제 코드를 받게 될지 궁금하네요.

③ **원한다면 내가 대신 해 줄 게요.**

④ 그냥 종이에 있는 설명대로 따라 하세요.

21~30

● 본문 p.71

[21-22] 다음 지문을 듣고 문제에 대한 알맞은 답을 고르시오.

W: There are three fantasy characters that pervade Western culture: Santa, the Tooth Fairy, and can anyone guess the third?

M: Is it the Easter Bunny?

W: Yes. But I'm not sure everyone here believed in these three, right? So do you think that it's emotionally harmful for parents to lie and have their kids believe in such fictional characters?

M: I believed in the Tooth Fairy until I was 8, but I never believed in Santa because my parents were religious. But lots of my friends believed in Santa, and I don't think it's a big deal.

W: Well, you're probably right. Recent research found that some kids temporarily experienced negative emotions after finding out Santa wasn't real, but there were very few long-term negative effects.

여: 서양 문화에 스며들어 있는 세 가지 판타지 캐릭터들이 있습니다: 산타, 이의 요정, 그리고 누가 세 번째를 알아맞혀 볼래요?

남: 부활절 토끼인가요?

여: 네. 하지만 여기 있는 모든 사람들이 이 세 개를 믿었는지는 모르겠네요, 그렇죠? 여러분은 부모들이 거짓말을 하고 아이들로 하여금 그러한 가상적 캐릭터들을 믿게 하는 것이 정서적으로 해롭다고 생각하나요?

남: 저는 8살 때까지 이의 요정을 믿었지만, 제 부모님들이 종교를 갖고 있었기 때문에 산타를 믿은 적은 없어요. 하지만 많은 제 친구들은 산타를 믿었고, 그게 그리 큰 문제라고는 생각하지 않아요.

여: 음, 아마 당신 말이 맞을 거예요. 최근 연구는 산타가 진짜가 아니라는 것을 알고 나서 몇몇 아이들이 일시적으로 부정적인 감정을 경험했지만, 장기적인 부정적 영향은 거의 없었다는 것을 발견했습니다.

21. Where might this dialogue have taken place?

① Statistics class
② Biology class
③ Literature class
④ **Psychology class**

22. What does the woman imply?

① Religious households do not perpetuate the myth of Santa.
② **Most children quickly recover after finding out Santa isn't real.**
③ The Easter Bunny is more popular than the Tooth Fairy.
④ Most children feel betrayed by their parents' lies.

21. 이 대화는 어디에서 이루어졌겠는가?

① 통계학 수업
② 생물학 수업
③ 문학 수업
④ **심리학 수업**

22. 여자가 함축하는 바는 무엇인가?

① 종교적 가정은 산타라는 전설을 영속화하지 않는다.
② **대부분의 아이들은 산타가 진짜가 아니라는 것을 알고 난 후 빨리 회복한다.**
③ 부활절 토끼는 이의 요정보다 더 인기가 많다.
④ 대부분의 아이들은 부모들의 거짓말에 배신당했다고 느낀다.

어휘 pervade 스며들다, 침투하다 tooth fairy 이의 요정 (빠진 이를 베개 밑에 놓아두면 선물을 대신 놓고 가는 요정) Easter 부활절 bunny 토끼 temporarily 일시적으로 perpetuate 영속시키다, 존속시키다

문제풀이 21. 아이들이 가상적인 캐릭터를 믿는 것에서 비롯될 수 있는 정서적 영향에 대해 논의하고 있으므로 심리학 수업이 가장 적절하다.
22. 최근 연구에 따르면 산타가 진짜가 아님을 알고 나서 일시적으로 부정적 감정을 느끼는 아이들이 있었지만, 장기간에 걸쳐 부정적 영향이 나타나는 경우는 거의 없었다고 했으므로 대부분의 아이들이 진실을 알게 된 후 빨리 회복을 한다는 것을 뜻한다.

정답 21. ④ 22. ②

[23-24] 다음 지문을 듣고 문제에 대한 알맞은 답을 고르시오.

W: I've been hearing a lot about emotional intelligence lately, but I'm not sure I understand what it really means.

M: Well, everyone is emotional, and sometimes something little can turn into a big deal. But emotionally intelligent people know how to push pause before making a big deal out of something that is really not that important.

W: What are some strategies that you recommend?

M: For starters, don't behave rashly. If someone interrupts you in a meeting, instead of getting upset or planning your revenge, consider that maybe the person is having personal issues at home. Maybe it's not really about you.

W: Okay, that makes sense. And it sounds like pretty good advice to follow not only at the office but even in romantic relationships as well.

여: 최근 들어 정서 지능이란 것에 대해 많이 듣게 되는데, 그게 정말 무엇을 의미하는지 내가 잘 이해하고 있는지 모르겠어요.

남: 음, 모든 사람들은 감정적이고, 때로 사소한 것이 큰 문제가 되어 버릴 때가 있죠. 하지만 정서적 지능이 높은 사람들은 실제로 그리 중요하지 않은 것을 큰 일로 만들기 전에 정지 버튼을 누르는 방법을 알고 있어요.

여: 당신이 추천하는 전략들에는 어떤 것들이 있나요?

남: 우선 첫째로, 성급하게 행동하지 마세요. 만약 누군가 회의에서 당신을 방해한다면, 화를 내거나 복수를 계획하는 대신, 그의 집에 개인적인 문제가 있으려니 생각하세요. 정말 당신 때문에 그런 것은 아닐 수 있다고요.

여: 네, 이해가 되네요. 직장에서 뿐 아니라 연애 관계에 있어서도 따를 수 있는 아주 좋은 조언 같아요.

23. What is the man suggesting?

① Trust the people you work with.

② Learn how to make bigger deals.

③ **Think before you act.**

④ Discuss personal issues with coworkers.

23. 남자가 제안하는 것은 무엇인가?

① 함께 일하는 사람들을 신뢰하라.

② 어떻게 큰 문제들을 만드는지 배워라.

③ **행동하기 전에 생각하라.**

④ 동료들과 개인적 문제들에 대해 논의하라.

24. How would the woman describe the man's advice?

① **Reasonable**

② Shocking

③ Disappointing

④ Confusing

24. 여자는 남자의 조언을 어떻게 묘사하겠는가?

① **타당하다**

② 충격적이다

③ 실망스럽다

④ 혼란스럽다

어휘 push pause 정지 버튼을 누르다, 멈추다 make a big deal 유난을 떨다 strategy 전략 rashly 성급하게, 무모하게 revenge 복수

문제풀이 23. 남자는 성급하게 행동하지 말 것을 조언하고 있다.
24. 여자는 남자의 조언이 이해가 가고, 직장 뿐 아니라 연애 관계에서도 사용할 수 있는 좋은 조언 같다고 했으므로 ①이 가장 적절하다.

정답 23. ③ 24. ①

[25] 다음 지문을 듣고 문제에 대한 알맞은 답을 고르시오.

W: In your new book, you state that the intellectual environment of the internet these days is like trying to read a book while doing a crossword puzzle. What do you mean by that?

M: Websites basically offer too much information. One interesting thing my research uncovered is that the more links there are in an article, the lower the comprehension of the reader.

W: That's really quite surprising. You also said in your book that people who read hypertext couldn't remember what they had or hadn't read.

M: That's right. For the most part, people just get distracted by clicking on all the links instead of reading. And when people watch news programs, they actually retain far less information when there are headlines scrolling at the bottom of the screen.

W: So I guess the main thing to take away from your book is that sometimes less is more.

25. What would the man likely agree with?

① TV news reporters should add more useful headlines on the screen.

② Offering multiple links in news articles increases overall comprehension.

③ **Researching in print can be more efficient than looking for information online.**

④ It is better to read the newspaper while listening to the radio.

어휘 state 진술하다, 말하다 intellectual 지적인 crossword puzzle 십자말풀이 uncover 발견하다 comprehension 이해 hypertext 하이퍼텍스트 (독자가 링크를 클릭함으로써 다른 문서나 그 밖의 미디어들로 옮겨가는 것이 가능한 텍스트) for the most part 대체로, 대개 distract 주의를 분산시키다 scroll 돌아가다

문제풀이 남자는 온라인에는 정보가 너무 많고, 사람들이 하이퍼텍스트를 읽고 링크를 클릭하느라 주의가 분산된다고 주장하고 있으므로 종이 형태의 인쇄물로 자료를 찾는 것이 온라인보다 더 효율적일 수 있다는 ③의 내용에 동의할 가능성이 크다. 화면 하단에 돌아가며 나오는 헤드라인이나, 문서 안에 많은 링크들이 있는 것은 주의가 분산되는 일이므로 ①, ②는 답이 될 수 없으며, ④ 역시 같은 이유에서 남자가 동의할만한 내용이 아니다.

정답 ③

여: 당신은 신간에서 요즘 인터넷의 지적 환경이 마치 십자말풀이를 하면서 책을 읽으려 하는 것과 같다고 말하고 있습니다. 이것은 무엇을 말하는 것인가요?

남: 웹사이트들은 기본적으로 너무 많은 정보를 제공합니다. 제 연구가 발견한 한 가지 흥미로운 점은, 기사에 더 많은 링크가 존재할수록, 독자의 이해도는 더 떨어진다는 것입니다.

여: 정말 상당히 놀랍네요. 또한 책에서 당신은 하이퍼텍스트를 읽은 사람들은 그 전에 무엇을 읽었고 읽지 않았는지를 기억해내지 못했다고 말했습니다.

남: 맞습니다. 대개 사람들은 읽는 것 대신 모든 링크들을 클릭하느라 주의가 그냥 분산되어 버립니다. 그리고 사람들이 뉴스 프로그램을 볼 때는, 화면 하단에 헤드라인들이 돌아가며 나타나는 경우에 훨씬 적은 양의 정보를 기억합니다.

여: 당신의 책에서 얻어야 할 중요한 것은 때로는 적은 것이 더 많은 것일 수 있다는 사실 같군요.

25. 다음 중 남자가 동의할만한 내용은?

① TV 뉴스 기자들은 화면에 더 유용한 헤드라인들을 추가해야 한다.

② 뉴스 기사에 다수의 링크를 제공하는 것은 전체적인 이해도를 높인다.

③ **인쇄물로 조사를 하는 것은 온라인에서 정보를 찾는 것보다 더 효율적일 수 있다.**

④ 라디오를 들으면서 신문을 읽는 것이 더 낫다.

[26-27] 다음 지문을 듣고 문제에 대한 알맞은 답을 고르시오.

W: What's your advice if you want to stand out as a leader?

M: Great question. It's often easy to spot an inexperienced leader. If you see someone raising his voice at employees or someone who can't admit when he's wrong, that person is just starting out.

W: Right. So what does a good leader look like?

M: If you want to stand out as a leader, a great place to start is by listening. A company's best assets are its people, and if you are ready to help your team achieve its goals, you have to pay attention to what your employees are saying.

W: Thanks for the advice. I should probably spend more time with my employees.

여: 만약 리더로서 돋보이고 싶은 경우, 당신의 조언은 무엇입니까?

남: 훌륭한 질문입니다. 대개 경험이 없는 리더를 알아채는 것은 쉽습니다. 만약 어떤 사람이 직원들에게 언성을 높이는 것을 보거나 자신이 틀렸다는 것을 인정하지 못하는 사람을 본다면, 그 사람은 막 시작 단계에 있는 사람입니다.

여: 그렇군요. 그러면 좋은 리더는 어떤 모습입니까?

남: 만약 리더로서 돋보이고 싶다면, 가장 좋은 출발점은 듣는 것을 통해서입니다. 회사의 최고 자산은 회사의 사람들이고, 팀 목표를 성취하도록 도울 준비가 되어 있다면, 직원들이 말하는 것에 주의를 기울여야 합니다.

여: 조언 감사합니다. 아무래도 제 직원들과 더 많은 시간을 가져야할 것 같네요.

26. What is the likely relationship between the woman and man?

① Publicist and author

② Boss and employee

③ Mother and son

④ **Two business owners**

27. What is the main idea of the man's advice?

① Spend time on professional development.

② Have your employees work in teams instead of alone.

③ Try to build a closer relationship with your manager.

④ **Listen to the people who work for you.**

26. 여자와 남자는 어떤 관계이겠는가?

① 홍보 담당자와 작가

② 상사와 직원

③ 어머니와 아들

④ 두 명의 경영주

27. 남자의 조언의 요지는 무엇인가?

① 직업적 발전에 시간을 들여라.

② 직원들이 혼자가 아닌 팀으로 일할 수 있게 해라.

③ 당신의 매니저와 더 가까운 관계를 구축하도록 노력하라.

④ 당신을 위해 일하는 사람들에게 귀 기울여라.

문제풀이 26. 남자는 여자에게 좋은 리더가 되기 위해 필요한 점을 조언하고 있고, 여자가 '제 직원들과 더 많은 시간을 가져야할 것 같네요'라고 언급한 것으로 보아 이들은 둘 다 경영주로서 조언을 주고받고 있는 것으로 보는 것이 적절하다.
27. 남자는 직원들이 가장 큰 자산이므로, 좋은 리더가 되려면 그들이 말하는 것에 주의를 기울이라고 충고하고 있다.

정답 26. ④ 27. ④

[28-29] 다음 지문을 듣고 문제에 대한 알맞은 답을 고르시오.

W: Hey, John. You look upset. Is everything okay?

M: Not really. I'm so annoyed at Kathleen! Every time I try to share my ideas in our meetings, she cuts me off. It's so rude! Why do I have to attend the meetings if I can't even get a word in?

W: Try not to let it bother you. Kathleen is new in her management position, and I think she's just acting that way because she's not totally competent at her job. Don't take it personally.

M: That's easier said than done. Every time she interjects while I'm talking, I get so angry inside.

W: The best thing you can do is to remain calm. If you let her see that she's annoying you when she won't let you get your words out, it will just cause more problems. So try to remain calm, and do the opposite of what she does.

여: 이봐요, John. 당신 화가 나 보여요. 괜찮은 거예요?

남: 별로 괜찮지 않아요. Kathleen 때문에 너무 짜증이 나요! 회의에서 내 생각들을 공유하려고 할 때마다, 그녀가 내 말을 잘라버려요. 너무 무례하다고요! 만약 내가 한 마디도 말을 못한다면 회의에 뭐 하러 참석을 해야 해요?

여: 신경 쓰지 않도록 해 봐요. Kathleen은 관리 직책이 처음이고, 자신의 직무에 완전히 능숙해지지 않았기 때문에 그냥 그렇게 행동하는 것 같아요. 개인적으로 받아들이지 말아요.

남: 말이 쉽죠. 내가 말하는 중간에 그녀가 끼어들 때마다, 속에서 정말 불이 난다구요.

여: 당신이 할 수 있는 최선은 침착하게 있는 거예요. 만약 그녀가 당신 말을 막을 때 당신을 짜증나게 한다는 것을 알아챈다면, 더 많은 문제들을 일으킬 거예요. 그러니 침착하게 있으려 노력하고, 그녀가 하는 것의 정반대로 행동하세요.

28. Why is the man frustrated at Kathleen?

① She is too personable.

② She interrupts him.

③ She doesn't allow him in the meetings.

④ She speaks too quickly.

28. 남자가 Kathleen에게 짜증이 난 이유는 무엇인가?

① 너무 매력적이다.

② 그의 말을 끊는다.

③ 그가 회의에 못 오게 한다.

④ 너무 빨리 말한다.

29. What is the woman's advice to the man?

① Mirror Kathleen's behavior.

② Don't show your emotions outwardly.

③ Talk to Kathleen's manager about the problem.

④ Don't make a habit of socializing at work.

29. 남자에게 해 준 여자의 조언은 무엇인가?

① Kathleen의 행동을 그대로 따라하라.

② 감정을 밖으로 보이지 않도록 하라.

③ Kathleen의 매니저에게 문제에 대해 얘기하라.

④ 직장에서 사람과 어울리는 습관을 갖지 말라.

어휘 socialize 사귀다, 어울리다 make a habit of *doing* ~하는 버릇[습관]을 들이다

문제풀이 28. 남자는 회의에서 자신이 의견을 얘기할 때마다 도중에 말을 끊는 Kathleen 때문에 짜증이 나 있다.
29. 여자는 Kathleen이 자기 때문에 남자가 짜증을 낸다는 사실을 알면 더 많은 문제들이 생길 것이므로 차분히 있을 것을 조언하였다.

정답 28. ② 29. ②

[30] 다음 지문을 듣고 문제에 대한 알맞은 답을 고르시오.

M: Hi, Teresa. Did you hear about the barbecue at the boss's house this weekend to celebrate his daughter's high school graduation?

W: Um, I don't think so. I guess I wasn't invited.

M: Nonsense! Everyone's invited.

W: Well, I didn't get an invitation.

M: He didn't send out invitations. His secretary sent out a text message to everyone in the office about an hour ago. Have you checked your phone lately?

W: Oh, I left my phone in the car after lunch.

M: Well, when you check your phone I'm sure you'll find that you were invited. It's on Saturday at 3 p.m., and it's a potluck. You should bring those amazing chocolate cookies you made for the holiday party last year.

W: Okay, that's easy enough. And what about presents? How much do you think we're expected to spend on the boss's daughter?

M: Oh, he said not to worry about that. Our presence is present enough.

W: Haha, that's cute. Okay, see you on Saturday.

남: 안녕, Teresa. 이번 주말 상사님 댁에서 열리는 따님의 고등학교 졸업을 축하하는 바비큐 파티 소식 들었어요?

여: 음, 아니요. 저는 초대받지 못한 것 같아요.

남: 말도 안돼요! 모든 사람들이 초대 받았어요.

여: 글쎄요, 전 초대장을 받지 못했는데요.

남: 그는 초대장을 보내지 않았어요. 그의 비서가 약 한 시간 전에 사무실의 모든 사람들에게 문자 메시지를 보냈어요. 최근에 전화기 확인했어요?

여: 아, 점심시간 후에 전화기를 차에 두고 왔어요.

남: 전화기를 체크해 보면 당신도 초대받았다는 것을 알 수 있을 거예요. 토요일 오후 3시, 포트럭이에요. 작년 휴가 파티 때 당신이 만들었던 그 환상적인 초콜릿 쿠키들을 가져와야 해요.

여: 그래요, 그건 꽤 쉬우니까요. 선물은 어떻게 하나요? 상사님의 딸을 위해 우리가 얼마를 쓰는 게 적당할까요?

남: 아, 그는 그것에 대해서는 걱정하지 말라고 말했어요. 우리가 참석해주는 것이 충분한 선물이라고요.

여: 하하, 귀엽네요. 좋아요, 그럼 토요일에 봐요.

30. Which of the following is true about the speakers?

① Only one received an invitation to the party.

② They are expected to bring a gift to the party.

③ They are used to working on Saturdays.

④ **Each should bring some food to the party.**

30. 다음 중 화자들에 대한 내용으로 사실인 것은?

① 한 명만 파티에 초대를 받았다.

② 파티에 선물을 가져가야 한다.

③ 그들은 토요일에 일하는 것에 익숙하다.

④ 파티에 각자 조금씩 음식을 가져 와야 한다.

어휘 potluck 포트럭(참가자가 조금씩 음식을 갖고 와서 함께하는 식사)

문제풀이 남자는 토요일에 있을 파티가 potluck 형식일 것이라고 언급했으므로 ④가 적절하다. 직원이 모두 초대를 받았기 때문에 ①은 오답이고, 상사는 선물에 대해서는 걱정하지 말라고 했으므로 ②도 오답이다. 토요일에는 파티가 있을 뿐 ③과 같은 내용은 언급된 바가 없으므로 역시 오답이다.

정답 ④

31~50

● 본문 p.74

[31] 다음 지문을 듣고 문제에 대한 알맞은 답을 고르시오.

Voice 1: You have one new message.

(Beep)

Voice 2 (Male): Hello, this is Frank Jenkins from Dr. Bonner's office. We've got you down to see the doctor tomorrow afternoon at 2:15 p.m. and just wanted to make sure you'll be coming in to see us then. If you need to change the time or cancel for any reason, please give us a call back before tomorrow morning.

Voice 1: Monday 1:47 p.m.

(Beep)

Voice 1: End of messages.

31. What is the reason for the call?

① To inform about a cancellation

② To changing the meeting time

③ To confirm an appointment

④ To request a service call

문제풀이 내일 오후에 예정되어 있는 약속을 확인하는 전화이다.

정답 ③

[31]

목소리 1: 새로운 메시지가 한 개 있습니다.

목소리 2 (남자): 안녕하세요, 저는 Bonner 박사님 사무실의 Frank Jenkins라고 합니다. 내일 오후 2시 15분에 박사님을 만나시기로 약속이 되어 있는데 그 시간에 오실 수 있는지 확인 전화 드렸습니다. 만약 어떤 이유로든 시간을 변경하거나 약속을 취소하셔야 하면 내일 아침 이전에 저희에게 다시 전화 주시기 바랍니다.

목소리 1: 월요일 오후 1시 47분

목소리 1: 메시지 종료

31. 전화를 한 이유는 무엇인가?

① 취소를 통보하기 위해

② 약속 시간을 변경하기 위해

③ 약속을 확인하기 위해

④ 수리 서비스를 요청하기 위해

[32] 다음 지문을 듣고 문제에 대한 알맞은 답을 고르시오.

Voice 1: You have one new message.

(Beep)

Voice 2 (Male): Hello, Brenda. This is Mason Gates. One of my clients emailed me a complaint today. She said that she'd like to submit another proposal based on the feedback I gave her, but I didn't think we were supposed to accept second proposals from clients who didn't comply with our original requests. If something has changed in the way we are supposed to handle these requests, please let me know.

Voice 1: Thursday, 3:10 p.m.

(Beep)

Voice 1: End of messages.

32. What is the purpose of the call?

① To cancel the client's proposal

② To inquire about a procedural change

③ To ask for a change in clientele

④ To request a meeting to discuss an issue

문제풀이 제안서 제출을 받는 절차에 있어 자신이 모르는 변경사항이 있는지를 문의하는 전화이다.

정답 ②

목소리 1: 새로운 메시지가 한 개 있습니다.

목소리 2 (남자): 안녕하세요, Brenda. Mason Gates입니다. 오늘 고객 중 한 명이 이메일로 항의를 해 왔어요. 그녀는 내가 준 피드백을 바탕으로 다른 제안서를 제출하고 싶다고 하는데, 저는 우리의 원래 요구사항을 준수하지 않은 고객들로부터 두 번째 제안서를 받으면 안 된다고 생각했거든요. 만약 우리가 이와 같은 요구사항을 처리하는 방식에 있어 변경사항이 있다면 제게 알려주세요.

목소리 1: 목요일 오후 3시 10분

목소리 1: 메시지 종료

32. 전화의 목적은 무엇인가?

① 고객의 제안서를 취소하기 위해

② 절차의 변경에 대해 물어보기 위해

③ 고객 변경을 부탁하기 위해

④ 문제를 논의하기 위한 회의를 요청하기 위해

[33-34] 다음 지문을 듣고 문제에 대한 알맞은 답을 고르시오.

M: This is Mr. Gary Hancock, and I am speaking to you today as the Australian Government Minister for Immigration and Border Protection. My recommendation to anyone thinking about hopping on a boat illegally headed for Australia is straightforward: don't do it. Australia has put into place strict measures to prevent people from entering our country illegally by boat. If you try, we will find you and catch you. We will turn you back in the water, and if you make it to land, you will not get to stay and live in our country. We will quickly cart you off to jail where you will stay for at least two months before being returned to your country. I will make it my personal goal to see that you will not get what you want.

33. Who is the intended audience for this announcement?

① Native Australians

② Immigrants in Australia

③ **Non-Australians in other countries**

④ Government border patrol enforcers

34. Which of the following punishments was mentioned?

① Boat seizure

② **Deportation**

③ Permanent imprisonment

④ Cancellation of citizenship

어휘 immigration 이민 border 국경 hop (교통수단 등에) 타다, 오르다 straightforward 간단한 cart off 운반하다, 수송하다

문제풀이 33. 호주로의 불법 이민을 고려하고 있는 사람들에게 경고의 메시지를 보내는 내용이다.
34. 불법 입국 시 발견되면 최소 2개월 동안 구금 후 자신의 나라로 돌려 보낼 것이라고 했다.

정답 33. ③ 34. ②

남: 나는 Gray Hancock이고, 오늘 여러분께 호주 정부의 이민 및 국경 수비 장관으로서 말씀드립니다. 호주를 향해 불법으로 보트에 오를 생각을 하고 있는 모든 사람들에 대한 나의 충고는 간단합니다: 하지 마십시오. 호주는 사람들이 우리나라에 보트를 통해 불법 입국하는 것을 막기 위한 엄격한 조치들을 단행했습니다. 만약 당신이 시도를 한다면, 우리는 당신을 찾아 잡아 낼 것입니다. 우리는 다시 당신을 물로 돌려 보낼 것이고, 당신이 설령 육지에 도달한다고 해도 우리 나라에서 지내거나 살 수 없을 것입니다. 우리는 당신이 본국으로 되돌려 보내지기 전 최소 2개월 동안 지내게 될 교도소로 당신을 신속히 이송할 것입니다. 나는 당신이 원하는 것을 얻지 못하도록 하는 것을 내 개인적인 목표로 삼을 것입니다.

33. 이 발표가 대상으로 하는 청중은 누구인가?

① 호주 원주민

② 호주의 이민자들

③ 다른 국가들의 비 호주인들

④ 정부 국경 감시관들

34. 다음 중 처벌로 언급된 것은?

① 보트 몰수

② 추방

③ 무기 징역

④ 시민권 취소

[35-36] 다음 지문을 듣고 문제에 대한 알맞은 답을 고르시오.

M: Although you might not have recognized it, it is likely that your baby prefers a particular race when choosing who they play with, but that doesn't mean your kid is racist. Researchers started noticing this tendency while studying how babies decide what is fair in their world. They saw that babies more often helped others who looked similar or were of their own race. They also observed that babies would accept inequality if the person who benefitted from the unfairness had similar characteristics to them. Scientists already knew that by kindergarten, kids demonstrate in-group bias according to race, but this manifestation in infants had not yet been verified. Thus, the scientists created an experiment to examine the effect race and fairness have on who babies choose as playmates. The study showed that babies may not fully grasp who they are, but when exposed to various groups of people, they can detect where they belong.

35. Where would you likely hear this talk?

① In a baby store

② In a university advertisement

③ On a radio show designed for kids

④ **On a documentary TV program**

36. What is implied in the talk?

① Babies are innately racist.

② Babies are upset by inequality.

③ Infants are prejudiced toward older children.

④ **Infants can tell which group they are most like.**

어휘 recognize 알아채다 race 인종 racist 인종차별주의자 tendency 경향 inequality 불평등 benefit 이득을 얻다 unfairness 불공정함 characteristic 특징, 특질 playmate 놀이 상대 expose 노출하다, 드러내다 detect 감지하다, 알아내다

문제풀이 35. 아기들이 자기와 비슷하게 생기거나 동일한 인종인 사람들에게 보이는 경향성에 관한 연구 내용을 전달하고 있으므로 다큐멘터리 TV 프로그램이 가장 적절하다.

36. 아기들은 자신들과 비슷하게 생기거나 동일 인종인 경우에 더 자주 도와주고, 자신이 누구인지 완전히 파악하지 못하는 경우에도 자기가 어떠한 그룹에 속하는지를 감지할 수 있다고 했으므로 어떤 집단이 자기와 가장 비슷한지 판단할 수 있다는 사실을 함축한다고 볼 수 있다.

정답 35. ④ 36. ④

남: 당신은 알아채지 못했을 수 있지만, 당신의 아기는 같이 놀 사람을 고를 때 특정한 인종을 선호할 가능성이 높은데, 그렇다고 이것이 당신의 아이가 인종차별주의자라는 뜻은 아닙니다. 연구자들은 아기들이 자신의 세계에서 무엇이 공정한지 결정하는 방식에 대해 연구하는 도중 이러한 경향을 알게 되었습니다. 그들은 아기들이 자신들과 비슷하게 생기거나 자신과 동일한 인종의 사람들을 더 자주 도와주는 것을 목격하였습니다. 또한 그들은 아기들이 부당한 행위로 이득을 본 사람이 자신과 비슷한 특징들을 갖고 있다면 불평등을 용인한다는 것도 관찰하였습니다. 과학자들은 아이들이 유치원에 다니게 될 쯤 인종에 따른 집단 내 편향성을 보인다는 사실은 이미 알고 있었지만, 유아에 있어 이 같은 현상은 전에 검증된 바가 없었습니다. 따라서 과학자들은 아기들이 누구를 놀이 상대로 결정하는지에 대해 인종과 공정성이 미치는 효과를 살펴볼 수 있는 실험을 고안하였습니다. 이 연구는 아기들이 자신이 누구인지 완전히 파악하고 있지 못할지라도, 다양한 그룹의 사람들에게 노출이 되면 자신이 어디에 속하는지를 감지할 수 있다는 것을 보여주었습니다.

35. 이 이야기를 들을 수 있는 곳은 어디이겠는가?

① 아기 용품점

② 대학 광고

③ 아이들을 위해 만들어진 라디오 프로그램

④ **다큐멘터리 TV 프로그램**

36. 이 이야기가 함축하고 있는 내용은?

① 아기들은 선천적으로 인종차별주의자이다.

② 아기들은 불평등에 대해 분노한다.

③ 유아들은 나이 많은 아이들에 대해 편파적이다.

④ **유아들은 어떤 집단이 자기와 가장 비슷한지 판단할 수 있다.**

[37-38] 다음 지문을 듣고 문제에 대한 알맞은 답을 고르시오.

W: It was not so long ago that Americans could exist in their own bubble and act as if soccer, the world's favorite sport, did not exist. However, that time seems to have gone by the wayside. These days, fan interest is booming, and soccer is now rather common in the American sporting realm. While it used to be big everywhere but in America, now it is also big here. Now, soccer is a topic of conversation that cannot be ignored any longer. This is even apparent in creative circles, where the game's beauty has made it the new basketball because of its European magnetism and fashionableness. We no longer live in a time when you can make fun of David Beckham's newest look and be done with the conversation. Nowadays, intelligent people are expected to know what is going on in the world of soccer.

37. What is an appropriate title for the talk?

① The David Beckham Effect

② In America, Ignorance is Bliss

③ **Europe's Game, Now Ours**

④ Soccer for Creative People

38. Which of the following is implied by the speaker?

① Americans are the biggest soccer fans of all.

② Intelligent Americans are not concerned with soccer.

③ **Soccer was not traditionally a popular American topic.**

④ More people care about Beckham's hair than about soccer.

어휘 go by the wayside 그만두다, 지나가다 boom 호황을 누리다, 급성장하다 realm 영역, 범위 magnetism 자성, 매력 fashionableness 유행, 멋 be done with 끝내다, 그만 두다 make fun of 비웃다, 놀리다 look 외모, 표정, 스타일

문제풀이 37. 축구가 마치 존재하지 않는 것처럼 여겨졌던 예전과는 달리 미국 내에서도 축구가 일반적이고, 인기 있는 스포츠로 자리 잡게 되었다는 요지의 이야기이므로 ③이 제목으로 가장 적절하다.

38. 축구가 더 이상 무시될 수 없는 주제이며, 예전에는 데이비드 베컴의 스타일을 비웃으며 대화가 끝나버렸지만 지금은 그런 시대가 아니라는 내용 등을 통해 미국에서는 축구가 전통적으로 인기 있는 주제가 아니었다는 사실을 알 수 있다.

정답 37. ③ 38. ③

여: 미국인들이 자신들만의 공간 안에 존재하면서 세계가 가장 좋아하는 스포츠인 축구가 마치 존재하지 않는 것처럼 행동할 수 있었던 것은 그리 오래 전 일이 아닙니다. 그러나 그런 시대는 지나간 것 같습니다. 요즘에는, 팬들의 관심이 급성장하고 있고, 축구는 이제 미국 스포츠 영역에서 상당히 일반적인 것이 되었습니다. 예전에는 축구가 미국을 제외한 모든 곳에서 대단한 것이었지만, 이제는 이곳에서도 대단한 것이 되었습니다. 이제 축구는 더 이상 무시될 수 없는 대화 주제입니다. 이는 축구의 유럽적 매력과 멋 때문에 축구 게임의 아름다움이 축구를 새로운 농구와 같은 존재로 만든 취미 집단들에서도 여실히 드러납니다. 우리는 더 이상 데이비드 베컴의 최신 스타일을 비웃는 것으로 대화가 끝나버리는 시대에 살고 있지 않습니다. 오늘날에는, 지식 있는 사람들이라면 축구 세계에서 무슨 일이 벌어지고 있는지는 알고 있어야 하는 것으로 생각됩니다.

37. 이 이야기의 제목으로 알맞은 것은 무엇인가?

① 데이비드 베컴 효과

② 미국에서는, 무지가 은총이다

③ **유럽의 게임, 이제는 우리의 것**

④ 창조적인 사람들을 위한 축구

38. 다음 중 화자가 함축하고 있는 내용은?

① 미국인들은 가장 열렬한 축구 팬들이다.

② 지식 있는 미국인들은 축구에 관심이 없다.

③ **축구는 미국에서 전통적으로 인기 있는 주제가 아니었다.**

④ 축구보다 베컴의 머리에 관심을 가지는 사람들이 더 많다.

[39-40] 다음 지문을 듣고 문제에 대한 알맞은 답을 고르시오.

M: If you're a big cheese lover but also are lactose intolerant, you may find it frustrating when you want to eat a treat. But having a dairy sensitivity due to lactose intolerance doesn't mean you have to totally stay away from cheese and other dairy products. There's actually a simple way to determine which cheeses have low lactose levels by checking the nutrition label. Lactose is the sugar that's found in milk, so the less sugar in the cheese, the better. When picking out your next block of cheese, instead of younger cheeses, opt for aged cheeses. Another tip is to look for cheeses with a high fat content because they will usually have lower lactose levels. Smile, eat, and say cheese!

39. Who is the intended audience for this talk?

① Dairy farmers who have difficulty making tasty cheese

② Cheese vendors looking to expand their business

③ Cheese fans who are looking to cut down on the fat in their diet

④ **People who want to eat cheese despite their digestive issues**

40. Which of the following cheeses is recommended according to the talk?

① Cheese with high levels of lactose

② Cheese with high levels of sugar

③ **Older cheese that is high in fat**

④ Younger cheese that is low in fat

어휘 lactose intolerant 유당 불내증(유당을 분해하지 못하는 증상) treat 맛있는 것(주로 달콤한 것) dairy 유제품, 낙농 nutrition 영양 opt for 선택하다, 고르다 tip 조언, 팁 content 내용물, 함량

문제풀이 39. 치즈를 좋아하지만 유당 불내증을 가진 사람들에게 어떤 치즈를 골라야 하는지 조언해주는 내용이다.
40. 화자는 유당 불내증이 있는 사람들에게 당분이 낮은 치즈, 만들어진 지 얼마 안 된 치즈보다는 숙성된 치즈, 지방 함유량이 높은 치즈를 추천하고 있다.

정답 39. ④ 40. ③

남: 당신이 치즈를 굉장히 좋아하는데 동시에 유당 불내증을 갖고 있다면, 맛있는 것을 먹고자 할 때 짜증이 나는 경우가 있을 것입니다. 그러나 유당 불내증 유제품에 대한 민감성이 있다고 해서 치즈와 여타 유제품에서 완전히 멀어져야 하는 것을 의미하는 것은 아닙니다. 실제로 어떤 치즈가 낮은 유당 수준을 갖고 있는지 영양 성분 표시를 확인하여 결정하는 간단한 방법이 있습니다. 유당은 우유에 들어 있는 당분이므로, 치즈에 당분이 덜 들어가 있을수록 좋습니다. 다음 번에 치즈 덩어리를 고를 때는, 만들어진 지 얼마 안 된 치즈 대신 숙성된 치즈를 선택하십시오. 또 하나의 조언은 지방 함량이 높은 치즈를 고르는 것인데, 보통 더 낮은 유당 수준을 함유하고 있기 때문입니다. 웃고, 먹고, 그리고 치즈라고 외치세요!

39. 이 이야기가 대상으로 하는 청중은 누구인가?

① 맛있는 치즈를 만드는 데 어려움을 겪고 있는 낙농업자

② 사업을 확장하고자 하는 치즈 판매자

③ 지방 섭취를 줄이고자 하는 치즈 애호가들

④ **소화 문제에도 불구하고 치즈를 먹기 원하는 사람들**

40. 이야기에서는 어떤 종류의 치즈가 추천되고 있는가?

① 높은 수준의 유당을 함유한 치즈

② 높은 수준의 당을 함유한 치즈

③ **지방 함유가 높은 숙성된 치즈**

④ 지방 함유가 낮은 만들어진 지 얼마 안 된 치즈

[41-42] 다음 지문을 듣고 문제에 대한 알맞은 답을 고르시오.

W: To get into a blissful relaxed state, it's important to listen to the right kind of music. Psychological research has found that a particular type of music is scientifically proven to be relaxing. In terms of the beat, find music that has 90 beats per minute–not too fast and not too slow. The best time signature is a 4/4 beat, and the most relaxing instruments to listen to are piano and strings. If you can find musical pieces where the notes move from low to high, that will put you in an even better position to fall asleep quickly. While this may not work for everyone, it's definitely worth giving a shot if you have difficulty getting to sleep at night.

여: 행복한 이완 상태로 들어가기 위해서는 적절한 종류의 음악을 듣는 것이 중요합니다. 심리학 연구에 의하면 특정한 종류의 음악이 편안함을 준다는 것이 과학적으로도 증명되었다고 합니다. 박자에 있어서는 너무 빠르지도 너무 느리지도 않은 1분에 90 박자의 음악을 찾아보십시오. 가장 좋은 박자표는 4/4 박자이며, 듣기에 가장 편한 악기는 피아노와 현악기입니다. 만약 낮은 음에서 높은 음으로 진행하는 곡을 찾을 수 있다면, 당신이 빨리 잠드는 데 더 유리할 것입니다. 이것이 모든 사람에게 효과가 있지는 않을지라도, 당신이 밤에 잠드는 데 어려움을 겪고 있다면 정말로 시도해 볼 만한 가치가 있습니다.

41. What symptom is the presenter giving advice for?

① **Difficulty falling asleep**

② Having nightmares at night

③ Feeling jittery in the daytime

④ Inability to wake up on time

41. 발표자는 어떤 증상에 대한 조언을 주고 있는가?

① **잠드는 것이 어려움**

② 밤에 악몽을 꿈

③ 낮에 초조함을 느낌

④ 제 시간에 일어날 수가 없음

42. What kind of music would the speaker recommend?

① Music with violins and trumpets

② Repetitive music with a slow beat

③ Music with an uneven number of beats

④ **Music with piano ending in high tones**

42. 화자는 어떤 음악을 추천하겠는가?

① 바이올린과 트럼펫 음악

② 느린 박자의 반복적인 음악

③ 홀수로 된 박자의 음악

④ **높은 음들로 끝나는 피아노 음악**

어휘 blissful 행복한, 즐거운 relaxed 이완된, 편안한 state 상태, 사정 psychological 심리학의 particular 특정한 beat 박자 time signature 박자표, 박자 기호 instrument 악기 note 음, 음표 give a shot 시도해 보다

문제풀이 41. 'it's definitely worth giving a shot if you have difficulty getting to sleep at night.'와 같은 내용으로 보아 화자가 조언을 해 주고 있는 대상은 잠이 드는 데 어려움을 겪고 있는 사람들이라는 것을 알 수 있다.
42. 낮은 음에서 높은 음으로 끝나는 음악이 쉽게 잠드는 데 유리하다고 했고, 듣기에 가장 편안한 악기는 피아노와 현악기라고 언급했으므로 화자가 추천할 만한 음악으로는 ④ '높은 음들로 끝나는 피아노 음악'이 가장 적절하다.

정답 41. ① 42. ④

[43-44] 다음 지문을 듣고 문제에 대한 알맞은 답을 고르시오.

M: Studying abroad can change your life and enrich your worldview. It's great to get out of your comfort zone and into a learning environment that includes new surroundings and cultural exchange. And expanding your perspective can be a wonderful experience. But that experience can also be really expensive, and careful planning is vital to avoid running out of money or making bad financial decisions after your journey has begun, or worse, having to return home because of poor financial planning. When traveling abroad, housing is usually the biggest expense, especially if you can't find a volunteer host family. And transportation to the host country is often nearly as expensive as housing. Flights can cost thousands of dollars to remote locations. Also, don't assume that your food budget will be similar to what it costs you at home. Food prices can be much higher abroad, whether in European cities like Berlin, or densely populated cities like Singapore.

남: 외국에서 공부하는 것은 당신의 삶을 변화시키고 세계관을 풍요롭게 해줄 수 있습니다. 안락한 세계에서 벗어나 새로운 환경과 문화 교류를 포함하는 배움의 환경으로 들어가는 것은 훌륭한 일입니다. 또한 관점을 확장시키는 것은 멋진 경험이 될 수 있습니다. 그러나 동시에 그 경험은 매우 비싼 것이 될 수도 있는데, 돈이 떨어지거나 또는 여정이 시작된 후 잘못된 재정적 결정을 하거나, 더 심한 경우 빈약한 재정 계획으로 인해 집으로 돌아와야 하는 것을 피하기 위해서는 세심한 계획을 세우는 것이 필수적입니다. 외국을 여행할 때는 보통 주거에 가장 큰 비용이 드는데, 특히 자발적인 홈스테이 가정을 찾지 못할 경우에 그러합니다. 또한 현지 국가로 가는 교통편은 보통 주거비용에 육박할 정도로 비쌉니다. 외진 곳으로 가는 항공편은 수천 달러가 들기도 합니다. 또한 음식에 드는 예산이 집에서 드는 비용과 비슷할 것이라고 생각하지 마십시오. 베를린 같은 유럽 도시이든, 인구가 밀집된 싱가포르 같은 도시에서든 간에 외국에서의 음식 값은 훨씬 더 비쌀 수 있습니다.

43. Who is likely the audience for the talk?

① **University students**

② Parents of middle school kids

③ Families who will host exchange students

④ High school guidance counselors

43. 이야기가 대상으로 하는 청중은 누구이겠는가?

① **대학생들**

② 중학교 아이들의 부모들

③ 교환 학생을 맞이할 가족들

④ 고등학교 지도 상담사들

44. Which of the following is implied by the speaker?

① Your biggest expense is probably the flight abroad.

② **In many cities, food can cost more than expected.**

③ If you plan poorly, you will go into debt.

④ It's good to volunteer when studying abroad.

44. 다음 중 화자가 함축하고 있는 내용은 무엇인가?

① 아마도 해외 항공편에 가장 큰 비용이 들 것이다.

② **다수의 도시에서, 음식 값이 생각했던 것보다 비쌀 수 있다.**

③ 계획을 잘 세우지 않으면, 빚더미에 앉게 될 것이다.

④ 외국에서 공부하는 동안 자원봉사 활동을 하는 것이 좋다.

어휘 enrich 풍요롭게 하다, 풍성하게 하다 world view 세계관 surrounding 환경, 상황 exchange 교류, 교환 expand 확장하다 perspective 관점, 시각 vital 필수적인 housing 주거, 주택 expense 비용, 돈 volunteer 자발적인 host family 홈스테이 가정(외국인을 받아 숙식을 제공하는 가정) remote 먼, 원거리의 assume 가정하다, 상정하다 budget 예산 densely populated 인구가 밀집된

문제풀이 43. 화자는 외국에서 공부할 계획을 갖고 있는 사람들을 대상으로 재정적인 계획을 세울 때 고려해야 할 점들에 대해 조언하고 있다. 따라서 대상 청중은 대학생들이 가장 적절하다.
44. 외국에서 음식 값이 더 비싼 경우가 많으므로 집에서 드는 비용과 비슷할 것이라고 가정해서는 안 된다고 조언하였다.

정답 43. ① 44. ②

[45] 다음 지문을 듣고 문제에 대한 알맞은 답을 고르시오.

W: It is possible to work from home with a child around, but only under certain conditions. In a nutshell, there are two times in your kids' lives when working from home with them around is virtually stress-free: before they start walking—when they can easily entertain themselves by fidgeting with their fingers—and after they've reached the age when they can comprehend that when you're working at home, you're not really there for them. If your child is good at entertaining himself, it's easy to work from home, but you still might experience guilt when your attention is split between your work life and your parental obligations at home. It can be hard for parents to say, "Sorry, but I'm too busy now" 10 times a day to a pleading child. So even if you're fortunate enough to work from home, it's a good idea to plan on getting help in the form of childcare once your kid is old enough to expect your undivided attention.

45. Which of the following does the speaker imply about working from home?

① **You may sometimes feel like a bad parent.**

② If you work in a separate room you can avoid problems.

③ You'll need a babysitter when the child is a newborn.

④ A good time to do it is when your child becomes a toddler.

어휘 work from home 집에서 일하다, 재택근무를 하다 in a nutshell 간단히 말하면 virtually 사실상, 실제로 stress-free 스트레스 없는 entertain 즐겁게 하다 guilt 죄책감 split 분열된, 나뉜 parental 부모의 obligation 의무 plead 매달리다, 애원하다 childcare 보육, 탁아 undivided 온전한, 완전한

문제풀이 집에서 일을 할 경우 일과 부모로서의 의무가 충돌할 때 죄책감이 들 수도 있다고 하였다.

정답 ①

여: 아이가 옆에 있을 때에도 집에서 업무를 보는 것이 가능하긴 하지만, 그것은 오직 특정한 조건 하에서만 가능합니다. 간단히 말하면, 아이들이 있을 때 집에서 사실상 스트레스 없이 일할 수 있는 시기는 당신 아이들의 삶에서 두 차례가 있습니다: 그들이 자신의 손가락을 꼼지락거리는 것만으로도 혼자서 쉽게 놀 수 있는 시기인 걸음마 시작 전과, 당신이 집에서 일을 할 때는 그들과 놀아줄 수 없다는 것을 이해할 수 있는 나이에 도달한 이후입니다. 만약 당신의 아이가 혼자 잘 논다면 집에서 일을 하는 것이 쉽겠지만, 당신의 일과 집에서 부모로서의 의무 사이에 주의가 분산될 때면 여전히 죄책감이 들 수 있습니다. 매달리는 아이에게 "미안, 지금은 너무 바쁘단다."라고 하루에도 열 번씩 말하는 것은 부모에게 힘든 일입니다. 따라서 당신이 운이 좋아서 집에서 일할 수 있는 여건에 있다고 해도, 아이가 당신의 온전한 관심을 기대할 정도의 나이가 되면 탁아와 같은 형태의 도움을 받는 것을 계획하는 것이 좋습니다.

45. 다음 중 집에서 일하는 것에 대해 화자가 시사하고 있는 내용은?

① **때로 나쁜 부모가 된 것 같은 느낌이 들 수 있다.**

② 다른 방에서 일하면 문제들을 피할 수 있다.

③ 아이가 신생아일 때는 아이를 봐 줄 사람이 필요할 것이다.

④ 집에서 일하기 좋을 때는 아이가 걷기 시작할 때이다.

[46-47] 다음 지문을 듣고 문제에 대한 알맞은 답을 고르시오.

M: Many of you will be taking your weeks of vacation in the next few summer months, and while you may be focused on getting away from work, vacation can be a good time to get your personal finances under control. It's never an easy task, but it can be easier if you give it a try when you're taking a break from your normal routine. You may not love the idea of spending your time away from the office on productive things, but vacation is actually a smart time to work on your financial future. In fact, starting new and healthy financial habits during your vacation can not only help you get out of your old ones but also help you feel better as well. If you need tips on how to get started, pick up a pamphlet in the snack room or stop by my office any time.

남: 여러분들 중 다수가 다음 몇 개월의 여름 기간 동안 여러 주에 걸쳐 휴가를 가게 될 것입니다. 당신은 일에서 벗어나는 것에 중점을 둘 수도 있지만, 휴가 기간은 당신의 개인 재무를 관리하기에 좋은 시기가 될 수 있습니다. 이는 절대 쉬운 일은 아니지만, 평소 일과에서 벗어나 휴식을 취하는 동안 시도해 본다면 더 쉬울 수도 있습니다. 사무실에서 벗어나서까지 생산적인 일에 시간을 써야한다는 것이 내키지 않을 수도 있지만, 휴가 기간은 실제로 경제적 미래에 대한 계획을 세우기에 좋은 시기입니다. 사실, 휴가 동안에 새롭고 건강한 경제적 습관을 시작하는 것은 당신이 오래된 습관에서 벗어나는 것을 도와줄 뿐 아니라 기분을 더 좋게 만들어 주기도 합니다. 어디서부터 시작해야 할지 조언이 필요하다면, 간식실에 있는 소책자를 가져가거나 언제든 제 사무실에 들르십시오.

46. What is likely the relationship between the speaker and the audience?

① Travel agent - Clients

② **Manager - Workers**

③ Professor - Students

④ Conference organizer - Speakers

46. 화자와 청중의 관계로 적절한 것은?

① 여행사 직원 - 고객

② 간부 - 직원

③ 교수 - 학생

④ 회의 기획자 - 연사

47. Which of the following can be inferred about vacation?

① It's the best time to get caught up on work.

② **It's a good time to evaluate your finances.**

③ It's a smart time to plan your next vacation.

④ It's a convenient time to rethink your career.

47. 다음 중 휴가에 관하여 추론할 수 있는 내용은?

① 일에 치이기 가장 좋은 때이다.

② 재무를 검토하기 좋은 때이다.

③ 다음 휴가를 계획하기 적절한 때이다.

④ 직업에 대해 다시 생각해 보기 편리한 때이다.

어휘 finance 재정, 재무 under control 관리되는, 통제되는 give a try 해보다, 시도하다 routine 일상, 일과 pamphlet 소책자, 팸플릿 stop by 들르다 get caught up 휘말리다, 치이다 evaluate 평가하다, 검토하다

문제풀이 46. 화자는 청중들이 휴가 기간 동안 개인 재무 관리를 할 것을 조언하며, 조언이 필요할 경우 자기 사무실에 들르라고 했으므로 화자는 회사의 간부이고, 청중들은 회사의 직원일 가능성이 크다.
47. 화자는 휴가 기간이 재무 관리를 하는 데 적기라고 주장하고 있다.

정답 46. ② 47. ②

[48-49] 다음 지문을 듣고 문제에 대한 알맞은 답을 고르시오.

W: It's no surprise that one of the greatest difficulties for small business owners and entrepreneurs is securing the funds necessary to launch and continue expanding their businesses. With three decades of experience as a social entrepreneur, angel investor and venture capitalist, I've personally lived through the highs and lows of business funding, and through trial and error I have learned what investors want to see before they will hand over their money. For instance, when you're in the idea stage, you should use your own financial resources. If you don't have your own savings or credit cards for this, consider asking family or friends to invest in your company. If you've exhausted your personal sources, then why not try crowdfunding? This opens you up to a bigger collective of small investors. It's got fewer restrictions and is great if you're in the early stages of a venture, particularly if your family can't invest or you can't qualify for a bank loan.

48. Who is the speaker probably talking to?

① Well established business owners

② Angel investors or venture capitalists

③ University students majoring in finance

④ Small business owners looking to expand

49. Which is the recommended order for getting funding according to the speaker?

① Get a loan from your friends before using your credit cards

② Get a bank loan before trying crowdfunding

③ Try crowdfunding before asking family for money

④ Try getting angel investors before using your own savings

어휘 entrepreneur 기업가 secure 확보하다 launch 개시, 착수하다 decade 10년 angel investor 엔젤 투자자(자금이 부족한 초기 벤처 기업 등에 자금을 지원해주는 투자자) trial and error 시행착오 hand over 건네주다 savings 저축, 예금 exhaust 소진하다, 다 써버리다 crowdfunding 크라우드 펀딩(자금을 필요로 하는 사업자가 온라인 등을 통해 다수의 소액 투자자들로부터 자금을 모으는 방식) collective 집단의, 집합적인 restriction 제약, 제한 loan 융자, 대출

문제풀이 48. 화자는 사업 착수 및 확장을 위해 자금을 확보해야 하는 소규모 사업자들이 자금 마련을 위해 어떤 방법을 시도할 수 있는지 알려주고 있다.
49. 화자가 언급한 자금을 확보하는 순서는 자신의 예금 또는 신용카드, 가족 및 친구들로부터의 투자, 그 다음 크라우드 펀딩 순이다. 특히 크라우드 펀딩은 가족의 투자를 받을 수 없거나 은행 대출 자격이 되지 않을 경우 시도할 수 있는 방법이라고 했으므로 정답은 ②이다.

정답 48. ④ 49. ②

여: 소규모 사업주들과 기업가들에게 있어 가장 큰 어려움 중 하나가 사업에 착수하고 확장을 계속하는 데 드는 자금을 확보하는 것이라는 사실은 놀랍지 않습니다. 사회적 기업가, 엔젤 투자자, 벤처 자본가로 30년간의 경험을 쌓으면서, 저는 개인적으로 사업 자금의 기복을 경험했고, 시행착오를 거쳐 투자가들이 자신의 돈을 건네주기 전에 무엇을 보고 싶어하는지를 알게 되었습니다. 예를 들어, 당신이 아이디어 단계에 있다면 당신 자신의 재정적 자원을 사용해야 합니다. 만약 예금이나 신용카드가 없다면 가족이나 친구들에게 당신의 회사에 투자를 요청할 것을 고려해 보십시오. 만약 개인적 자원도 다 써버렸다면, 크라우드 펀딩을 해 보는 것은 어떻습니까? 이는 소액 투자자들로 이루어진 더 큰 집단에 당신을 연결시켜줄 수 있습니다. 제약도 덜하고, 당신이 벤처 초기 단계에 있는 경우, 특히 당신의 가족이 투자를 해줄 수 없거나 당신이 은행 대출 자격이 되지 않는 경우에 좋습니다.

48. 화자가 얘기하고 있는 대상은 누구이겠는가?

① 자리를 확실히 잡은 사업주들

② 엔젤 투자자나 벤처 자본가들

③ 재무를 전공하는 대학생들

④ 확장을 고려하고 있는 소규모 사업주들

49. 화자에 따르면 자금을 확보하는 데 추천되는 순서는?

① 신용카드를 쓰기 전에 친구들로부터 돈을 빌린다.

② 크라우드 펀딩을 시도하기 전 은행 융자를 받는다.

③ 가족에게 자금을 요청하기 전에 크라우드 펀딩을 시도한다.

④ 당신 소유의 저축을 사용하기 전 엔젤 투자자를 구하려 노력한다.

[50] 다음 지문을 듣고 문제에 대한 알맞은 답을 고르시오.

M: We are proud to announce the 2015 Conference of the International Elbow Consortium, hosted by the Department of Kinesiology at the University of Tasmania. Having established the world's foremost kinesiology department, the University of Tasmania has been deeply influential in scientifically defining human movement, and the university continues to be the forerunner in the development of this fascinating discipline. Through pursuing a greater understanding of the cellular and societal implications of nutrition, lifestyle, and physical activity, Tasmania Kinesiology research wants to improve health, prevent illness and injury, and prolong the years of excellent living. Please join us for the conference from June 16-17 on our university campus in Tasmania. We are pleased to announce the two keynote speakers for this event: Dr. Kyle Gilly from the University of Tasmania, and Dr. Mary Jones from Hampton University. For a detailed list of additional speakers, please download the conference proceedings from our website. Conference registration will open in November, and the early registration deadline is February 28. Registration closes May 31.

50. Which topic is likely to be discussed at the conference?

① Extinct animals: how their elbows differed from now

② Medicinal drugs extracted from the elbows of monkeys

③ **New surgical procedures and their impact on growing societies**

④ How lifestyle is affecting dietary changes in Tasmanian habitats

어휘 announce 공표하다, 선언하다 conference 학술대회, 학회 establish 설립하다, 구축하다 foremost 최초의, 주요한 influential 영향력이 있는 define 정의하다 forerunner 선구자 fascinating 매력적인 discipline 학문, 학과 pursue 추구하다 cellular 세포의 societal 사회적인 implication 영향, 함축 prolong 연장하다 keynote 기조 proceeding 프로시딩(학술발표논문집)

문제풀이 2015 국제 팔꿈치 협회의 학술대회는 Tasmania 대학의 근신경학과 주최로 열리는 학술대회이고, 근신경학 연구는 건강의 향상과 질병과 부상을 예방하며 양질의 삶의 기간을 연장하는 것과 관련이 있으므로 보기 중 학술대회의 주제로 적절한 것은 ③이다.

정답 ③

남: 저희는 Tasmania 대학의 근신경학과 주최로 열리는 2015 국제 팔꿈치 협회의 학술대회를 공표하게 되어 기쁩니다. 세계에서 가장 먼저 근신경학과를 설립한 Tasmania 대학은 인간 운동을 과학적으로 정의하는 데 큰 영향력을 미쳐 왔고, 이 매력적인 학문의 발전에 선구자 역할을 계속하고 있습니다. 영양, 생활 습관, 육체적 활동의 세포 및 사회적 영향에 대한 더 깊은 이해의 추구를 통하여 Tasmania의 근신경학 연구는 건강을 향상시키고, 질병과 부상을 예방하며 양질의 삶의 기간을 연장시키기를 바랍니다. Tasmania에 있는 저희 대학 캠퍼스에서 6월 16-17일에 열리는 학회에 참석해 주십시오. 저희는 이 행사를 위한 두 명의 기조 발표자인 Tasmania 대학의 Kyle Gilly 박사와 Hampton 대학의 Mary Jones 박사를 알려드리게 되어 기쁘게 생각합니다. 그 밖의 발표자들의 자세한 명부를 원하시면 저희 웹사이트에서 학회 프로시딩을 내려 받으시기 바랍니다. 학회 등록은 11월에 시작되고 조기 등록 마감일은 2월 28일입니다. 등록은 5월 31일에 마감됩니다.

50. 학술대회에서 논의될 수 있는 주제로 적절한 것은?

① 멸종 동물들: 그들의 팔꿈치가 현재와 어떻게 다른가

② 원숭이 팔꿈치에서 추출한 의약품

③ **성장하는 사회에 있어 새로운 수술 절차와 그 영향**

④ Tasmania의 거주자들에 있어 삶의 방식이 식습관 변화에 어떤 영향을 미치는가

ACTUAL TEST

001. ②	002. ①	003. ②	004. ①	005. ③	006. ②	007. ①	008. ②	009. ②	010. ③
011. ④	012. ②	013. ③	014. ④	015. ①	016. ④	017. ②	018. ②	019. ③	020. ④
021. ①	022. ④	023. ①	024. ①	025. ④	026. ④	027. ③	028. ③	029. ③	030. ③
031. ③	032. ④	033. ②	034. ③	035. ②	036. ③	037. ②	038. ④	039. ③	040. ④
041. ①	042. ①	043. ④	044. ③	045. ②	046. ④	047. ②	048. ②	049. ③	050. ③
051. ①	052. ③	053. ②	054. ③	055. ②	056. ②	057. ④	058. ④	059. ④	060. ④
061. ①	062. ③	063. ②	064. ②	065. ②	066. ①	067. ④	068. ②	069. ③	070. ③
071. ②	072. ①	073. ③	074. ②	075. ②	076. ③	077. ①	078. ③	079. ③	080. ①
081. ④	082. ②	083. ②	084. ②	085. ④	086. ④	087. ①	088. ③	089. ③	090. ④
091. ②	092. ③	093. ②	094. ③	095. ④	096. ①	097. ②	098. ①	099. ④	100. ②
101. ①	102. ①	103. ③	104. ②	105. ③	106. ④	107. ④	108. ③	109. ②	110. ③
111. ④	112. ①	113. ④	114. ①	115. ③	116. ②	117. ①	118. ②	119. ②	120. ④
121. ①	122. ④	123. ④	124. ②	125. ②	126. ④	127. ②	128. ③	129. ①	130. ③
131. ④	132. ②	133. ①	134. ④	135. ①	136. ③	137. ①	138. ④	139. ②	140. ④

1~10

● 본문 p.82

[1-10] 다음 질문을 듣고 문제에 대한 답을 표시하시오.

1. What did you do last night?

① No, I didn't.

② **Saw a movie.**

③ I'm going home.

문제풀이 'What did you ~?'와 같이 의문사로 시작하는 질문에 대한 답은 yes/no가 될 수 없다. 또한 'last night'은 '어젯밤'으로 과거에 대해 묻고 있으므로 과거시제로 답을 해야 한다.

정답 ②

1. 어제 밤에 무엇을 했나요?

① 아니요, 안 했어요.

② 영화 봤어요.

③ 집에 가고 있어요.

2. What kind of music do you like?

① **Mostly love songs.**

② I'm not a good singer.

③ I try to be as kind as I can.

2. 어떤 종류의 음악을 좋아하나요?

① 주로 사랑노래요.

② 저는 노래를 잘 못해요.

③ 최선을 다해 친절하려고 노력해요.

문제풀이 어떤 종류의 음악을 좋아하는지 물어보았기 때문에 음악의 장르를 언급해주는 것이 적절하다.

정답 ①

3. I just found out I won the lottery!

① I wish I knew!

② **That's so exciting!**

③ Better luck next time!

3. 복권에 당첨된 것을 이제 알았어요!

① 제가 알고 있다면 좋겠네요.

② 정말 흥분되는 일이네요!

③ 다음에는 더 행운이 있길 빌어요!

문제풀이 상대방이 복권에 당첨된 기쁜 상황이므로, 같이 즐거움을 표현해주는 것이 자연스럽다.

정답 ②

4. What time are you coming over?

① **As soon as I can.**

② I'll do what I can.

③ Sometime last Thursday.

4. 몇 시에 들를 예정인가요?

① 가능한 한 빨리요.

② 제가 할 수 있는 일을 할게요.

③ 지난 주 목요일 언젠가.

문제풀이 'what time' 시간을 물었기 때문에 시간과 관련하여 대답을 해야 한다. 현재진행 시제는 가까운 미래를 나타내기 때문에 과거의 시간을 언급한 ③은 답이 될 수 없다.

정답 ①

5.

How often do you exercise?

① I'm waiting for a call.

② I mostly play baseball.

③ **Usually 3 times a week.**

문제풀이 'How often do you ~?' 평소 하는 행동의 빈도를 묻고 있으므로, 정확한 횟수를 언급하는 것이 가장 적절하다.

정답 ③

5. 얼마나 자주 운동하나요?

① 전화를 기다리고 있어요.

② 주로 야구를 해요.

③ **대게 일주일에 3번이요.**

6.

Have you looked in the fridge?

① Yes, I got it from the store.

② **No, I didn't think to do that.**

③ Yes, we should look for a fridge.

문제풀이 냉장고 속을 보았는지를 묻는 것이므로 미처 생각을 못해서 살펴보지 않았다고 대답하는 ②가 가장 적절한 응답이다.

정답 ②

6. 냉장고 안은 살펴보았나요?

① 네, 가게에서 그것을 가져왔어요.

② **아니요, 그렇게 할 생각을 못했어요.**

③ 네, 우리는 냉장고를 찾아야 해요.

7.

He got a promotion, didn't he?

① **That's what I heard.**

② It's time to go to work.

③ He's meeting his friend.

어휘 get a promotion 승진하다

문제풀이 부가의문문을 사용함으로써 승진했다는 소식에 대해 상대방의 확인을 구하고 있는 상황이므로 자신도 그렇게 들었다고 말하는 ①이 자연스럽다.

정답 ①

7. 그는 승진했죠, 그렇죠?

① **저도 그렇게 들었어요.**

② 일하러 가야 할 시간이에요.

③ 그는 친구를 만나고 있어요.

8.

M: What kind of smoothie would you like?

W: I want a fruit smoothie, please.

M: Strawberries and bananas?

W: ______________________________

① No, I'd prefer broccoli and kale.

② Yes, and add some peaches, please.

③ Yes, bananas are smoother than berries.

문제풀이 남자가 여자에게 어떤 음료수를 마실지 의견을 묻고 있다. 여자가 1차적으로 과일 스무디가 좋다고 대답하였기 때문에 야채를 언급하는 ①은 적절하지 않다.

정답 ②

8. **남:** 어떤 종류의 스무디를 마실래요?

여: 전 과일 스무디로 해주세요.

남: 딸기와 바나나 괜찮아요?

여: ______________________________

① 아니요, 브로콜리와 케일이 좋아요.

② 네, 그리고 복숭아도 조금 넣어주세요.

③ 네, 바나나가 딸기보다 부드러워요.

9.

W: I'm placing an online order. Do you want anything?

M: Uh, yeah. I need a new yoga mat.

W: Do you have a color preference?

M: ______________________________

① Did you already color it?

② I'd like something bright.

③ Great. Let's get that one.

문제풀이 여자가 쇼핑을 하면서 남자의 요가매트를 함께 구매하려고 한다. 여자가 남자에게 원하는 색상에 대해 물었기 때문에 ②가 가장 적절하다.

정답 ②

9. **여:** 지금 온라인 주문하고 있는데, 뭐 필요한 거 있나요?

남: 아, 네. 새 요가 매트가 필요해요.

여: 선호하는 색상이 있나요?

남: ______________________________

① 이미 색칠했어요?

② 밝은 색이 좋겠어요.

③ 좋아요. 그걸로 해요.

10.

M: I think I need to get a new phone.

W: Why? You just got a new one last year.

M: I know, but I think I've dropped it too many times.

W: ______________________________

① I should probably drop mine off, too.

② Then you should get a new service carrier.

③ Make sure to get a strong case for your new one.

어휘 drop off 내려놓다, 데려다주다 service carrier 통신사, 항공사

문제풀이 남자는 작년에 핸드폰을 샀지만, 너무 많이 떨어뜨려서 새로 구입해야겠다고 말하고 있다. 이에 대한 여자의 반응으로는 떨어뜨리지 않게 조심하라고 하거나 튼튼한 보호 케이스를 사용하라고 하는 것이 적절하다.

정답 ③

10. **남:** 새 핸드폰을 사야할 것 같아요.

여: 왜요? 작년에 새 것으로 샀잖아요.

남: 알아요, 그런데 너무 많이 떨어뜨린 것 같아서요.

여: ______________________________

① 내 것도 내려놓아야 할 것 같아요.

② 그럼 통신사를 새로 정해야겠어요.

③ 새 핸드폰은 꼭 튼튼한 케이스를 장착하도록 해요.

11~20

● 본문 p.84

[11-20] 다음 지문을 듣고 문제에 대한 알맞은 답을 고르시오.

11.

W: Oh, is that box for me?

M: No, this is mine. Are you expecting a package to be delivered to you today?

Q: What would be the best response by the woman?

① No, you can buy that box.

② No, I'm not going there today.

③ Yes, I have to make a delivery.

④ **Yes, my order should have arrived.**

11. **여:** 오, 저 박스 제 것인가요?

남: 아니요, 이건 제 것이에요. 오늘 배달되길 기다리는 물건이 있나요?

Q. 여자의 응답으로 가장 적절한 것은?

① 아니요, 당신은 저 상자를 사도 좋습니다.

② 아니요, 저는 오늘 거기 가지 않을 것입니다.

③ 네, 오늘 배달을 해야 해요.

④ 네, 주문한 물건이 오늘 도착했어야 하거든요.

문제풀이 남자에게 택배가 도착하자 여자가 자신의 것으로 생각한 것으로 보아, 주문한 것이 아직 도착하지 않아 기다리고 있는 것으로 보인다.

정답 ④

12.

W: The roses in your garden are so pretty. I'm jealous!

M: Thanks. Are you thinking about growing some flowers in your yard?

Q: What would be the best response by the woman?

① No, I'm not sure what to think.

② **No, I don't have time to garden.**

③ Yes, I'll do it on the way to work.

④ Yes, they're growing way too fast.

12. **여:** 정원에 있는 장미들이 정말 예쁘네요. 부러워요.

남: 고마워요. 당신도 정원에 꽃을 키울 생각인가요?

Q. 여자의 응답으로 가장 적절한 것은?

① 아니요, 무엇을 생각해야할지 모르겠어요.

② 아니요, 정원을 꾸밀 시간이 없어요.

③ 예, 출근하는 길에 할 거에요.

④ 예, 그것들은 너무 빨리 자라요.

문제풀이 남자가 여자에게 정원을 꾸밀 것인지 묻고 있는 상황이다. '예'라는 대답과 꽃이 너무 빨리 자란다는 말은 어울리지 않고, 시간이 없어 정원을 가꾸지 못한다는 반응이 자연스럽다.

정답 ②

13. **W:** Hi, Tom. We're having a barbecue party at my house this Saturday afternoon. Can you come?

M: I'm afraid I have to work this weekend.

Q: What does the man mean?

① He has a dangerous job.

② He will work at the party.

③ **He cannot attend the party.**

④ He will rest at home on Saturday.

문제풀이 여자가 파티에 초대했으나, 남자는 주말에 일을 해야 하기 때문에 파티에 가지 못한다고 거절하는 상황이다.

정답 ③

13. **여:** 안녕, Tom. 이번 주 토요일 오후에 우리 집에서 바베큐 파티할건데, 올 수 있나요?

남: 안타깝게도 이번 주말에 일해야 해요.

Q. 남자가 의미하는 바는?

① 그는 위험한 직업을 가지고 있다.

② 그는 파티에 가서 일할 것이다.

③ **그는 파티에 참석하지 못한다.**

④ 그는 토요일에 집에서 쉴 것이다.

14. **W:** How much TV do you watch in an average week?

M: Well, I don't watch anything during the week, but I watch about 10 shows on the weekend.

Q: What would be the best response by the woman?

① So maybe 20 minutes or so?

② Have you already been to the show?

③ Is that the one you saw last weekend?

④ **Can you recommend me a good show?**

문제풀이 남자는 주로 주말에 텔레비전 쇼를 열 개 정도 시청한다고 하였으므로, 총 시청시간이 20분보다는 훨씬 많을 것이다. 남자가 시청하는 쇼 중에서 볼 만한 것을 추천해달라는 대화가 가장 자연스럽다.

정답 ④

14. **여:** 보통 일주일에 텔레비전을 얼마나 시청하나요?

남: 글쎄요, 주중에는 아무것도 안 보는데 주말에는 약 10개 정도의 쇼를 시청해요.

Q. 여자의 응답으로 가장 적절한 것은?

① 그럼 아마도 20분 정도?

② 벌써 그 쇼에 가 본적이 있어요?

③ 그게 지난 주말에 봤던 것이에요?

④ **재미있는 쇼 하나 추천해줄래요?**

15. **W:** Oh, wow! This drink is fantastic. I know you said you weren't thirsty, but this is so yummy. Would you like a drink?

M: Maybe just a sip.

Q: What does the man mean?

① **He will drink a small amount.**

② He already has his own drink.

③ He isn't sure what drink to choose.

④ He wants to know how much it costs.

어휘 sip 조금씩 마시다, 한 모금

문제풀이 여자가 한 말로 미루어보아 남자는 목이 마르지 않아 음료를 마시지 않겠다고 이미 말한 바가 있는 것 같다. 음료수가 맛있으니 그래도 마셔보라는 여자의 권유에 남자는 그럼 '한 모금 정도' 조금만 마셔보겠다고 대답하였다.

정답 ①

15. **여:** 와우! 이 음료수 정말 환상적이에요. 당신이 목마르지 않다고 말한 것 알고 있지만, 그런데 이건 정말 맛있어요. 좀 마셔볼래요?

남: 그럼 한 모금 정도만.

Q. 남자가 의미하는 바는?

① **그는 약간만 마실 것이다.**

② 그는 벌써 마시고 있는 음료가 있다.

③ 그는 어떤 음료를 고를지 모른다.

④ 그는 그것이 얼마인지 알고 싶어한다.

16. **W:** I'm so annoyed. Did you hear they're serving cabbage soup in the cafeteria today? I can't believe it!

M: At least it isn't broccoli again.

Q. What does the man imply?

① He would rather eat broccoli.

② Cabbage soup is served too often.

③ He already ate cabbage soup for lunch.

④ **He likes cabbage soup more than broccoli.**

문제풀이 여자는 양배추수프에 대해 반감을 나타내고 있으나, 남자는 그래도 또 브로콜리수프는 아니라서 다행이라는 반응이다. 이를 미루어보아 브로콜리가 너무 자주 나왔거나 남자는 브로콜리보다는 양배추수프를 더 좋아한다는 것을 알 수 있다.

정답 ④

16. **여:** 정말 짜증나요. 오늘 식당에 양배추수프가 나온다는 것 들었어요? 정말 믿을 수가 없어요.

남: 적어도 또 브로콜리는 아니잖아요.

Q. 남자의 말이 함축하고 있는 바는?

① 그는 차라리 브로콜리를 먹겠다.

② 양배추수프가 너무 자주 제공된다.

③ 그는 점심식사에 이미 양배추수프를 먹었다.

④ **그는 브로콜리보다 양배추수프를 더 좋아한다.**

17. **W:** What a beautiful church this is! It's such a lovely place for John and Marie's ceremony.

M: I agree. When you and I get married, we should have it here, too. We should probably check the availability while we're here today.

Q: Where are the man and woman likely to be?

① At a funeral

② **At a wedding**

③ At a retirement party

④ At a graduation ceremony

문제풀이 여자는 교회가 매우 아름답고 예식에 어울리는 장소라고 하고, 남자 또한 자신들의 결혼식도 이곳에서 해야겠다고 말하는 상황이므로 다른 이의 결혼식에 있는 것이다.

정답 ②

17. **여:** 정말 아름다운 교회이군요! John과 Marie의 예식에 아주 멋진 장소에요.

남: 저도 그렇게 생각해요. 당신과 내가 결혼할 때도 여기서 해야겠어요. 오늘 온 김에 이용가능한지 확인해보는 게 좋겠어요.

Q. 남자와 여자가 있는 장소로 가장 적당한 곳은?

① 장례식장

② **결혼식장**

③ 퇴임식

④ 졸업식

18. **W:** Guess what, dear! Today the doctor confirmed that I'm pregnant. We're going to be parents!

M: I knew it! I'm so excited! Let's get on the line with our siblings and let them know right away.

Q: What does the man mean?

① They should line up some babysitters soon.

② **They should call their brothers and sisters.**

③ They should keep this secret as long as they can.

④ They should get the house ready for a baby.

어휘 confirm 확인해주다 on the line 통화 중 siblings 형제자매, 동기

문제풀이 여자는 남자에게 임신사실을 알리고, 남자는 매우 기뻐하며 형제들에게 바로 알리자고 하고 있다. 따라서 그들은 형제자매들에게 전화를 걸 것이다.

정답 ②

18. **여:** 있잖아요, 여보! 오늘 의사가 임신 사실을 확인해주었어요. 우리 이제 부모가 되는 거예요!

남: 그럴 줄 알았어! 무척 설레요! 어서 형제들에게 전화해서 바로 알려야겠어요.

Q. 남자가 의미하는 바는?

① 그들은 곧 보모를 구할 것이다.

② **그들은 형제자매들에게 전화할 것이다.**

③ 그들은 가능한 한 오래 비밀을 지킬 것이다.

④ 그들은 아기를 위해 집을 단장할 것이다.

19. **W:** Honey, why didn't you take out the trash this morning? I asked you ten times! Why didn't you do it the first time I asked?

M: Can we do this later? I'd like to enjoy the party.

Q: What does the man mean?

① He is not sure what time it is.

② He is not ready to go to the party yet.

③ **He does not want to argue at the party.**

④ He does not know where the trash goes.

문제풀이 여자는 아침에 부탁한 일을 남자가 하지 않아서 화를 내고 있으나, 남자는 그에 대해서는 나중에 얘기하고 파티를 즐기고 싶다고 대답했으므로 파티에서 다투고 싶지 않다는 뜻이다.

정답 ③

19. **여:** 여보, 왜 오늘 아침에 쓰레기를 내버리지 않았어요? 제가 열 번이나 부탁했잖아요! 왜 내가 처음 부탁할 때 바로 해주지 않는 거예요?

남: 우리 나중에 얘기해도 될까요? 난 파티를 즐기고 싶어요.

Q. 남자가 의미하는 바는?

① 그는 지금 몇 시인지 모른다.

② 그는 아직 파티에 갈 준비가 되지 않았다.

③ **그는 파티에서 말다툼하고 싶지 않다.**

④ 그는 쓰레기가 어디로 가는지 모른다.

20. **W:** You will not believe the day I've had! My coworker is absolutely crazy. He keeps calling me by the wrong name, and I think he's doing it on purpose.

M: Maybe he's confusing you with someone else in the office.

Q: What would be the best response by the woman?

① Never. I haven't been there in ages.

② Likely. He often uses confusing words.

③ Absolutely. I am the only woman in the office.

④ **Impossible. No one in the office is named Jessie.**

어휘 redeem (상품권, 교환권 등을) 상품으로 바꾸다, 교환하다 gift certificate 상품권

문제풀이 여자는 직장동료가 자신의 이름을 계속 잘못 부르는 것에 대해 의도적이라고 기분 나빠하고, 남자는 실수로 다른 사람과 혼동하는 것일 거라고 말하는 상황이다. 남자의 의견에 여자는 동의하지 않고 있으므로 '아마도 그럴 것이다'는 likely로 대답하는 것은 적절하지 않다.

정답 ④

20. **여:** 당신은 오늘 내가 보낸 하루를 믿을 수 없을 거예요. 내 직장동료는 분명 정상이 아닌 것 같아요. 그 사람이 나를 자꾸 틀린 이름으로 부르는데, 내 생각에는 일부러 그러는 것 같아요.

남: 아마도 그 사람이 사무실에 있는 다른 사람과 당신을 혼동하나 봐요.

Q. 여자의 응답으로 가장 적절한 것은?

① 절대 아니에요. 난 거기 안 가본지 한참 되었어요.

② 아마도. 그는 종종 헷갈리는 단어를 사용해요.

③ 물론이죠. 나는 사무실에 유일한 여자이거든요.

④ **불가능한 일이에요. 사무실에 Jessie라는 이름은 아무도 없어요.**

21~30

● 본문 p.87

[21-22] 다음 지문을 듣고 문제에 대한 알맞은 답을 고르시오.

W: Lots of people think you're either a cat person or a dog person, but even if you're a dog person, you still benefit a lot from cats.

M: Even if you don't have one as a pet?

W: Yes, that's right. If you've got cats in your neighborhood, they do an amazing job of keeping down the rat and mice population.

M: But I've never even seen any rats near my house.

W: That's exactly my point. Because of street cats, most of us never have to even see pesky vermin because the cats catch them and feed on them.

M: That might be true, but they're really annoying when they cry in my yard.

W: Maybe so, but that's a small price to pay to have a rat-free neighborhood.

여: 많은 사람들이 고양이나 강아지 둘 중 하나를 좋아한다고 생각해요. 그런데 강아지를 좋아하는 사람이라 하더라도, 여전히 고양이에게서 많은 도움을 받아요.

남: 애완동물로 직접 키우지 않는다고 해도요?

여: 네, 맞아요. 만약 이웃에 고양이가 있다면 그들은 쥐의 개체수를 줄여주는 엄청난 역할을 한답니다.

남: 하지만 집주변에서 쥐를 본 적이 한 번도 없어요.

여: 그게 바로 제가 하는 말이에요. 길고양이들 덕분에 우리 대부분은 성가신 야생동물들을 볼 필요조차 없어지는 거죠. 고양이들이 그것들을 잡아먹고 사니까요.

남: 그럴 수도 있겠네요. 그렇지만 고양이들이 밤에 뒤뜰에 와서 울 때면 정말 성가셔요.

여: 네, 좀 그렇긴 하지만, 그건 쥐 없는 동네가 되기 위해 지불해야할 아주 작은 대가인 셈이에요.

21. Who is the speaker likely giving a lecture to?

① **Home owners**
② Veterinarians
③ Government officials
④ Small business owners

22. According to the talk, what is a benefit of cats?

① They are loving pets.
② They require little attention.
③ They cost less than dogs.
④ **They reduce the number of rats.**

어휘 benefit 혜택, 이득; 유익하다 keep down 억제하다, 낮추다 pesky 성가신, 귀찮은 vermin 해를 입히는 야생동물; 해충 feed on ~을 먹고 살다

문제풀이 21. 여자는 주변에 고양이가 있는 경우 집이나 동네에 도움이 되는 점에 대해서 남자에게 말하고 있다. 따라서 ①이 가장 적절하다. 22. 여자는 고양이들이 동네의 쥐를 잡아먹고 살기 때문에 직접 키우지 않아도 이점이 있다고 말하고 있다.

정답 21. ① 22. ④

21. 화자는 누구에게 설교하고 있는 것 같은가?

① **주택 소유자**
② 수의사
③ 국가 공무원
④ 소기업 사업가

22. 대화에 따르면, 고양이의 이점은 무엇인가?

① 고양이는 사랑스러운 애완동물이다.
② 고양이는 별로 주의를 요하지 않는다.
③ 고양이는 강아지를 키우는 것보다 비용이 적게 든다.
④ **고양이는 쥐의 수를 줄여준다.**

[23-24] 다음 지문을 듣고 문제에 대한 알맞은 답을 고르시오.

W: Today we're going to talk about a place that is famous for being luxurious. Can you guess where it is?

M: Is it Switzerland?

W: Not quite. Let me give you another hint. It's got the world's largest shopping mall and the tallest building.

M: I'm thinking maybe it's some place in Japan.

W: No, that's still not it. This place also has a police force with a fleet of luxury vehicles. And it's got the world's only seven-star hotel.

M: Oh, is that the place that has the largest man-made island? I forgot the name of it.

W: Yes, you're on the right track. It's Dubai, a place where it's not uncommon to see lions and tigers hanging out of car windows and traffic jams full of Ferraris.

23. Which of the following luxuries was mentioned?

① **Exotic animals**

② Luxury brands

③ Natural wonders

④ Decorative houses

24. Where is this conversation likely taking place?

① **In a lecture hall**

② On a game show

③ On a news report

④ At a car dealership

어휘 fleet 함대, 무리 man-made 인공의 on the right track 올바른

문제풀이 23. 여자는 두바이를 호화스러운 장소로 설명하면서 최대 규모 쇼핑몰, 최고층 빌딩, 최고급차, 7성급 호텔, 거리에서 볼 수 있는 사자와 호랑이를 언급하고 있다. 따라서 보기 중에서는 ①이 가장 적절하다. 24. 여자는 호화로움으로 잘 알려진 장소에 대해 이야기를 하겠다고 언급하면서 두바이에 대한 전반적인 정보를 남자에게 주고 있으며, 남자는 그를 바탕으로 장소를 유추하고 있다. 따라서 강의실에서 이루어지는 대화라 보는 것이 가장 적절하다.

정답 23. ① 24. ①

여: 오늘은 호화롭기로 유명한 곳에 대해서 이야기 해 보도록 해요. 어디인지 짐작할 수 있겠어요?

남: 스위스인가요?

여: 그렇지 않아요. 또 다른 힌트를 주도록 하죠. 이곳은 세계에서 가장 큰 쇼핑몰과 가장 높은 빌딩이 있어요.

남: 일본에 있는 어떤 장소가 아닐까 생각이 드네요.

여: 아니요, 아직 정답이 아니에요. 이곳은 최고급차로 편성된 경찰부대가 있어요. 그리고 세계에서 유일한 7성급 호텔이 있는 곳이기도 하죠.

남: 아, 최대 규모의 인공섬이 있는 그곳인가요? 이름이 생각나지 않네요.

여: 네, 맞아요. 바로 두바이에요. 차창 밖으로 사자나 호랑이가 어슬렁거리는 모습을 흔히 볼 수 있고 페라리들로 가득 찬 교통체증을 목격할 수 있는 곳이죠.

23. 다음 중 두바이의 특징으로 언급된 것은?

① **이색적인 동물**

② 명품브랜드

③ 자연경관

④ 장식주택

24. 이 대화가 이루어질 법한 장소는?

① **강의실**

② 게임 프로그램

③ 뉴스보도

④ 자동차 대리점

[25] 다음 지문을 듣고 문제에 대한 알맞은 답을 고르시오.

W: You've probably heard the old saying, "Liquor before beer, never fear. Beer before liquor, never sicker." But did you know that's not actually true?

M: What? I think it's definitely true. When I was in college and drank a beer first and then had shots of rum afterward, I got horribly sick every time.

W: I'm sure you did, but that's probably more related to the total amount of alcohol you consumed rather than the order you consumed it in. Another myth you probably thought was true was that drinking a little alcohol the morning after a night of heavy drinking would cure your hangover.

M: Of course. After a night of partying with my friends, the next morning I'd have a beer with breakfast, and I'd feel much better.

W: Well, a little alcohol might have made you feel better, but in reality it was just prolonging your hangover until later.

25. What is implied by the woman?

① It is safer to drink liquor than beer.

② The best hangover cure is a little alcohol.

③ Different types of alcohol lead to different hangovers.

④ **The total alcohol drank determines how bad the hangover is.**

어휘 consume 마시다; 소모하다 hangover 숙취 prolong 연장시키다

문제풀이 여자는 사람들이 믿고 있는 술과 숙취에 관한 속설을 언급하면서 그것들이 사실은 틀린 말이라고 주장하고 있다. 남자가 자신의 경험을 예로 들며 반박하지만, 결국은 많이 마셔서 숙취가 심한 것이었을 거라고 말하고 있으므로 여자는 술의 순서보다는 양이 숙취의 정도를 결정한다고 생각한다고 볼 수 있다.

정답 ④

여: 아마도 이런 옛날 속담 들어봤을 거예요. "맥주 전에 양주는 걱정 없지만, 양주 전에 맥주는 위험하다." 그런데 실제로 이 말이 사실은 아니라는 거 알고 있어요?

남: 네? 제 생각에는 확실히 맞는 것 같은데요. 제가 대학 때 맥주를 먼저 마시고나서 럼주 몇 잔 마셨는데, 그런 때면 너무 힘들었거든요.

여: 분명 속병이 났을 거예요. 그런데 그건 아마도 마신 술의 순서보다는 양과 더 관련이 있을 거 같아요. 사람들이 믿는 또 다른 속설은 밤에 술을 과하게 마신 다음 날 아침, 술을 약간 마셔주면 숙취해소에 도움이 된다는 것이에요.

남: 당연하죠. 친구들과 파티를 하고나서, 다음 날 아침에 저도 아침식사와 함께 맥주를 마시곤 해요. 그러면 한결 나아지는 것 같거든요.

여: 글쎄요, 약간의 술이 기분이 조금 나아지게 할지는 모르겠지만, 실제로는 숙취를 오래가게 할 뿐이에요.

25. 여자의 말이 함축하는 바는?

① 맥주보다 양주를 마시는 것이 더 안전하다.

② 가장 좋은 숙취해소법은 술을 약간 마시는 것이다.

③ 마신 술의 종류에 따라 숙취가 다르다.

④ **마신 술의 총양이 숙취의 정도를 결정한다.**

[26-27] 다음 지문을 듣고 문제에 대한 알맞은 답을 고르시오.

W: Hey, I heard you had lunch with Su today. How is she doing these days?

M: Pretty good. She told me she and her boys are adjusting to life back in Korea. They had been attending one of the top elementary schools in America, so it's quite different being back.

W: They were in America for a few years, right? When did they get back?

M: I think they returned about six weeks ago. She's not that excited to be back, but her boys are happy to be around their dad again. And I think that's good for them, too.

W: Me, too. Boys need a strong male figure in their life, especially when they're as young as her boys are. I'm glad they're back and living under the same roof as their dad.

여: 오늘 Su와 점심식사 같이 했다고 들었어요. 요즘 Su는 어떻게 지낸대요?

남: 잘 지낸다고 해요. 아들들과 함께 다시 한국에서의 생활에 잘 적응하고 있다고 했어요. 그 아이들은 미국에서 최고의 초등학교 중 한 곳에 다녔었잖아요. 그러니 한국에 돌아와서는 꽤 다를 거예요.

여: 그들은 미국에 몇 년 동안 있었죠, 그렇죠? 언제 돌아왔죠?

남: 제 생각에는 6주 정도 전에 한국으로 돌아왔던 것 같아요. Su는 돌아오는 것에 그리 즐거워하지 않았지만, 아이들은 아빠와 다시 함께 지낼 수 있어서 기뻐했어요. 그게 아이들에게 좋은 것 같아요.

여: 저도 그렇게 생각해요. 남자아이들은 강한 남자의 존재가 필요한 것 같아요. 특히 Su의 아이들처럼 어릴 때에는 말이죠. 그들이 돌아와서 아빠와 함께 살게 되어서 전 기뻐요.

26. How long was Su in America with her boys?

① Six weeks

② A month

③ Six months

④ **Two years**

26. Su는 그녀의 아이들과 미국에 얼마나 오래 있었는가?

① 6주

② 1개월

③ 6개월

④ 2년

27. According to the talk, what does the woman think?

① Education is more important than family.

② In tough times, both parents need to work.

③ **Young boys need to be around their fathers.**

④ It is sometimes best for parents to live apart.

27. 대화에 따르면, 여자가 생각하는 바는 무엇인가?

① 가족보다 교육이 중요하다.

② 힘든 시기에는 부모 두 명 모두 일해야 한다.

③ 어린 남자아이들은 아빠와 함께 있어야 한다.

④ 때로는 부모님이 떨어져 사는 것이 좋다.

어휘 adjust 적응하다; 조절하다 figure 인물; 모습; 수치

문제풀이 26. 여자가 Su와 아이들이 미국에 있었던 기간을 a few years라고만 언급하고 있지만, 보기 중에서 a few years에 해당되는 기간은 2년이 가장 적절하다.
27. Su와 아이들이 한국으로 돌아온 것에 대해서 남자와 여자는 잘 된 일이라고 판단하고 있으며, 여자는 특히 Su의 아이들처럼 어린 남자아이들에게는 강한 남자의 존재가 필요하다고 말하고 있다.

정답 26. ④ 27. ③

[28-29] 다음 지문을 듣고 문제에 대한 알맞은 답을 고르시오.

W: Thanks for recommending that book, *Playing With Poison*. I didn't think I'd like it, but it was actually quite entertaining.

M: Good. I'm glad you liked it. So did I. To me, it was like a more up-to-date version of Sue Grafton's alphabet mystery series.

W: How funny! I thought the same thing. I can't remember which of her books it reminded me of, but it definitely had the same vibe of one that I've read. But I like that *Playing With Poison* took place in this decade instead of the 1980s.

M: I know. I like that the characters actually had smartphones and that the detective used the internet.

W: Yeah. I mean, you have to admit that the alphabet series definitely has its charm, but *Playing with Poison* was just easier for me to relate to because the storyline and setting was so current.

28. What is the genre of the books being discussed?

① Nonfiction

② Romance

③ **Mysteries**

④ Science fiction

29. When does the story in *Playing With Poison* take place?

① 1990s

② 2000s

③ **2010s**

④ 2020s

어휘 up-to-date 현대식의, 최신의 vibe 분위기, 느낌

문제풀이 28. *Playing with Poison*은 Sue Grafton의 알파벳 미스터리 시리즈물의 현대버전인 것 같다고 말하고 있으며, 등장인물로 탐정이 언급되고 있으므로 미스터리물 즉, 추리소설에 대하여 이야기하고 있는 것이다. 29. 여자는 *Playing with Poison*이 더 재미있는 이유에 대해서 최근 10년 사이에 일어나는 이야기이기 때문이라고 말하고 있다. 따라서 2010년대를 배경으로 하고 있는 것이다.

정답 28. ③ 29. ③

여: *Playing with Poison*이라는 책을 추천해주셔서 감사해요. 제가 좋아할 만한 책이라고 생각하지 않았는데, 정말 흥미로웠어요.

남: 잘 되었네요. 좋았다니 다행이에요. 저도 재미있게 읽었어요. Su Grafton의 알파벳 미스터리 시리즈의 최신버전 같은 느낌이었어요.

여: 재밌네요! 저도 그렇게 생각했거든요. 그 시리즈 중에서 어떤 부분이 떠오르게 하는지 기억이 안 나지만, 분명 제가 읽은 것과 똑같은 분위기가 있었어요. 그런데 1980대의 이야기보다는 최근 10년의 이야기인 *Playing with Poison*이 좋아요.

남: 맞아요. 등장인물들이 스마트폰을 가지고 있고, 탐정이 인터넷을 사용하는 그런 부분들이 좋았어요.

여: 네. 알파벳시리즈도 분명 그것만의 매력이 있는 것은 인정해야 하지만, 이야기흐름이나 배경이 아주 최근이기 때문에 저는 *Playing with Poison*이 더 쉽게 와 닿았어요.

28. 논의되고 있는 책의 장르는?

① 논픽션

② 로맨스

③ **미스터리**

④ 공상과학

29. *Playing with Poison*의 이야기는 언제 일어나는 일인가?

① 1990년대

② 2000년대

③ **2010년대**

④ 2020년대

[30] 다음 지문을 듣고 문제에 대한 알맞은 답을 고르시오.

M: Hey, Mary. What's all that noise I can hear in the background?

W: Oh, some of the offices on my floor are getting renovated. They're putting in an additional wall so we will have more offices.

M: Will your office be affected?

W: No, thankfully not. I get to keep my corner office just the way it is. I'm so glad! I worked so hard to get here, and I would hate to have to move.

M: Yeah, I know what you mean. Well, since your company is increasing the number of offices, does that mean you're hiring? Because that's actually the reason I was calling.

W: Oh, are you looking to change companies? I thought you were happy at Franklin Toys.

M: I'm not unhappy. I'm just thinking about trying something new, so I wanted to find out what opportunities are out there before I quit.

W: I'll see what I can find out.

남: 이봐, Mary. 수화기 너머로 들리는 그 소음은 다 뭐에요?

여: 오, 우리 층에 있는 몇몇 사무실들이 수리 중이에요. 추가로 벽을 더 설치해서 사무실을 더 많이 만들 예정이래요.

남: 당신 사무실도 영향을 받아요?

여: 다행스럽게도 그렇지 않아요. 제 사무실은 그대로 유지할 수 있게 되어서 정말 기뻐요! 이곳을 얻기 위해서 정말 열심히 일했거든요. 그리고 이사해야하는 것도 싫어요.

남: 그래요, 무슨 말인지 알아요. 그럼, 회사가 사무실 수를 늘린다는 건 직원을 더 채용한다는 의미인가요? 사실 그것 때문에 전화했어요.

여: 아, 이직할 생각 중이에요? 저는 당신이 Franklin Toys에 만족하고 있다고 생각했어요.

남: 불만족스럽진 않아요. 그냥 새로운 것을 시도해 보는 것을 고려중이라서, 그만 두기 전에 밖에 어떤 기회들이 있는지 알아보고 싶어서요.

여: 제가 찾아봐줄 것이 있는지 볼게요.

30. Which of the following is true about the speakers?

① The man is currently unemployed.

② The woman is getting a new office.

③ The woman likes the office she has.

④ The man and the woman work together.

30. 다음 중 화자들에 대한 내용으로 사실인 것은?

① 남자는 현재 실직 상태이다.

② 여자는 새로운 사무실을 얻을 것이다.

③ 여자는 지금 있는 사무실이 마음에 든다.

④ 남자와 여자는 함께 일한다.

어휘 renovate 개조하다, 수리하다

문제풀이 여자가 일하는 회사는 건물에 사무실을 더 만들기 위해 공사 중이나, 여자가 사용하고 있는 사무실은 그대로 유지가 될 예정이며, 이에 대해 여자는 기뻐하고 있다. 남자는 현재 Franklin Toys라는 회사에서 일하고 있으며 여자의 회사에 신규채용이 있는지 관심이 있다.

정답 ③

● 본문 p.90

[31] 다음 지문을 듣고 문제에 대한 알맞은 답을 고르시오.

Voice 1: You have one new message.

(Beep)

Voice 2 (Male): Hi, honey. I'm just on my way home from work and wondered if you wanted anything from the grocery store. I've got to stop at the hardware store to pick up some nails to hang those pictures and to get a pump for the air mattress since your parents are coming to visit tomorrow. I can run next door while I'm there if you need me to. Let me know.

Voice 1: Tuesday 5:47 p.m.

(Beep)

Voice 1: End of messages.

목소리1: 새로운 메시지가 한 개 있습니다.

목소리2(남자): 여보, 지금 퇴근하고 집에 가는 길인데 식료품점에서 필요한 거 없나 싶어서요. 철물점에 들러서 사진 걸 못이랑 내일 당신 부모님 오시니까 에어매트리스에 공기 주입할 펌프를 사서 가야 해요. 필요하면 철물점 들르는 동안 옆 가게에 가볼 수 있으니까 알려주세요.

목소리1: 화요일 오후 5시 47분

목소리1: 메시지 종료

31. Where is the grocery store located?

① Next to the man's house

② Next to the running track

③ Next to the hardware store

④ Next to the man's workplace

31. 식료품점은 어디에 위치해 있는가?

① 남자의 집 옆

② 경주로 옆

③ 철물점 옆

④ 남자의 직장 옆

어휘 hardware store 철물점

문제풀이 남자는 퇴근길에 못과 펌프를 사러 철물점에 갈 예정이며, 옆집에 가볼 수 있으니 식료품점에서 필요한 것이 있으면 말하라고 하였다. 이를 미루어보아, 식료품점은 철물점 옆에 있다는 것을 알 수 있다.

정답 ③

[32] 다음 지문을 듣고 문제에 대한 알맞은 답을 고르시오.

Voice 1: You have one new message.

(Beep)

Voice 2 (Male): Hi, this is Dennis calling from the Mayberry Police Station. We received a call that a car matching the description of one you own was found on the side of Highway 180. It's a red mustang convertible, license plate HK439Z. We have officers on the way to the abandoned car, but if you could call us to confirm whether you left it there or if it was stolen, it would be appreciated. My direct line is 555-232-1743.

Voice 1: Thursday 3:30 p.m.

(Beep)

Voice 1: End of messages.

32. What is the purpose of the call?

① To offer advice about a car

② To inquire about a car for sale

③ To inform that a car was towed

④ **To check with the owner of a car**

어휘 abandoned 버려진, 유기된 tow 견인하다

문제풀이 경찰은 고속도로에 정차되어 있는 차량을 발견하고, 기록상 차량 소유주라고 여겨지는 사람에게 전화하여 본인이 고속도로에 차량을 세워놓은 것인지 도난 당한 것인지 확인을 요청하고 있다.

정답 ④

목소리1: 새로운 메시지가 한 개 있습니다.

목소리2(남자): 안녕하세요. Maryberry 경찰서 소속 Dennis입니다. 당신이 소유하고 있는 차량의 설명과 일치하는 차 한대가 180번 고속도로에서 발견되었습니다. 차량등록번호 HK439Z, 빨간색 머스탱 컨버터블입니다. 현재 경찰들이 버려진 차량이 있는 곳으로 이동중에 있습니다만, 귀하께서 차량을 그곳에 두신 것인지 혹은 도난 당한 것인지 확인해주시면 감사하겠습니다. 직통번호는 555-232-1743입니다.

목소리1: 목요일 오후 3시 30분

목소리1: 메시지 종료

32. 전화의 목적은 무엇인가?

① 차량에 대한 조언을 하기 위해

② 판매 차량에 대해 문의하기 위해

③ 차량이 견인되었음을 알리기 위해

④ 차량 소유주에게 확인하기 위해

[33-34] 다음 지문을 듣고 문제에 대한 알맞은 답을 고르시오.

W: The Jamestown Jazz Festival is known far and wide as one of the best jazz festivals in the U.S., owing greatly to our volunteers whose dedication and hard work make it possible. Volunteers work to make the weekend-long jazz event safe, clean and fun by working in all areas of the festival. All volunteers have to submit an application even if you are returning. Please mark your job preferences on the application, and we will try to meet your requests. You have to be available to work two eight-hour shifts between Thursday and Monday of Presidents' Day weekend. Anyone ages 17 and up is eligible to volunteer. If you have any special concerns, please contact the Volunteer Coordinator at 555-637-0145, or email gary@jamestownjazzfest.com.

여: Jamestown 재즈페스티벌은 미국 최고의 재즈 페스티벌들 중 하나로 널리 알려져 있는데, 자원봉사자들의 상당한 헌신과 노력 덕분에 페스티벌의 성공이 가능합니다. 자원봉사자들이 페스티벌 장소 곳곳에서 일함으로써 주말 동안 열리는 재즈 행사를 안전하고 깨끗하고 즐겁게 만들어 줍니다. 지난번에 이어 다시 봉사활동을 하려는 사람이더라도, 모든 자원봉사자들은 지원서를 제출해야 합니다. 지원서에 선호 업무를 표시해주면 최대한 요청을 만족시킬 수 있도록 하겠습니다. 목요일부터 대통령의 날 주간인 월요일까지 8시간 교대근무가 가능해야 합니다. 17세 이상은 누구나 자원봉사 가능합니다. 기타 궁금한 점이 있으면 555-637-0145번으로 자원봉사 진행자에게 전화 또는 gary@jamestownjazzfest.com으로 이메일을 보내주시기 바랍니다.

33. Who is this announcement meant to attract?

① Festival vendors

② **Potential volunteers**

③ Famous jazz musicians

④ Jamestown vacationers

34. Which of the following information is mentioned?

① Hours of the event

② Age of the performers

③ **When the festival will occur**

④ Number of stages at the event

어휘 far and wide 널리 dedication 헌신, 전념 meet requests 요청에 응하다 eligible ~을 할 수 있는 be meant to ~하기로 되어있다, ~할 의도이다 vendor 판매회사, 행상인 vacationer 행락객, 피서객

문제풀이 33. 유명한 재즈페스티벌에서 일할 자원봉사자를 모집하는 안내문이다. 따라서 자원봉사에 관심 있는 사람들을 염두에 두고 쓰여진 글이다.

34. 8시간 교대근무라고 한 부분은 축제행사 진행시간이 아니라, 자원봉사 근무시간이다. 목요일부터 대통령의 날 주간인 월요일까지 교대근무가 가능해야 한다고 했으므로 그 시기가 축제가 열리는 시기라고 볼 수 있다. 17세 이상 가능하다고 한 것은 축제 연주자가 아니라, 자원봉사자들의 제한연령을 언급한 것이다.

정답 33. ② 34. ③

33. 이 안내문은 어떤 이들의 관심을 끌 의도인가?

① 축제 노점상

② **자원봉사자가 될 가능성이 있는 사람들**

③ 유명한 재즈 음악가

④ Jamestown을 방문한 피서객

34. 아래 내용 중 언급된 정보는?

① 행사 진행시간

② 연주자들의 연령

③ **축제가 열리는 시기**

④ 무대의 개수

[35-36] 다음 지문을 듣고 문제에 대한 알맞은 답을 고르시오.

M: Do you love eating watermelon but never know which one is the best in the bunch? Choosing a great watermelon definitely requires some finesse. You've got to judge the weight of it in your hands, turn it over, and firmly tap the underside of the watermelon. So the next time you're buying a watermelon, first pick one up to feel how heavy it is. Regardless of size, a watermelon should feel heavy. Next, check for a yellow spot. When they're resting on the ground, watermelons develop a blemish on the underside. You'll know the watermelon is ripe when this splotch is a creamy shade of yellow. Finally, give the watermelon a thump on its underbelly. A nice hollow sound means it's ready. Melons that are under-ripe or over-ripe sound dull when tapped. So if you want a ripe and juicy watermelon, look for a heavy one that has a yellow mark on it and a hollow sound when thumped.

35. Who is the intended audience?

① Farmers

② **Consumers**

③ Grocery store clerks

④ Agricultural researchers

36. Which quality will a ripe watermelon have?

① Lightweight feel

② Smooth green exterior

③ **A hollow sound when tapped**

④ A shape that can easily be rolled

어휘 bunch 다발, 묶음; 많음 finesse 수완, 기술, 기교 tap 두드리다 blemish 티, 흠 splotch 반점, 얼룩 ripe 익은, 숙성한 thump 주먹으로 세게 치다, 두드리다; (비격식) (세게) 치기, 두드리기 underbelly 아랫배부분; 취약한 부분 hollow 속이 빈 juicy 즙이 많은

문제풀이 35. 좋은 수박을 고르는 방법에 대해서 설명하고 있다. 글 처음에 '수박 먹기를 좋아하는데 고를 줄 모르는가?'라고 묻고 있기 때문에 좋은 수박을 재배하거나 판매를 위해 고르거나 연구하는 사람들을 염두해두고 쓴 글이 아니라, 수박을 먹는 소비자를 겨냥해 쓴 글이다.
36. 잘 익은 수박의 첫 번째 조건으로 크기와 상관없이 무거워야한다고 했다. 또한 아랫부분이 노란색을 띠는 것이 좋고, 두드렸을 때 울리는 소리가 나야 한다고 말하고 있다. 수박의 모양에 대해서는 전혀 언급하고 있지 않다.

정답 35. ② 36. ③

남: 수박 먹는 것은 좋아하는데 많은 수박들 중에 어느 것이 최상의 것인지 모르겠나요? 좋은 수박을 고르는 것은 분명 어느 정도의 기술을 요합니다. 손으로 무게를 짐작해야 하고, 뒤집어서 수박의 아랫면을 세게 두드려 보아야 합니다. 그러니 다음 번에 수박을 살 때는 얼마나 무거운지 들어보세요. 크기와 상관없이 수박은 무겁게 느껴져야 합니다. 그런 다음 노란 부분을 찾아보세요. 바닥에 받쳐져 있던 수박들은 밑면에 흠이 생깁니다. 이 얼룩이 부드러운 색조의 노란색이면 수박이 익었다는 것을 알 수 있습니다. 마지막으로, 아랫부분을 주먹으로 세게 두드려 보세요. 듣기 좋은 울리는 소리는 다 익었음을 의미합니다. 덜 익었거나 너무 익은 수박은 두드렸을 때 둔탁한 소리가 납니다. 잘 익은 과즙이 많은 수박을 원한다면 두드렸을 때 울리는 소리가 나고 노란 반점이 있고 무거운 것을 찾으세요.

35. 목표로 하는 청중은 누구인가?

① 농부

② 소비자

③ 식료품점 점원

④ 농업 연구원

36. 잘 익은 수박은 어떤 특징을 가졌는가?

① 가벼운 무게

② 부드러운 녹색 외관

③ 두드렸을 때 나는 울리는 소리

④ 쉽게 굴릴 수 있는 모양

[37-38] 다음 지문을 듣고 문제에 대한 알맞은 답을 고르시오.

W: The amazing smell and flavor from herbs stem from their essential oils, and it's important to release those oils the right way. If you're cooking with herbs, it's fine to mince or chop them, but garnishes call for a different kind of abuse. If you want a food or drink garnish, you can just give the herbs a nice slap. The cocktail editor at *Fine Eating Magazine* says it's best to smack the leaves to free all of the flavor and aroma you want. With the herb leaves in your hand, just give them a nice spanking. The slap actually changes the herb's cell structure, which then frees the oils. This way you get that amazing flavor with little effort and without a big mess.

여: 허브의 놀라운 향과 맛은 그것의 에센셜 오일에서 비롯되는 것이고, 그 오일을 올바른 방법으로 발산시키는 것이 중요하다. 허브로 요리를 한다면, 허브를 갈거나 다지는 것은 괜찮다. 하지만 고명으로 사용하는 경우에는 다른 방법이 필요하다. 음식이나 음료에 곁들이고 싶다면, 허브 잎을 세게 한번 손바닥으로 치기만 면 된다. *Fine Eating Magazine*의 칵테일 담당기자는 원하는 풍미와 향기를 모두 내보내기 위해서는 허브 잎들을 손바닥으로 치는 것이 가장 좋다고 말한다. 허브 잎들을 손에 두고, 세게 찰싹 때려라. 그렇게 치는 것은 허브의 세포구조를 변화시켜서 오일을 방출하게 한다. 이렇게 하면 거의 노력을 들이지 않고 어지럽히지도 않고 훌륭한 향미를 얻을 수 있다.

37. Where would you likely hear this?

① On a radio advertisement

② On a cooking show

③ In a news report

④ In a biology lecture

37. 이 내용을 어디에서 들을 수 있을 것 같은가?

① 라디오 광고에서

② 요리 프로그램에서

③ 뉴스보도에서

④ 생물학 강의에서

38. Which of the following is recommended?

① Baking herbs to dry them out

② Dissecting herbs to examine cell structure

③ Mincing herbs for a household aroma

④ Slapping herbs for use as a garnish

38. 아래 내용 중 권장되는 방법은?

① 허브를 말리기 위해 굽기

② 세포구조를 관찰하기 위해 허브 자르기

③ 실내향기를 위해 허브 갈기

④ 고명으로 사용하기 위해 허브 치기

어휘 flavor 풍미, 맛 stem from ~에서 생겨나다 mince 갈다 chop 썰다, 다지다 garnish 고명; 곁들이다, 장식하다 call for ~을 필요로 하다 abuse 오용, 남용 slap 철썩 치다, 때리다 smack 때리다, 탁 소리 나게 치다 spank 엉덩이를 때리다

문제풀이 37. 허브로 요리를 할 때 허브의 에센셜 오일을 제대로 뽑아내는 방법에 대한 내용이다. 특히 음식이나 음료에 곁들일 때 갈거나 다지지 않고 간단한 방법으로 허브의 풍미를 끌어낼 수 있는 방법에 대해서 설명하고 있다. 이와 같은 내용은 요리 프로그램에서 다뤄질 수 있는 정보이다.
38. 허브를 요리에 직접 넣어 사용할 때에는 갈거나 다지는 것이 괜찮지만, 음식이나 음료에 얹어 사용할 때에는 손바닥으로 세게 한번 내리치는 것으로 허브의 향을 풍부하게 할 수 있다고 설명하고 있다.

정답 37. ② 38. ④

[39-40] 다음 지문을 듣고 문제에 대한 알맞은 답을 고르시오.

M: There are probably people in your life that you simply do not like. Try figuring out why you dislike them. Maybe they're irrational or uncouth, or maybe they're boastful. Ask yourself some questions. How do I feel about this person? What specifically about them makes me dislike them? And finally, what does my response tell me about my values? For example, if you can't stand people who show off, ask yourself: Do I not allow myself to celebrate my own successes? Although it may sound strange, you may not like something about someone else because it represents a quality you would like to possess more of.

남: 인생을 살면서 그냥 싫은 사람들이 아마 있을 것이다. 그들을 왜 싫어하는지 이유를 생각해보아라. 아마도 그런 사람들은 이성적이지 못하거나 무례하거나, 또는 오만할 것이다. 스스로에게 질문을 해보아라. 이 사람에 대해 내가 어떻게 느끼는가? 그 사람들의 특히 어떤 부분이 그들을 싫어하게 만드는가? 그리고 마지막으로, 나의 반응이 내 가치관에 대해 무엇을 말해주고 있는가? 예를 들어, 과시하는 사람을 도저히 견딜 수가 없다면 자신에게 물어보라: 나 자신이 나의 성공을 축하하는 것도 용납하지 않는가? 이상하게 들릴지도 모르겠지만, 누군가의 어떠한 자질이 당신이 갖추고 싶은 면이기 때문에 그 점을 가지고 있는 그 사람을 좋아하지 않을 지도 모른다.

39. Who is likely the speaker?

① Psychic

② Biologist

③ **Psychologist**

④ Personal trainer

40. According to the talk, what is often the reason for disliking others?

① They have traits similar to yours.

② They expect you to act like them.

③ You can't understand their way of life.

④ **You wish you could be more like them.**

39. 화자는 누구일 것 같은가?

① 심령술사

② 생물학자

③ 심리학자

④ 개인 트레이너

40. 이야기에 따르면, 흔히 다른 사람들을 싫어하는 이유는 무엇인가?

① 그들이 당신과 비슷한 특성을 가지고 있기 때문이다.

② 그들이 당신이 그들과 비슷하게 행동할 것이라고 예상하기 때문이다.

③ 당신이 그들의 삶의 방식을 이해할 수 없기 때문이다.

④ 당신이 그들처럼 되기를 원하기 때문이다.

어휘 irrational 비이성적인 uncouth 무례한 boastful 오만한 show off 과시하다 stand 참다, 견디다 represent 나타내다, 상징하다 psychic 심령술사, 초능력자

문제풀이 39. 사람이 다른 사람을 싫어하는 경우에 그 이유가 무엇인지 심리적인 측면에 대해서 설명하고 있다. 보기 중 심리학자가 이 내용을 말하는 것이 가장 적절하다.
40. 누군가의 어떤 점을 싫어한다면, 그 이유는 자신이 그러한 특성을 가지고 싶어하기 때문이라고 후반부에서 언급하고 있다. 즉, 현재 그렇지 못한 자신이 그 사람처럼 되고 싶은 마음이 있기 때문에 그 사람을 싫어할 수도 있다고 말하고 있다.

정답 39. ③ 40. ④

[41-42] 다음 지문을 듣고 문제에 대한 알맞은 답을 고르시오.

W: Have you ever noticed that you get some really amazing ideas while showering? That's because your creativity is at its highest in the morning when your brain's creative connections are firing away. If you need to increase your creativity, then the early morning is the best time to focus. This effect is easily seen with dreams. From science we have learned that creativity happens through connections between various systems in the brain. So dreams are the product of connecting previously unconnected things. This is similar to the work that creative people do. Creative people bring together concepts and notions in ways that others hadn't considered doing before, but when they do it, it makes sense.

41. What would be the best time of the day to work on a creative project?

① **7 a.m.**

② 1 p.m.

③ 8 p.m.

④ 2 a.m.

42. In the talk, why are dreams compared to creativity?

① **They connect ideas that seem dissimilar.**

② They happen randomly without warning.

③ They create strong emotional connections.

④ They allow us to remember forgotten things.

어휘 fire away 시작하다; 말하다, 질문하다 make sense 의미가 통하다, 타당하다 dissimilar 다른, 같지 않은 randomly 임의로, 무작위로

문제풀이 41. 뇌의 연결이 막 시작되는 때에 창의력이 가장 높다고 하였고, 그 시간은 이른 아침이라고 말하고 있다. 따라서 보기 중에서 아침 7시가 창의력을 발휘할 수 있는 시간이라고 볼 수 있다.
42. 꿈이란 서로 연결되어 있지 않았던 것들을 연결시켜낸 산물이고, 창의적인 사람들은 일반적으로 연관시키지 않는 방법으로 개념들을 연결시켜 창의적인 아이디어를 내놓는다. 원래는 관련 없었거나 관련 없어 보이는 것들을 연관시켜 생각한다는 점에서 꿈과 창의력은 유사하다고 볼 수 있다.

정답 41. ① 42. ①

여: 당신은 샤워하는 도중에 정말 좋은 아이디어가 떠오르는 것을 느껴본 적이 있는가? 그랬다면 그것은 뇌의 창의적인 연결이 막 시작하는 아침에 창의력이 가장 높기 때문이다. 창의력을 높여야 한다면, 이른 아침이 집중하기 가장 좋은 시간이다. 이러한 효과는 꿈에서 쉽게 발견될 수 있는데, 우리는 창의력이 뇌 속의 여러 가지 시스템간의 연결을 통해서 생겨난다는 것을 과학에서 배웠다. 꿈은 이전에 관련이 없던 것들을 연결해 낸 결과물이다. 이는 창의적인 사람들이 하는 일과 유사하다. 창의적인 사람들은 다른 사람들이 이제까지 고려하지 않았던 방법으로 기존의 개념들을 결합시키지만, 이때 의미가 통하게 된다.

41. 창의력을 필요로 하는 일을 하기에 가장 좋은 시간대는 언제인가?

① **오전 7시**

② 오후 1시

③ 오후 8시

④ 오전 2시

42. 이 이야기에서, 왜 꿈과 창의력은 비교되었는가?

① **서로 다르게 보이는 아이디어를 연결한다.**

② 아무 조짐 없이 무작위로 일어난다.

③ 강한 감정적 연결을 만들어낸다.

④ 잊어버린 것들을 기억해내게 한다.

[43-44] 다음 지문을 듣고 문제에 대한 알맞은 답을 고르시오.

M: The Color 8k Race is heading to downtown Harrisburg on January 14th, 2015 beginning at 10 a.m.! Are you ready for the wildest, most colorful 8k of your life? Of course you are! Do it alone or with friends. The Color 8K Race is a unique experience where you can focus on enjoying a colorful crazy day with others instead of worrying about your speed. We welcome all participants whether fast or slow, old or young, big or small. Whether you are a competitive runner or a casual walker, the Color 8K Race course will be 5 miles of bliss for everyone. We have just two rules for the fun race. First, everyone can participate regardless of age or ability. Second, all participants must wear a white shirt at the starting line! It's $15 to register, and children aged 5 and under race free!

43. Who does this race hope to attract?

① Mainly professional athletes

② Mainly senior citizens

③ Teens and their parents

④ **Everyone in the community**

44. Which of the following is true about the race?

① The race is free for elderly participants.

② All participants are required to run the 5 miles.

③ **White shirts must be worn at the start of the race.**

④ Children under 5 are prohibited from participating.

문제풀이 43. 위 내용에서 계속 강조하고 있는 것은 달리는 속도, 나이, 체격, 능력 등에 아무런 관계없이 누구나 참여하여 경주를 즐길 수 있다는 것이다.

44. 5세 이하의 어린이는 참가비가 무료라고 했으므로 참여가 가능하다는 것이고, 경주 코스가 5마일이라고는 하였으나 꼭 완주를 해야 한다거나 뛰어야 한다는 언급은 없었다.

정답 43. ④ 44. ③

남: Color 8k 경주가 Harrisburg 시내에서 2015년 1월 14일 오전10시에 시작됩니다! 당신 인생에서 가장 거칠고 화려할 8k에 도전할 준비되었나요? 물론 준비완료이겠죠! 혼자 또는 친구와 함께 하세요. Color 8k 경주는 속도에 신경 쓰지 않고 다른 사람들과 다채롭고 열광적인 하루를 즐기는 데에 집중하기만 하면 되는 아주 특별한 기회입니다. 달리기 속도가 빠르든 느리든, 나이가 많든 적든, 체격이 크든 작든 누구나 환영합니다. 경쟁을 하는 사람에게도 가볍게 걷는 사람에게도 Color 8k 경주 코스는 모든 사람에게 행복의 5마일입니다. 즐거운 경주를 위해 단 두 가지의 규칙이 있습니다. 첫째, 나이나 능력에 상관없이 모두 참여할 수 있습니다. 둘째, 모든 참가자들은 출발점에서부터 하얀색 티셔츠를 입고 있어야 합니다! 등록비는 15달러, 5세 이하의 어린이는 무료입니다!

43. 이 경주는 어떤 사람들의 관심을 끌려고 하는가?

① 주로 전문 운동선수들

② 주로 노인들

③ 십 대들과 그 부모님들

④ 해당 지역의 모든 사람들

44. 다음 중 그 경주에 관한 내용 중 사실인 것은?

① 그 경주는 노인참가자들에게는 무료이다.

② 모든 참가자들은 5마일을 뛰어야 한다.

③ 경주 시작 시 하얀색 티셔츠를 입고 있어야 한다.

④ 5세 이하의 어린이는 참가가 금지되어 있다.

[45] 다음 지문을 듣고 문제에 대한 알맞은 답을 고르시오.

W: Once when I was talking with an executive, he asked me how I manage to balance my vision of the big picture when I'm constantly spending my time on little daily issues. This is a great question, and here are some approaches that have proven helpful to me. First, set aside thinking time. Although that seems obvious, it's hard to actually do this. But you should allocate a specific time each day for this, depending on what time of the day you're most inspired. For me, that's an hour after breakfast, so my big-picture thinking time is from 9 a.m. to 10 a.m. But after setting aside thinking time, you may still get stuck because it's difficult to force yourself to just think! The greatest ideas usually happen through conversation, so find another person to talk to. If you're a manager, you might want to buddy up with one of the employees that are in your charge. Your coworkers will be energized by the opportunity to converse with you, while your clarity and concentration will also vastly improve.

여: 한번은 경영이사와 대화를 나누고 있을 때, 그가 나에게 어떻게 하면 일상생활의 작은 일들에 지속적으로 시간을 쓰면서 동시에 전반적인 나의 목표와 균형을 이룰 수 있는지 물었다. 매우 좋은 질문이다. 그에 대한 답으로 내게 도움이 되었던 몇 가지 접근법을 지금부터 말하려고 한다. 첫째, 생각할 시간을 따로 확보해두어라. 너무 뻔한 말 같아 보이지만, 실제로 그렇게 하는 것은 어렵다. 당신이 하루 중 언제 가장 많은 영감을 받는지에 따라 특정한 시간을 생각하는 일에 할당해 두어라. 내 경우에는 큰 그림을 생각하는 시간은 아침식사 후 한 시간인 아침 9시부터 10시 사이이다. 그런데 생각하는 시간을 따로 정해둔 후에도 여전히 아무것도 못하고 막막할 수도 있다. 왜냐하면 억지로 생각만 하도록 스스로를 강요하는 것이 어렵기 때문이다. 가장 훌륭한 아이디어는 대화를 통해서 얻어지는 경우가 많으니, 이야기를 나눌 사람을 찾아라. 당신이 만약 관리직에 있다면 당신이 담당하는 직원들 중에서 한 명과 친해져 보아라. 그 직원은 당신과 대화하는 기회를 통해 격려를 받을 것이고, 그 사이에 당신의 명료함과 집중력은 대단히 향상될 것이다.

45. Which of the following is implied by the speaker?

① It's important to take time to relax.

② **It's useful to voice your ideas.**

③ You should find a loyal work buddy.

④ You need to work harder in the morning.

45. 다음 중 화자가 한 말이 함축하고 있는 바는?

① 휴식하는 시간을 갖는 것이 중요하다.

② 당신의 생각을 말로 표현하는 것이 유용하다.

③ 충실한 동료를 찾아야 한다.

④ 오전에 더 열심히 일할 필요가 있다.

어휘 set aside 챙겨두다, 확보하다 obvious 명백한, 확실한, 뻔한 allocate 할당하다 inspire 고무하다, 영감을 주다 get stuck 꼼짝 못하게 되다, 막히다 buddy up ~와 친구가 되다, 짝을 짓다 energize 열정을 돋우다 clarity 명확성, 명료성 concentration 집중 vastly 대단히

문제풀이 자신이 가지고 있는 큰 그림의 목표를 일상생활을 하면서도 잊지 않고 균형을 맞추며 생활하는 방법으로 화자는 생각할 시간을 따로 가지라고 처음에 언급하였다. 그리고 화자는 덧붙여서 혼자 생각만 하는 것은 어려우니, 함께 대화할 사람을 찾아야 한다고 말하고 있다. 대화를 하는 동안 자신의 생각이 더 명료해지고, 그 생각에 더 집중할 수 있을 것이라고 설명하였다. 궁극적으로 머리 속의 생각을 소리 내어 말하는 것이 도움이 된다는 것이 화자가 말하고자 하는 요점이다.

정답 ②

[46-47] 다음 지문을 듣고 문제에 대한 알맞은 답을 고르시오.

M: Having business knowhow is different than putting it into practice. If you need the practical skills to have small business success, SBI is here to help. With more than 50 different subject areas, you can study anything from accounting to branding to recruiting and more. Having been small business owners themselves, all of our teachers have real-life experience and know their stuff. Whether you want to learn how to attract top employees, manage your business or market it, SBI has a seminar to get you started. At our SBI Learning Center you can join seminars with other entrepreneurs like yourself. But if you're too busy to come to our location, don't worry! You can still participate live online from wherever you are through a webinar. If you do, you will also receive a recording of the webinar available for online viewing up to 10 days following the live seminar.

46. What is the best title for the talk?

① Getting through tough times: brand your business

② Managing difficult people: what you need to know

③ Small business vs. big business: who's the winner?

④ **Invest in your business: make time for education**

47. Which of the following does SBI offer?

① Office software

② **Online seminars**

③ Business magazines

④ Pre-recorded video lectures

어휘 practical 실용적인, 실질적인 accounting 회계 brand 상품화하다, 브랜드로 만들다 recruit 채용하다 entrepreneur 사업가, 기업가 webinar 온라인 회의 get through 통과하다, 헤쳐나가다

문제풀이 46. 위 내용은 SBI라는 소기업 경영주들을 위한 교육프로그램을 운영하는 곳의 광고이다. 사업성공을 위해 실질적인 기술들이 필요하고, 그것들을 SBI에서 제공하는 세미나를 통해서 얻을 수 있다고 홍보하고 있다. 따라서 사업을 위한 투자로 공부를 하라는 제목이 가장 적절하다.
47. SBI 학습센터에 와서 세미나에 참석할 수 있는데, 만약 바쁠 경우 온라인 회의를 통해서 실시간으로 세미나에 참여할 수 있다고 하였다. 그리고 실시간으로 이루어졌던 세미나의 녹화영상을 10일간 다시 볼 수 있도록 제공한다고 하였다. 미리 제작된 강의영상을 제공하는 것은 아니다.

정답 46. ④ 47. ②

남: 사업비결을 알고 있는 것과 그것을 실천에 옮기는 것은 다릅니다. 사업 성공을 위한 실질적인 기술이 필요하시다면, 여기 SBI가 도와드리겠습니다. 50여 가지가 넘는 분야에 대해서 회계부터 상품화나 채용, 그 이상의 것까지 공부할 수 있습니다. 한 때 소기업 경영주들이었던 SBI의 모든 선생님들은 실전 경험이 풍부하고, 업무에 대해서 아주 잘 알고 있습니다. 당신이 원하는 것이 우수한 직원을 얻는 방법이든 사업체를 잘 홍보하는 방법, 또는 회사를 홍보하는 방법이든, SBI는 당신이 시작할 수 있도록 세미나를 열어드립니다. SBI 학습센터에서 당신과 같은 다른 기업인들과 함께 세미나에 참여할 수 있습니다. 그러나 만약 업무가 너무 바빠서 학습센터를 방문할 수 없다 하더라도 걱정하지 마세요! 당신이 있는 곳 어디에서나 온라인 회의를 통해 참여할 수 있습니다. 온라인으로 참여한 경우에는 본 수업 이후 최대 10일까지 해당 회의를 온라인상에서 다시 시청할 수 있도록 녹화영상을 제공해드리고 있습니다.

46. 이 이야기의 제목으로 가장 어울리는 것은?

① 힘든 시기 헤쳐나가기: 당신의 사업을 브랜드화 해라

② 어려운 사람 다루기: 당신이 알아야 할 것

③ 소기업 vs. 대기업: 누가 승자인가?

④ 당신의 사업에 투자하라: 교육을 위해 시간을 마련하라

47. 다음 중 SBI에서 제공하는 것은?

① 사무용 소프트웨어

② 온라인 세미나

③ 경제 잡지

④ 사전 녹화된 강의

[48-49] 다음 지문을 듣고 문제에 대한 알맞은 답을 고르시오.

W: Are you an animal lover? Then professional pet sitting is the profession for you. Pet sitters watch after clients' pets when they can't. You'll play with animals, brush them, give them food and water, and sometimes have to administer prescriptions or injections. There are other services you can also offer your clients such as retrieving the mail, taking care of messes, changing the litter boxes, and taking out trash. Just 20 years back, this profession didn't even exist. It was neighbors who watched after people's pets for them. But then a few decades ago the number of stay-at-home moms who could care for pets in the daytime decreased. Also, young couples started putting off starting families so they could launch their careers and frequently got pets as a surrogate family. Now, pet sitting is a lucrative field, so if you love animals, the opportunities abound!

48. Which of the following does the speaker mention as a possible job duty?

① Taking dogs for a walk

② **Giving medicine to animals**

③ Mailing packages at post office

④ Watering plants in the garden

49. What is mentioned as a reason this profession began?

① A number of companies allowed people to work at home.

② Working women chose to get pets instead of getting married.

③ **Young couples delayed having kids and got pets instead.**

④ More vets began recommending that animals need human interaction.

어휘 pet sitting 애완동물 돌보기 대행 administer 관리하다, 투여하다 prescription 처방전, 처방약 injection 주사 retrieve 회수하다; 검색하다 launch 시작하다, 진출시키다 surrogate 대리의, 대용의 lucrative 수익성 좋은, 유리한 abound 아주 많다, 풍부하다 vet 수의사(veterinarian)

문제풀이 48. 애완동물 관리사가 기본적으로 해야 할 일로 언급된 것은 동물 돌보기, 빗질하기, 먹이주기이고 가끔은 처방약을 투여하거나 주사를 맞히는 일도 있다고 설명하고 있다. 애완동물의 주인을 위해 해야 할 일도 몇 가지 언급되었는데, 우편물 찾아오기, 쓰레기 치우기 등이 있다.
49. 20년 전만해도 이 직업은 존재하지도 않았고, 애완동물을 돌봐줄 사람이 필요할 때에는 이웃사람들이 도움을 주었다. 그러나 점점 집에 머무르는 전업주부의 수가 줄어들고, 젊은 부부들이 일을 위해 아이 갖기를 미루고 그 대신 애완동물을 가족 구성원 대신으로 키우기 때문에 애완동물 관리대행이 생겨났다고 설명하고 있다.

정답 48. ② 49. ③

여: 당신은 동물 애호가인가? 그렇다면 전문 애완동물 관리가 당신에게 잘 맞는 직업일 수 있다. 애완동물 관리사는 의뢰인이 동물을 돌볼 수 없을 때에 대신 그들을 돌봐준다. 애완동물들과 놀아주고, 빗질해주고, 먹이와 물을 제공해주면 된다. 때에 따라서 약을 먹이거나 주사를 맞히기도 한다. 또한 우편물을 찾아온다거나, 어질러진 것을 치우거나, 애완동물의 변기를 갈아주거나 쓰레기를 버리는 등과 같은 서비스를 의뢰인에게 제공해 줄 수도 있다. 20년 전만 해도, 이러한 직업은 존재하지도 않았다. 애완동물을 대신 돌봐주는 사람은 이웃들이었다. 하지만 그 후 십여 년 전부터 낮에 집에 있으면서 애완동물을 돌볼 수 있는 전업주부들이 줄어들었다. 게다가 젊은 부부들은 직장생활을 시작하기 위해서 가정을 꾸리는 것을 미루기 시작했고 대신에 애완동물을 가족 대신으로 키우기는 경우가 많다. 이제, 애완동물 관리 대행업은 수익성이 좋은 분야가 되었다. 동물을 사랑하는 당신이라면, 기회가 아주 많다.

48. 다음 중 맡게 될 수 있는 임무로 언급된 것은?

① 개 산책시키기

② 애완동물에게 약 먹이기

③ 우체국에서 소포 부치기

④ 정원에 있는 식물 물주기

49. 이 직업이 시작된 이유로 언급된 것은 무엇인가?

① 많은 회사들이 재택근무를 허락하였기 때문이다.

② 직업여성들이 결혼하는 것보다는 애완동물 키우기를 선택했기 때문이다.

③ 젊은 부부들이 아이 갖기를 미루고 대신 애완동물을 키우기 때문이다.

④ 동물들이 인간과의 상호작용이 필요하다고 많은 수의사들이 권하기 때문이다.

[50] 다음 지문을 듣고 문제에 대한 알맞은 답을 고르시오.

M: The executive team of the YoYo Franchise Group has more than 100 years of restaurant industry experience, and we focus on keeping the opportunity high with operation costs low. This rapidly growing frozen yogurt model entered the market in 2010 and has since grown to 38 stores already open with nearly 200 in development. YoYo has a low franchise fee of only $25,000. And with us you can open amazing-looking stores at a great price. YoYo is offering franchises to qualified people, and international franchises also are possible. We support our franchisees at every turn. YoYo will help you from designing your shop, selecting the location and getting it built, getting equipment, training staff, and marketing to your target audience. According to our research, the self-serve yogurt model offers the greatest opportunity with low labor costs and an attractive return on investment. YoYo's low start-up franchise cost and unparalleled assistance will give individuals with restaurant know-how a chance to shape a winning national brand.

50. Which of the following is true?

① YoYo has opened more than 100 stores.

② You can purchase a franchise for less than $20,000.

③ **It is possible to open a YoYo store in a foreign country.**

④ YoYo decreases labor costs by hiring well-trained employees.

어휘 qualified 자격이 있는 at every turn 언제나, 어디서나 labor cost 인건비 return on investment 투자수익 start-up 착수의, 개시의 unparalleled 비할 데 없는

문제풀이 YoYo가 2010년 처음 창업한 이후 지금까지 문을 연 체인점은 38곳이고, 거의 200곳은 오픈 준비 중에 있다고 하였다. YoYo의 가맹점 수수료는 2만5천 달러라고 명시하고 있으며, 셀프서비스로 운영하는 곳이기 때문에 인건비가 낮은 것이다.

정답 ③

남: 100년이 넘는 외식사업 경험을 가지고 있는 YoYo 프랜차이즈 그룹 경영진은 운영비를 낮추면서 기회를 높이는데 집중해 왔습니다. 빠르게 성장하고 있는 이 냉동 요거트 전문점은 2010년에 처음 출범한 이후 이미 38개의 체인점이 문을 열었고, 거의 200여 곳이 현재 개발 중에 있습니다. YoYo의 가맹점비는 2만 5천 달러로 낮은 편이며, 우리와 함께 한다면 좋은 가격으로 멋진 점포를 열 수 있습니다. YoYo는 자격요건이 갖춰진 사람들에게 가맹점 영업권을 주고 있으며, 해외 프랜차이즈도 가능합니다. YoYo는 점포 디자인에서부터 위치선정, 공사, 장비구입, 직원훈련, 타겟층 대상 홍보까지 모든 지원을 하고 있습니다. 셀프 요거트 전문점은 낮은 인건비에 매력적인 투자수익을 제공한다고 조사 결과가 나왔습니다. 요식업에 노하우가 있는 분들이 YoYo의 낮은 가맹점 착수비용과 더없이 훌륭한 보조를 만나면 우리나라를 선도하는 브랜드를 만들 기회를 갖게 될 것입니다.

50. 다음 중 사실인 것은?

① YoYo은 100여 개 이상의 가맹점을 열었다.

② 가맹점 영업권을 2만 달러 미만으로 구매할 수 있다.

③ **YoYo 체인점을 해외에 열 수 있다.**

④ YoYo는 숙달된 직원을 채용함으로써 인건비를 낮춘다.

51~65

● 본문 p.96

[51-65] 다음 중 문장을 가장 자연스럽게 완성시키는 것을 고르시오.

51. The amount of sugar Koreans consume __________ vary from year to year.

① **doesn't**
② don't
③ isn't
④ have not

51. 한국인들이 소비하는 설탕의 양은 매년 다르지 않다.

어휘 consume 소비하다, 소모하다 vary 다르다, 달라지다

문제풀이 동사원형인 vary를 부정하기 위해서는 doesn't나 don't가 적절하고, 주어 the amount는 3인칭 단수이기 때문에 doesn't가 쓰여야 한다.

정답 ①

52. Wanting to break the ice, she asked him, "__________ you like some coffee?"

① Do
② Can
③ **Would**
④ Could

52. 어색한 분위기를 깨기 위해서 그녀는 그에게 물었다. "커피 마실래요?"

어휘 break the ice 서먹서먹한(딱딱한) 분위기를 깨다

문제풀이 상대방에게 권유할 때에는 Would you가 쓰인다. Will you 보다 정중한 표현으로 여겨진다.

정답 ③

53. Not only __________ store data but also performs logical operations.

① the computer
② **does the computer**
③ do the computer
④ has the computer

53. 컴퓨터는 데이터를 저장할 뿐만 아니라 논리적 작업도 수행한다.

어휘 perform 수행하다; 공연하다 operation 수술; 작전; 작업; 연산

문제풀이 not, never, only, hardly 등과 같은 부정부사가 문두에 나오면 〈조동사+주어+동사원형〉의 어순으로 도치된다. 따라서 주어 computer는 3인칭 단수이므로 조동사 does가 먼저 와야 한다.

정답 ②

54. The company is looking forward to the benefits of recent restructuring and __________ improvements in underwear manufacturing.

① anticipatory

② anticipation

③ **anticipates**

④ anticipate

어휘 look forward to 기대하다 restructure 구조조정하다, 개혁하다 anticipate 예측하다; 기대하다 anticipatory 예상하고 있는 anticipation 예상, 예측

문제풀이 주어 the company에 두 개의 동사구가 등위접속사 and로 연결되어 병렬구조를 이루고 있다.

정답 ③

54. 그 회사는 최근 구조조정의 혜택을 기대하고 있고 속옷 제조업의 호전을 예상한다.

55. A solar day is the length of time __________ takes for the earth to revolve once around the sun.

① that

② **that it**

③ which

④ what it

어휘 revolve 돌다, 회전하다

문제풀이 관계사절 내에서 〈It takes+시간+for...+to ~〉는 '…가 ~하는 데 시간이 얼마 걸리다'라는 표현으로 시간에 해당하는 목적어가 빠져 있으므로 선행사(the length of time)를 가리키는 목적격 관계대명사 that 또는 which로 받을 수 있다.

정답 ②

55. 태양일은 지구가 태양을 한 바퀴 돌아오는 데 걸리는 시간의 길이이다.

56. VISUALIZE Group's Communication Skills Seminar should be __________ more informative and beneficial for our sales representatives than any other seminar.

① such

② **much**

③ too

④ very

어휘 informative 유용한 정보를 주는, 유익한 beneficial 이로운 sales representative 판매직원, 영업직원

문제풀이 형용사의 비교급을 강조하는 어휘를 찾는 문제로 much를 비롯하여, still, way, a lot, far 등이 비교급 앞에 올 수 있다.

정답 ②

56. VISUALIZE 그룹의 커뮤니케이션 스킬 세미나는 우리 영업직원들에게 다른 어떤 세미나보다 훨씬 더 유익하다.

57. The deputy director thanked everyone for their __________ hard work.

① except
② exception
③ excepting
④ **exceptionally**

어휘 deputy 부-

문제풀이 전치사 for 뒤에서 명사구를 이룰 수 있는 구조는 〈한정사(소유격)+부사+형용사+명사〉로 형용사 hard를 수식해줄 수 있는 부사가 필요하다.

정답 ④

57. 부회장은 모든 직원들이 매우 열심히 일해준 것에 감사해 했다.

58. Any tax that remains unpaid during the extension period accrues interest, __________ late payment penalties will not be added.

① until
② that
③ over
④ **but**

어휘 accrue 누적되다, 축적되다

문제풀이 이자가 가산된다는 것과 벌금이 부과되지 않는다는 것은 서로 상반되는 내용이므로 역접을 나타내는 접속사가 적절하다.

정답 ④

58. 연장시기 동안에 납부되지 않은 세금은 이자가 누적되지만, 체납에 대한 벌금은 추가되지 않을 것이다.

59. Although Ms. Clinton has agreed to accept the position, she __________ needs to sign an employment agreement.

① either
② besides
③ too
④ **also**

문제풀이 비슷한 내용을 추가할 때 쓰는 부사인 besides, too, also는 문장에서 나타나는 위치가 다르다. besides는 문두와 문미에 주로 사용되고, too는 문미에 사용된다. 문장 중간에 삽입하기도 하나, 그 때는 앞뒤로 콤마가 필요하다. also는 문두와 동사 앞에서 쓰인다.

정답 ④

59. Clinton양이 그 자리를 받아들이는데 동의하였더라도, 그녀는 고용계약서에 서명도 해야 한다.

60. During the orientation, department managers will explain __________ the job will exactly entail to their new employees.

① that
② when
③ how
④ **what**

어휘 entail 수반하다

문제풀이 entail의 목적어에 해당하는 표현이 의문사절을 이끌어야 하기 때문에 what이 적당하다. 빈칸 뒤의 문장이 entail의 목적어가 비어있는 불완전한 문장이므로, 완전한 문장을 수반하는 접속사 that이나 의문부사 when, how는 쓰일 수 없다.

정답 ④

60. 오리엔테이션 동안, 부서장은 그 업무에 무슨 일들이 수반되는지 신입직원들에게 설명해줄 것이다.

61. When a marriage __________, it is rarely the case that one marriage partner is completely to blame and the other blameless.

① **fails**
② succeeds
③ thrives
④ strives for

어휘 thrive 번창하다, 잘 해내다 strive for ~을 얻으려고 노력하다

문제풀이 결혼 당사자 둘 중에 한 사람만 비난받는 경우는 드물다고 하는데, 이는 당연히 결혼생활이 잘 유지되지 못하였을 때를 말하는 것이다.

정답 ①

61. 결혼이 실패할 때 한쪽 배우자만 전적으로 책임이 있고 상대방은 전혀 책임이 없는 경우는 드물다.

62. Traditionally, courts have granted divorces on fault grounds: one __________ is deemed to be at fault in causing the divorce.

① judge
② problem
③ **spouse**
④ divorce decree

어휘 grant 승인하다; 인정하다; 보조금 deem 여기다 at fault 잘못하여, 책임이 있어 decree 법령, 판결

문제풀이 이혼의 원인이 누군가에게 책임이 있기 때문이라면 그것은 당연히 배우자이다.

정답 ③

62. 전통적으로, 법정은 과실에 근거하여 이혼을 승인했다: 이혼을 하게 된 데에 한 배우자에 잘못이 있다고 여겨진다.

63. The student's __________ of a language will therefore be judged not by how much he knows but by how well he can perform in public.

① order
② **command**
③ direction
④ request

어휘 command 명령; 지식, 언어능력

문제풀이 이 문제는 다의어 command의 의미를 잘 알고 있는지를 묻는 문제이다. 보기가 '명령, 지시, 요구' 의미를 가지는 유의어들로 이루어져 있어 모두 비슷해 보이나, command는 '언어구사력'이라는 의미도 가지고 있기 때문에 학생의 언어 수행에 관한 내용과 가장 적합하다.

정답 ②

63. 따라서 학생의 언어구사력은 얼마나 많이 알고 있는지에 따라 판단되는 것이 아니라 대중 앞에서 얼마나 잘 수행할 수 있는지에 따라 판단된다.

64. The Battle of New Orleans gave a clear demonstration of the need for effective communication during wartime; it also showed the disastrous results that can come to pass when communication is __________.

① appropriate
② **inadequate**
③ delinquent
④ invulnerable

어휘 give a demonstration 보여주다, 입증하다 wartime 전시 disastrous 처참한 come to pass 발생하다 delinquent 범죄성향을 보이는; 연체된, 체납된 invulnerable 안전한

문제풀이 첫 문장은 효과적인 대화의 필요성에 대해서 말하고 있고 뒤이어서 안 좋은 결과가 나오는 경우에 대해 덧붙이고 있으므로, 대화가 잘 안 되거나 부족한 상황에 대해 말하는 것이다.

정답 ②

64. New Orleans 전투는 전시에 효과적인 소통의 필요성을 명백하게 보여주었다. 또한 대화가 부족할 경우 발생할 수 있는 끔찍한 결과를 보여주었다.

65. __________ is the damaging of someone's good reputation by saying something bad and untrue about them.

① Libelous
② **Defamation**
③ Snare
④ Incrimination

어휘 libelous 비방하는, 명예훼손의 defamation 명예훼손 snare 덫 incrimination 죄를 씌움

문제풀이 다른 사람의 명예를 손상시키는 일을 명예훼손이라고 하고, 보기 중 관련된 어휘로는 libelous와 defamation이 있다. 빈칸은 동사 is 앞이므로 주어자리이고 따라서 명사형인 defamation이 적절하다.

정답 ②

65. 명예훼손은 다른 사람에 대한 부정적인 것이나 사실이 아닌 것을 말함으로써 그 사람의 명예를 손상시키는 것이다.

66~70

● 본문 p.100

[66-70] 다음 주어진 문장과 가장 유사한 의미를 가진 것을 고르시오.

66. **She couldn't help but interrupt their conversation.**

① **She couldn't help interrupting their conversation.**

② She couldn't stop to interrupt their conversation.

③ She couldn't cut in their conversation.

④ It was not possible for her to stop their conversation.

어휘 cannot help but+동사원형 ~하지 않을 수 없다

문제풀이 〈cannot help but+동사원형〉은 '~할 수 밖에 없다'는 표현으로 〈cannot help+~ing〉, 〈cannot but+동사원형〉, 〈cannot choose but+동사원형〉과 같은 의미이다.

정답 ①

66. 그녀는 그들의 대화를 중단시킬 수밖에 없었다.

① **그녀는 그들의 대화를 중단시킬 수밖에 없었다.**

② 그녀는 그들의 대화를 중단시키기 위해 멈출 수 없었다.

③ 그녀는 그들의 대화에 끼어들 수 없었다.

④ 그녀가 그들의 대화를 중단시키는 것은 가능하지 않았다.

67. **The skipper notified the coastguard of the tragedy.**

① The skipper was told about the tragedy of the coastguard.

② The coastguard broke the tragic news to the skipper.

③ The skipper announced the tragedy of the coastguard.

④ **The coastguard was informed of the tragedy by the skipper.**

어휘 skipper 선장, 주장 notify A of B A에게 B를 알리다 coastguard 해안 경비대 break the news 소식을 처음으로 알려주다 be informed of 통지를 받다, 알고 있다

문제풀이 〈notify/inform A of B〉 표현은 'A에게 B를 알리다'라는 뜻으로, 선장이 해안 경비대에게 소식을 알려주었다는 능동형 문장은 the coastguard를 주어로 한 수동형 문장으로 바꿀 수 있다.

정답 ④

67. 선장은 해안 경비대에게 그 참사를 알렸다.

① 선장은 해안 경비대의 참사에 대해 들었다.

② 해안 경비대는 선장에게 비극적인 소식을 전했다.

③ 선장은 해안 경비대의 참사를 알렸다.

④ **해안경비대는 선장으로부터 그 참사에 대해 들었다.**

68. <u>**Choi proved himself to be second to none when it comes to golf.**</u>

① It was proved that Choi is the second best golfer in the world.

② Choi was proved to be the best golf player in the world.

③ Choi demonstrated that he is the second to golf.

④ Choi testified that he is one of the best golfers in the world.

어휘 second to none 어느 누구에게도 뒤지지 않는, 1등의 when it comes to ~에 관해서라면 demonstrate 시연하다; 논증하다 testify 증명하다

문제풀이 second to none는 누구에게도 두 번째가 아니라는 뜻이므로 '최고, 1등'이라는 의미이다. 따라서 최고인 여러 명 중에 한명이라는 의미와 같을 수 없다.

정답 ②

68. Choi는 골프라면 누구에게도 뒤지지 않는다는 것을 증명해 보여주었다.

① Choi가 세계 2위 골퍼라는 것이 증명되었다.

② Choi가 세계 최고의 골퍼라는 것이 증명되었다.

③ Choi는 그가 골프에서 2위다.

④ Choi는 그가 세계 최고의 골퍼들 중에 하나라는 것을 증명했다.

69. <u>**Uncountable goods were passed on to other regions.**</u>

① People traded precious goods with foreigners.

② They strived to export valueless goods.

③ Innumerable goods were spread over to other regions.

④ A great number of merchandisers were sent to other regions.

어휘 uncountable 셀 수 없는; 무수한 goods 물건 strive to ~하려고 분투하다 innumerable 셀 수 없이 많은 a (great) number of 많은 merchandiser 상인

문제풀이 uncountable은 '셀 수 없을 만큼 많다'는 의미이므로 innumerable, a great number of와 같은 표현이다. merchandiser는 '상인', merchandise는 '물품, 상품'이므로 두 단어를 헷갈리지 않도록 주의해야 한다.

정답 ③

69. 무수한 물건들이 다른 지역으로 전달되었다.

① 사람들이 귀중품을 외국인과 거래했다.

② 그들은 가치가 없는 제품을 수출하려고 노력하였다.

③ 셀 수 없이 많은 제품들이 다른 지역으로 퍼져나갔다.

④ 수많은 판매상들이 다른 지역으로 보내졌다.

70. **Had it not been for Watergate, Nixon would not have resigned from the presidency.**

① Despite Watergate, Nixon kept working as president.

② The Watergate scandal allowed Nixon to resign as president.

③ Owing to Watergate, Nixon stepped down from the presidency.

④ Without Watergate, Nixon couldn't become president.

어휘 had it not been for ~가 없었다면/아니었다면(가정법 과거완료) resign 사임하다 presidency 대통령직

문제풀이 had it not been for는 가정법 과거완료 표현으로 과거사실에 대해 반대로 가정하는 것이다. Watergate가 아니었더라면 사임하지 않았을 것이라는 것은 Watergate 때문에 사임하였다고 표현될 수 있겠다. Watergate가 원인이 되어 사임했다는 표현과 Watergate가 주체가 되어 그의 사임을 허용하였다는 것은 같은 문장이라고 볼 수 없다.

정답 ③

70. Watergate가 아니었더라면 Nixon은 대통령직에서 사임하지 않았을 것이다.

① Watergate에도 불구하고 Nixon은 대통령으로 계속 직무를 하였다.

② Watergate 스캔들은 Nixon이 대통령직을 사임하도록 허락하였다.

③ Watergate 때문에 Nixon은 대통령직에서 물러났다.

④ Watergate가 아니었더라면 Nixon은 대통령이 되지 못했을 것이다.

71~80

● 본문 p.101

[71-80] 다음 밑줄 친 단어 혹은 어구를 대체할 수 있는 가장 적합한 답을 고르시오.

71. He gave **a satisfactory** explanation to Mary concerning the rumor.

① a satisfied

② **an acceptable**

③ an alluring

④ a commensurable

71. 그는 그 루머에 대하여 Mary에게 만족스러운 설명을 하였다.

어휘 satisfactory 만족스러운, 충분한 concerning ~와 관련된 satisfied 만족하는 acceptable 용인되는, 충분한 alluring 매혹적인 commensurable 균형 잡힌

문제풀이 이 문제에서는 satisfied가 오답인 이유를 정확히 알아야 한다. satisfactory는 형용사가 수식하고 있는 명사가 만족을 준다는 의미이지만, satisfied는 수식받는 명사가 만족을 느끼는 경우에 사용한다. 추가적으로 알아둘 것은 satisfactory와 satisfying의 의미 차이이다. satisfactory는 '만족할만한, 충분한'이라는 의미라면 satisfying은 '매우 만족스럽고 훌륭한'이라는 의미이다.

정답 ②

72. She has **no less than** $100,000.

① **as much as**

② as little as

③ at most

④ at best

72. 그녀는 자그마치 10만 달러나 가지고 있다.

어휘 no less than 자그마치, 꼭 ~만큼 at most 많아봐야 at best 기껏해야

문제풀이 no less than은 많음을 나타내고, no more than은 '단지, 겨우'라는 뜻으로 적음을 나타낸다. 참고로 not less than은 at least와 같이 '적어도', not more than은 at most와 같이 '많아야'라는 의미이다.

정답 ①

73. In these letters, he **mocked** life around Boston. The letters amused the paper's readers, but not the city officials.

① mimicked

② imitated

③ **made fun of**

④ paid attention to

어휘 mock 조롱하다 amuse 즐겁게 하다 mimic 흉내 내다 imitate 모방하다

문제풀이 mock는 '흉내를 내며 놀리다'라는 뜻이므로, '흉내 내다'라는 의미만 있는 mimic이나 imitate와는 같을 수 없다.

정답 ③

73. 편지에서 그는 Boston 주변에서의 삶을 조롱하였다. 그 편지는 독자들은 즐겁게 해 주었지만, Boston시 공무원들에게는 그렇지 못했다.

74. When the apparently **negligible** movement of the stars is contrasted with the movement of the planets, the stars are seemingly unmoving.

① neglecting

② **insignificant**

③ magnificent

④ disregarding

어휘 apparently 보아하니, 분명히 negligible 무시해도 될 정도의 contrast 대조하다, 대비시키다 seemingly 겉보기에는 insignificant 대수롭지 않은, 사소한 magnificent 웅장한, 굉장한 disregarding 무시하는

문제풀이 negligible '무시해도 될 정도의'라는 뜻은 그만큼 '대수롭지 않은, 사소한, 미미한'이라는 뜻으로 이어질 수 있다.

정답 ②

74. 분명 무시해도 될 것 같은 정도의 별의 움직임은 행성의 움직임과 대조되었을 때, 거의 움직이지 않는 것처럼 보인다.

75. The **asymmetrical** nature of the portrait, with his mother seated off-center, is highly characteristic of Whistler's work.

① proportionate

② **uneven**

③ balanced

④ lyrical

어휘 asymmetrical 비대칭적 off-center 중심에서 벗어난 highly 매우, 대단히 be characteristic of ~에 특유한, ~다운 proportionate 비례하는 uneven 균등하지 않은 lyrical 서정적인

문제풀이 asymmetrical과 같은 의미의 단어는 uneven, unbalanced, unproportionate 등이 있다.

정답 ②

75. 초상화에서 Whistler의 어머니가 중심에서 벗어나 앉아 있는데, 초상화의 그런 비대칭성은 Whistler 작품의 대단히 특유한 점이다.

76. According to market analysts, the growing signs that the housing slump will be deeper and longer than investors had expected **jolted** the financial markets.

① invigorated

② energized

③ **shook**

④ affected

어휘 slump 급감하다 jolt 확 움직이다 (갑자기 날카롭게 움직이거나 무엇을 빨리 움직이게 하는 동작을 나타냄) invigorate 기운 나게 하다, 활기를 북돋우다 energize 열정을 돋우다 shake 흔들리다, 흔들다 affect 영향을 미치다

정답 ③

76. 시장 전문가의 말에 따르면, 주택 급감이 투자자들이 예상했던 것보다 더 심해지고 길어질 것이라는 증가 징후가 금융시장을 확 움직였다.

77. Dodgson graduated with honors from Christ Church, Oxford, in 1854, and then **embarked** on a career in the world of academia.

① **started**
② traveled off
③ shipped
④ loaded up

어휘 graduate with honors 우등으로 졸업하다 embark on ~에 착수하다, 시작하다 ship 수송하다 load up ~에 싣다

문제풀이 embark on은 '새로운 생활, 직종을 시작하다'라는 뜻이므로 보기 중에서 동일한 의미는 start이다.

정답 ①

77. Dodgson은 1854년에 Oxford에 있는 Christ Church를 우등으로 졸업하였고, 그 후에 학계에 들어갔다.

78. Translators should have cultural **competence** related to the foreign languages in question.

① competition
② sufficient
③ **ability**
④ proficient

어휘 competence 능숙도, 권한 sufficient 충분한 proficient 능숙한

문제풀이 competence와 동일한 의미로 '능력, 유능함'을 뜻하는 명사는 ability이다. proficient는 형용사이기 때문에 정답이 될 수 없다.

정답 ③

78. 번역가들은 해당 외국어와 관련된 문화적 역량이 있어야만 한다.

79. At the close of the Civil War; the United States did not have in place any agency responsible for **accounting for** what had happened to the innumerable men who had served in the military during the war.

① the accountants of

② the result

③ **explaining**

④ amounting to

어휘 in place 제자리에, ~을 위해 준비가 되어 있는 account for 설명하다 innumerable 셀 수 없이 많은, 무수한 serve 근무하다, 복무하다 accountant 회계사 amount to ~에 이르다, 달하다

문제풀이 '계좌, 장부, 계정, 설명, 간주하다' 등 여러 의미를 가지고 있는 account는 전치사 for와 함께 쓰여서 '설명하다'를 뜻한다.

정답 ③

79. 남북전쟁의 종결 당시, 미국에는 전쟁동안에 군복무 중이었던 무수한 사람들에게 일어났던 일에 대해서 설명할 책임이 있는 정부기관이 없었다.

80. Last year 400,000 acres of land **yielded** a crop worth $1.75 billion.

① **produced**

② has turned out

③ surrendered

④ has given in

어휘 yield 생산하다; 양도하다; 양보하다 give in ~에게 항복하다

문제풀이 위 문장에서 yield는 '농작물을 생산하다'라는 뜻이므로 produce와 바꾸어 쓸 수 있다.

정답 ①

80. 작년에 40만 에이커의 토지에서 17억 5천만 달러 상당의 곡식을 거두었다.

● 본문 p.103

[81-85] 다음 문장에서 밑줄 친 부분과 문맥상 가장 유사한 것을 고르시오.

81. Uncle Sam, a bearded gentleman **costumed** in the red, white, and blue stars and stripes of the nation's flag, is another well-known national symbol.

① seen
② camouflaged
③ hidden
④ **dressed**

어휘 camouflage 위장하다, 감추다

문제풀이 costume이 동사로 쓰여서 '의상을 입고 있다'는 의미를 가지는데, 이와 의미가 같은 단어로는 dress가 있다.

정답 ④

81. 성조기와 동일한 빨강, 흰색, 파랑의 별과 줄무늬로 이루어진 옷을 입고 있는 턱수염이 있는 신사, Uncle Sam은 또 하나의 잘 알려진 미국의 상징이다.

82. Esperanto has had its **ups and downs** in the period since World War I.

① tops and bottoms
② **highs and lows**
③ floors and ceilings
④ takeoffs and landings

어휘 ups and downs 성쇠, 기복 top and bottom 위쪽과 아래쪽; 전체, 전부; 가짜 돈 뭉치

문제풀이 ups and downs는 흥망성쇠를 뜻하므로 '고저, 기복'을 의미하는 highs and lows와 바꿔 쓸 수 있다. 참고로 단수형으로 high and low는 '곳곳에, 도처에'라는 의미이다.

정답 ②

82. Esperanto는 제1차 세계대전 이후로 시대에 기복이 있어왔다.

83. It is important to treat failures as **invaluable** learning opportunities.

① useless

② **priceless**

③ uncalculated

④ unworthy

83. 실패를 귀중한 배움의 기회로 여기는 것이 중요하다.

어휘 invaluable 매우 유용한, 귀중한 priceless 값을 매길 수 없는, 대단히 귀중한 uncalculated 계획되지 않은, 무의식적인

문제풀이 이 문제에서 접두사 in-에 유의하여야 한다. invaluable은 'very valuable'의 의미이고, valuable의 반대말은 valueless이다. valueless나 useless는 부정 접미사 -less로 인해 '-이 없는'이라는 의미가 포함되어 있지만, priceless는 값을 매길 수 없을 정도로 매우 소중하다는 뜻이므로 유의하여야 한다.

정답 ②

84. When heated, it changes into a poisonous gas that can cause severe illness and even death if it is **inhaled**.

① armed

② **breathed in**

③ careless

④ blown

84. 그것은 가열되었을 때 들이마시면 심한 질병이나 심지어 사망을 초래할 수 있는 독성가스로 변하게 된다.

어휘 poisonous 독성의 inhale 들이마시다 blow 불다; 폭파하다

문제풀이 inhale은 '숨을 들이마시다, 가스를 들이마시다'라는 뜻이므로 동사구 표현 breathe in으로 대신 쓸 수 있다. 참고로 '숨을 내쉬다'는 exhale 또는 breathe out이다.

정답 ②

85. Owing to its dangerous properties, the United States **revoked** permission for the home use of carbon tetrachloride in 1970.

① gave

② granted

③ enacted

④ **took away**

85. 4염화탄소의 위험성 때문에 미국정부는 4염화탄소의 가정 내 사용허가를 1970년에 철회하였다.

어휘 revoke 폐지하다, 철회하다 carbon tetrachloride 4염화탄소 grant 승인하다 enact 제정하다, 규정하다; 상연하다; 일어나다 take away 제거하다

문제풀이 revoke는 기존에 있던 것을 '취소/폐기하다, 없애다'의 뜻으로 보기 중에서 대신하여 사용될 수 있는 표현은 take away이다.

정답 ④

86~88

● 본문 p.105

[86-88] 다음 중 문법적으로 옳지 <u>않은</u> 것을 고르시오.

86. Every ① <u>open space</u> in the targeted area ② <u>that has</u> grass and ③ <u>a few</u> bushes ④ **<u>are occupied</u>** by the white-crowned sparrow.

86. 목표지역 내 잔디와 약간의 숲이 있는 모든 공터는 흰줄무늬참새에 의해 점령되었다.

어휘 open space 공터, 녹지 white-crowned sparrow 흰줄무늬 참새

문제풀이 이 문장의 주어는 every open space, 동사구는 are occupied이다. every는 단수로 여겨지기 때문에 주어-동사의 수일치를 위해 is occupied로 고쳐야 한다.

정답 ④

87. Carl Sagan's *Cosmos* initiated tens of ① **<u>million of</u>** viewers ② <u>not only</u> into the wonders of space but also ③ <u>into awareness of</u> the deepest scientific questions ④ <u>concerning</u> the nature and origin of the world, of life, and of humankind.

87. Carl Sagan의 *Cosmos*는 수천만 독자들이 우주의 경이로움을 접하도록 하였을 뿐 아니라 지구, 생명, 인류의 기원과 본질에 관한 가장 중대한 과학적 문제들에 관심을 갖게 하였다.

어휘 initiate 착수시키다; 접하게 하다 tens of millions of 수천만의 awareness 의식, 관심

문제풀이 특정한 수나 양이 나오지 않고 '수많은'을 의미할 때 millions of가 쓰인다.

정답 ①

88. Readers of the *Odyssey* ① <u>will remember</u> the ② <u>touching scene</u> in book 19, when Odysseus ③ **<u>has at last came</u>** home, the scene in which the old housekeeper Eurycleia, ④ <u>who</u> had been his nurse, recognizes him by a scar on his thigh.

88. *Odyssey* 독자들은 19권에서 Odysseus가 마침내 집으로 돌아왔을 때, 그의 유모였던 오래된 가정부 Eurycleia가 허벅지에 난 상처로 그를 알아보는 감동적인 장면을 기억할 것이다.

어휘 scar 상처 thigh 허벅지

문제풀이 접속사 when은 '~할 때'라는 뜻으로 정확한 시점을 나타내는 표현이기 때문에 과거부터 현재까지 이어주는 시제인 현재완료상과 함께 사용할 수 없다. 그 밖에도 yesterday, ago, last, in 1950s 등과 같이 정확한 과거시점을 나타내는 표현이 나올 때는 완료상을 쓰지 않는다.

정답 ③

89~90

● 본문 p.105

[89-90] 다음 중 문법적으로 옳지 <u>않은</u> 것을 고르시오.

89.

① Men, but not women, systematically tend to overinterpret the sexual intentions of potential mates.

② Is this simply a matter of wishful thinking?

③ **Not at all, argues the evolutionary psychologists Martie Haselton and David Buss.**

④ Instead, it's a highly efficient strategy shaped by natural selection, a cognitive error reinforced by nature.

어휘 overinterpret 확대해석하다 potential 잠재적인 wishful thinking 희망사항 evolutionary 진화론적인 natural selection 자연선택, 자연도태 cognitive 인지적인 reinforce 강화하다

문제풀이 보기 ③에서 주어는 the evolutionary psychologists 이다. 복수형 명사이기 때문에 동사 또한 수일치를 이루어 argue로 써야 한다.

정답 ③

89.

① 여자들이 아니라 남자들은 계통적으로 배우자가 될 수 있는 이들의 성적 의도를 확대해석하는 경향이 있다.

② 단지 희망사항의 문제인가?

③ **진화 심리학자 Martie Haselton과 David Buss는 절대 아니라고 주장한다.**

④ 대신 이것은 자연에 의해 강화된 인지 오류이자 자연 선택에 의해 만들어진 매우 효율적인 전략이다.

90.

① His research for the thesis was more useful than hers.

② I want a new secretary who is as efficient as the previous one.

③ You have less homework than they do.

④ **Music in your country is quite similar to my country.**

어휘 thesis 학위논문; 논지

문제풀이 한국어는 생략이 매우 자유로운 편이기 때문에 보기 ④를 그대로 해석하여도 크게 어색하지 않으나, 비교는 정확한 대상에 대해 이루어져야 한다는 점을 명심해야 한다. 이 문장에서 비교의 대상은 '당신 나라의 음악'과 '우리나라의 음악'이지, '우리나라' 전체가 아니다. 그러므로 that in my country로 바꾸어야 한다.

정답 ④

90.

① 그 논문에 대한 그의 연구는 그녀의 것보다 더 유용하다.

② 지난번 비서만큼 유능한 새 비서를 원한다.

③ 너는 그들보다 숙제가 적다.

④ **당신 나라의 음악은 우리나라와 꽤 유사하다.**

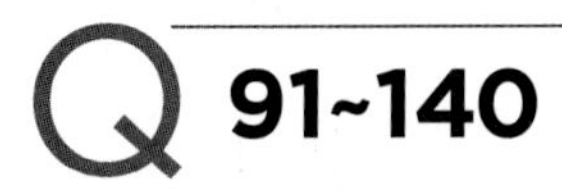

91~140

● 본문 p.106

[91-140] 다음 지문을 읽고 문제에 대한 알맞은 답을 고르시오.

[91]

This winter natural gas prices will rise by 30 cents per unit. That translates to higher residential gas bills for consumers who heat their houses using gas. To help lower the cost of your bill by up to 30%, keep your thermostat set below 69 degrees Fahrenheit. Read the bulletin enclosed with this letter for additional details on how you can save energy costs.

이번 겨울의 천연가스의 가격은 단위 면적당 30센트가 오를 것입니다. 이것은 천연가스를 사용하여 난방을 하는 고객들이 더 많은 주택 가스 요금을 내야 하는 것을 의미합니다. 가스비를 최대 30%가량 줄이기 위해서는, 온도조절장치를 화씨 69도 아래로 조정하십시오. 에너지 비용을 절약하는 법에 대한 추가적인 세부 내용은 이 편지에 동봉된 공고를 참고하세요.

91. For every ten units of gas, how much more will a customer have to pay each month this winter than before?

① Thirty cents

② **Three dollars**

③ Thirty percent

④ Thirty dollars

91. 고객들은 예전보다 이번 겨울에 매달 가스 10단위마다 얼마를 더 많이 지불해야 하는가?

① 30센트

② **3달러**

③ 30센트

④ 30달러

어휘 thermostat 온도조절장치 bulletin 고시, 공고

문제풀이 이번 겨울 천연가스 가격이 단위당 30센트 오를 것이라고 안내하였다. 문제에서는 10단위당 얼마나 오르는지를 묻고 있으므로, 30센트의 10배인 3달러가 정답이다.

정답 ②

[92-93]

It's almost the season for health insurance enrollment. If you have not already enrolled in a health plan, you will have the chance to enroll during this period. If you are already enrolled in a plan but want to make a change, this will be the time to do it. Open season starts January 1 and ends January 20. If your family situation has changed in the past year due to marriage, divorce, death, or birth of a child, you need to update your plan during the upcoming enrollment period to ensure all of your dependents have adequate coverage. The majority of the cost of this insurance is covered by your employer, so you and your family can have excellent coverage at an economical price. If you are uninsured at present, it is highly recommended that you consider signing up while you can.

92. Which of the following describes employees who would probably ignore this notification?

① Those not covered by a health plan

② Those dissatisfied with their health plan

③ Those covered by a spouse's health plan

④ Those ready to change their insurance

93. Why is participation recommended?

① All of the employees have yet to enroll in a health plan.

② The employer pays a lot, and the benefits are excellent.

③ Changes may be made in the following year.

④ The employees pay the entire cost of the insurance.

어휘 enrollment 등록 ensure 반드시 ~하게 하다, 보장하다 dependent (dependant) 딸린 식구, 부양가족

문제풀이 92. 이 안내문은 의료보험 가입이나 변경을 권장하는 내용이다. 아직 의료보험에 가입되지 않은 사람이나, 불만족스러운 사람, 변경할 내용이 있는 사람들을 언급하며 관심을 끌고 있지만, 배우자의 의료보험에 의하여 완전히 보장받는 사람에 대해서는 언급이 없다.

93. 'The majority of the cost of this ~ at an economical price.'에서 알수 있듯이 경제적인 가격에 우수한 보장내역을 갖추고 있는데, 게다가 보험료의 대부분은 고용주가 부담하기 때문에 가입 전이거나 변경이 필요한 사람들에게 의료보험에 가입할 것을 적극 권하고 있다.

정답 92. ③ 93. ②

이제 곧 의료 보험 가입 시기가 되었습니다. 만약에 당신이 의료 보험에 아직 가입하지 않았다면, 이 시기에 가입할 기회가 있습니다. 이미 의료 보험에 가입한 상태이기는 하지만 바꾸고 싶다면, 지금이 적절한 시기입니다. 가입 시기는 1월 1일에 시작하여 1월 20일에 마감됩니다. 만약에 결혼, 이혼, 사망, 혹은 아이의 출생으로 당신의 가족 상황에 지난 1년간 변동이 있었다면, 당신의 부양가족이 적절히 보장받도록, 다가오는 가입 시기 동안에 당신의 의료 보험을 갱신해야만 합니다. 당신과 당신의 가족이 경제적인 가격으로 우수한 보장을 받을 수 있도록, 본 보험료의 대부분은 당신의 고용주가 보장합니다. 만약 현재 당신이 보험에 들지 않은 상태라면, 할 수 있을 때 가입을 고려하시길 적극 추천합니다.

92. 다음 중 이 안내문을 무시할 것 같은 직원을 묘사한 내용은?

① 의료보험 보장을 받지 못하는 사람들

② 의료 보험에 불만족스러운 사람들

③ 배우자의 의료보험에 의해 보장받는 사람들

④ 보험을 변경할 준비가 되어 있는 사람들

93. 왜 가입을 권장하는가?

① 모든 직원들이 아직 의료보험에 가입하지 않았다.

② 고용주가 비용을 많이 지불하고, 그 혜택이 훌륭하다.

③ 다음 해에 변화가 있을 수도 있다.

④ 직원들이 보험료 전액을 지불한다.

[94-95]

To celebrate the upcoming holiday season, we are thrilled to announce our special holiday offer. Starting December 1st, all mall customers who spend $75 or more at any store can get complimentary gift-wrapping during this season of giving. Simply bring your gifts along with your sales receipts to the fifth floor of Seven Stars Mall, and our holiday helpers will wrap your gifts free of charge. This special offer is only valid during weekdays. Gift-wrapping on weekends will be available for a small fee. Please, no more than three packages per customer per day, and no packages over forty pounds. Offer expires December 24th.

94. How many gifts per customer can be wrapped each day?

① One

② Two

③ **Three**

④ Four

95. When is the free gift-wrapping offer valid?

① On packages over fifty pounds

② On weekends

③ Every day

④ **Weekdays only**

어휘 complimentary 무료의

문제풀이 94. 'no more than three packages per customer per day, and no packages over forty pounds.'에서 1인당 무게 40파운드 이하의 선물 3개로 제한한다고 명시하고 있다.
95. 'This special offer is only valid during weekdays.' 12월 1일부터 12월 24일까지 중 평일에만 무료로 포장 서비스가 제공되고, 주말에는 약간의 비용을 지불해야 한다.

정답 94. ③ 95. ④

다가오는 휴가철을 맞이하여 특별 휴가 할인을 알리게 되어 무척 기쁘게 생각합니다. 12월 1일부터 시작하여 모든 매장에서 75달러 이상 구매하는 고객들은 이 기간 동안 무료 선물 포장 서비스를 받을 수 있습니다. Seven Stars Mall 5층으로 영수증과 상품을 함께 가져오시면 저희의 휴가철 봉사자가 무료로 선물을 포장해 드립니다. 이 특별 할인은 평일에만 적용됩니다. 주말에는 소정의 요금을 내야만 이용할 수 있습니다. 하루에 포장은 1인당 세 개 이하로 제한되며, 무게는 40파운드를 초과하면 안 됩니다. 본 할인은 12월 24일에 마감됩니다.

94. 매일 고객 1명당 포장서비스를 받을 수 있는 선물은 몇 개인가?

① 1개

② 2개

③ **3개**

④ 4개

95. 무료 선물포장 서비스는 언제 유효한가?

① 50파운드가 넘는 선물에 대해서

② 주말에

③ 매일

④ **평일에만**

[96-97]

Our Power Dive Fins (PDF's) have a patented blade to produce the desired force you need for all four competitive swim strokes. Most fins are not designed for breaststroke, but the PDF's are totally groundbreaking. With a short asymmetrical blade that is extra-wide, you can safely create extra power in your breaststroke kick. Plus, our PDF's are good for backstroke, freestyle and butterfly because the fins help you have a more natural inward kick when your body is prostrate. The PDF's help build up leg strength and make your ankles more flexible for the four swim strokes, and they're available in various sizes.

저희 Power Dive Fins (PDF's)는 모든 네 가지의 경쟁력 있는 영법에 필요한 힘을 만들어내는 특허 받은 날을 지니고 있습니다. 대부분의 핀은 평영을 위해 설계되지는 않았지만, PDF's는 정말로 획기적입니다. 폭이 넓은 비대칭 날과 함께, 당신은 평영 발차기에 추가적인 힘을 안전하게 만들어낼 수 있습니다. 게다가, 당신이 엎드려 있을 때, 핀이 더 자연스러운 안쪽 발차기를 할 수 있게 도와주기 때문에 저희 PDF's는 배영, 자유형, 그리고 접영에도 좋습니다. PDF's는 다리 힘을 기르는 데 도움을 주며, 네 가지 수영 스트로크를 할 때 당신의 발목을 더 유연하게 해주며, 다양한 크기로 이용 가능합니다.

96. What item does the passage describe?

① **Fins for swim kick training**

② Swimming paddles for arm stroke training

③ Portable document format

④ Jet propulsion motor

97. Which of the following is NOT true according to the passage?

① Traditional fins are unsuitable for breaststroke.

② **Freestyle is excluded from the four competitive swim strokes.**

③ Swimmers can do the breaststroke kick training with the PDF's.

④ PDF's are available in multiple sizes.

96. 지문에서 설명하고 있는 물건은 무엇인가?

① **수영 발차기 훈련용 핀**

② 수영 팔 동작 훈련용 수영패들

③ 휴대용 문서포맷

④ 제트기 추친 모터

97. 다음 중 지문내용에 따르면 사실이 아닌 것은?

① 전통적인 핀은 평영에 적합하지 않다.

② **자유형은 4가지 경쟁력 있는 수영 영법에서 제외된다.**

③ 수영하는 사람들은 이 PDF's로 평영발차기 훈련을 할 수 있다.

④ PDF's는 다양한 사이즈로 이용 가능하다.

어휘 patented 개인에 의해 창안된, 특허 받은 fin 지느러미, 핀 breaststroke 평영 groundbreaking 획기적인 asymmetrical 비대칭의 freestyle 자유형 butterfly 접영 inward 내부로 향한 prostrate 엎드린 paddle 노, 패들 portable 휴대용의 propulsion 추진

문제풀이 96. 이 물건에 대해 수영 영법에 도움을 주는 것이고, 특히 다른 제품들과는 달리 평영 발차기에도 효율적이라고 광고하고 있다. 따라서 수영 발차기 훈련에 사용되는 핀에 대한 광고문이다.

97. 대부분의 핀들은 평영 발차기를 위해 설계되어 있지 않지만, PDF's는 기본 자유형, 배영, 접영뿐 아니라 평영을 할 때도 추가적인 힘을 줄 수 있도록 설계되었다고 한다. 또한 글 마지막에 사이즈가 다양하다고 언급하고 있다. 자유형이 4가지 영법 중에서 경쟁력 있지 않다는 내용은 나와있지 않다.

정답 96. ① 97. ②

[98-99]

If you wear heels often or play a lot of sports, your feet likely have a lot of dry and thick skin. With PrettyFoot Electronic Pedi Filer, you don't have to waste your time and money going to the nail shop for a pedicure every month. This gadget is an electronic foot file that effectively removes hard skin from the foot. With an ergonomically shaped design, it has a head roller that rotates quickly and makes it easy to get rid of dead skin, [A] exfoliating the foot gently and safely. A complimentary replacement head is included with the foot file, which you can use on the go with four AA batteries.

98. Which of the following is implied about the gadget in the passage?

① **Its roller is replaceable.**

② Its batteries are rechargeable.

③ It is a waterproof device.

④ It is a file cabinet system.

99. The word [A] exfoliating could best be replaced by ________.

① massaging

② decapitating

③ severing

④ **filing**

어휘 pedicure 발 관리 gadget 도구, 장치 file (매끈하게 다듬는 데 쓰는) 줄 ergonomically 인체공학적으로 exfoliate 벗겨내다 complimentary 무료의 on the go 계속 일하는 decapitate 목을 자르다, 참수하다 file (동사) 보관하다; 제기하다; 줄로 다듬다

문제풀이 98. 'A complimentary replacement head ~ AA batteries.' 부분에서 본품과 함께 무료 교체용 롤러와 발 각질제거기가 포함되어 있다고 언급하였다. 따라서 이 도구의 롤러부분은 교체 가능하다는 것을 알 수 있다. 배터리는 AA건전지를 사용한다고 하였으므로 재충전 가능한 것은 아니며, 방수기능에 대해서는 언급된 바 없다. 이 지문에서 사용된 단어 file은 거친 면을 매끈하게 다듬는데 사용되는 '줄'을 의미한다.

99. exfoliate는 '벗겨내다'라는 의미이므로 보기 단어 중에서 '매끈하게 줄로 다듬다'라는 뜻의 file로 바꿔 쓸 수 있다.

정답 98. ① 99. ④

만약에 당신이 하이힐을 자주 신거나 스포츠를 즐겨 한다면, 당신의 발은 아마도 많이 건조하고 두꺼울 것입니다. PrettyFoot Electronic Pedi Filer와 함께라면 당신은 매달 발 관리를 위해서 네일샵을 가느라 돈과 시간을 낭비하지 않아도 됩니다. 이 도구는 효과적으로 발에서 굳은살을 제거하는 전자 각질제거기입니다. 인체공학적으로 설계된 이 도구는 재빠르게 회전하며 죽은 피부를 제거하는 것을 쉽게 만들며, 발의 각질 제거를 부드럽고 안전하게 하는 롤러를 지니고 있습니다. 무료 교체용 롤러는 발 각질제거기와 함께 포함되어 있으며, AA 건전지 4개로 구동할 수 있습니다.

98. 다음 중 이 도구에 대해서 지문에 함축되어 있는 내용은?

① 그것의 롤러는 교체 가능하다.

② 그것의 배터리는 재충전 가능하다.

③ 그것은 방수제품이다.

④ 그것은 파일 캐비닛 시스템이다.

99. [A]로 표기된 단어 exfoliating(벗겨내다)은 ________(으)로 대체될 수 있다.

① 마사지하다

② 참수하다

③ 자르다

④ 줄로 다듬다

[100-101]

When we talk about heart health, margarine usually beats out butter. Because it's made from vegetable oils, margarine has no cholesterol. It's also got more "good" fats than butter. These good fats serve to reduce low-density lipoprotein (LDL), better known as "bad" cholesterol. In contrast, butter comes from animal fat and thus is high in saturated fat and cholesterol. However, some kinds of margarine are better than others, as some contain trans fats. A general rule of thumb is the softer the margarine, the less trans fats it has. This means stick margarines are typically higher in trans fats than their tub counterpart. Like saturated fat, trans fats raise cholesterol levels in the blood and increase your risk of heart disease. Trans fats also lower high-density lipoprotein (HDL), which is the "good" cholesterol. So stick to the tub and stay away from the stick.

100. Which of the following is NOT good for health?

① High-density lipoprotein ② **Trans fat**

③ Unsaturated fat ④ Vegetable oils

101. Which of the following is NOT argued in the passage?

① **Vegetable oil is better for health than animal fat.**

② Stick margarines have more trans fat than tub margarines do.

③ Saturated fat increases blood cholesterol levels.

④ Margarine lowers high-density lipoprotein (HDL) levels.

어휘 lipoprotein 리포단백질 saturated 포화된 a rule of thumb 경험에 근거한 규칙 counterpart 상대, 대응물

문제풀이 100. 'Like saturated fat, trans fats raise cholesterol levels ~ which is the "good" cholesterol.' 지문 마지막 부분에서 트랜스 지방은 콜레스테롤의 수치를 높여 심장 건강에 좋지 않고, 더구나 좋은 콜레스테롤이라고 불리는 고밀도 리포 단백질을 감소시킨다고 설명하고 있다. 따라서 보기 중에서 건강에 좋지 않은 물질은 트랜스 지방이다.

101. 트랜스지방이 고밀도 리포 단백질 수치를 낮추는데, 마가린이 트랜스 지방을 가지고 있는 경우가 있다고 하였으므로, 마가린이 고밀도 리포 단백질 수치를 낮출 수 있다고 볼 수 있다. 마가린 중에 스틱형 마가린은 트랜스 지방을 좀 더 포함하고 있다고 분명히 밝히고 있으며, 트랜스 지방과 포화 지방은 콜레스테롤 수치를 높인다고 하였다. 마가린이 버터보다 건강에 더 좋다고 하였으나 정확히 식물성 기름이 동물성 지방보다 건강에 좋다고 직접적으로 말하고 있지는 않다.

정답 100. ② 101. ①

우리가 심장 건강에 대해서 이야기를 할 때엔, 마가린이 버터를 이깁니다. 그건 바로 마가린이 식물성 기름으로 만들어졌고, 콜레스테롤을 포함하고 있지 않기 때문입니다. 마가린은 버터보다 이러한 "좋은" 지방을 더 많이 가지고 있는데, 이는 "나쁜" 콜레스테롤이라고 알려진 저밀도 리포 단백질 (LDL)을 감소시키는 역할을 담당합니다. 그에 반해서, 버터는 동물성 지방으로 만들어지며, 포화 지방과 콜레스테롤을 다량 포함하고 있습니다. 그러나 어떤 종류의 마가린은 트렌스 지방을 가지고 있기 때문에 특정 종류의 마가린이 다른 것들보다 더 나을 수 있습니다. 경험으로 비추어 봤을 때, 마가린이 부드러울수록, 트랜스 지방을 덜 가지고 있습니다. 이는 스틱형 마가린이 용기형 마가린보다 트랜스 지방을 많이 포함하고 있다는 것을 의미합니다. 포화 지방처럼, 트랜스 지방은 혈중 콜레스테롤 수치를 높이고 심장병에 걸릴 위험을 높입니다. 트랜스 지방은 또한 "좋은" 콜레스테롤인 고밀도 리포 단백질 (HDL)의 수치를 낮춰줍니다. 그러기에 통에 담긴 마가린을 고집하고 스틱형 마가린을 멀리하십시오.

100. 다음 중 건강에 이롭지 않은 것은?

① 고밀도 리포 단백질

② 트랜스 지방

③ 불포화지방

④ 식물성 기름

101. 다음 중 지문내용에서 논의하지 않은 내용은?

① 식물성기름은 동물성 지방보다 건강에 더 좋다.

② 스틱형 마가린은 용기형 마가린보다 더 많은 트랜스 지방을 포함하고 있다.

③ 포화지방은 혈중 콜레스테롤 수치를 높인다.

④ 마가린은 고밀도 리포 단백질 수치를 낮추어 준다.

[102-103]

There are around three billion people in the world, but only twelve million of them are Jewish; to be precise, that's not even one half of one percent. Statistically speaking, one should hear of them as infrequently as the Ainu, who are virtually out of sight somewhere in Asia, spectators of the rest of the world. But in reality we hear about the Jews at a surprisingly disproportionate frequency relative to their small population. In fact, at least 12 percent of all Nobel winners in medicine, chemistry and physics have been Jewish. Jews have contributed an amazing amount to religion, finance, and the arts.

102. Of the entire population of the earth, the Jews account for ___________.

① **less than 0.5 percent**

② more than 1 percent

③ more than 1.5 percent

④ approximately 2 percent

103. Which of the following is the main point of the passage?

① The Jews are seldom heard of, like the Ainu.

② The Jews are heard of a lot more than the Ainu.

③ **The Jewish achievements are remarkable despite their small population.**

④ The Jewish population is as small as that of the Ainu.

어휘 infrequently 드물게 spectator 관중, 방관자 disproportionate 불균형의 account for 설명하다; 차지하다

문제풀이 102. 세계인구는 약 30억, 유대인은 1천 2백만 명으로, 0.5%에도 미치지 못하는 수치라고 언급하였다.
103. 세계 인구에 비하면 유대인의 인구는 아이누의 인구만큼 작지만, 그것이 요점이 아니라 그럼에도 불구하고 유대인이 이뤄낸 업적이 대단하다는 것이 이 글의 주된 주장이다.

정답 102. ① 103. ③

대략 30억 명의 인구가 세계에 있지만 오로지 1천2백만 명만이 유대인이다; 정확히 말하면, 0.5%도 되지 않는 수치이다. 통계적으로 말하면, 사람들은 아시아의 어디인가 눈에 띄지 않는 곳에 있는 세상의 방관자인 아이누만큼이나 드물게 유대인에 대한 이야기를 들어야 한다. 하지만 현실에선, 자그마한 인구에 비해 상대적으로 놀랍도록 불균형하게 유대인에 대하여 듣는다. 사실, 의학, 화학, 그리고 물리학 분야의 노벨상 수상자의 12%는 유대인들이 차지하고 있다. 유대인은 종교, 금융, 그리고 예술에 놀라울만큼 이바지하고 있다.

102. 지구 전체 인구 중에서 유대인은 _______(을)를 차지한다.

① **0.5% 미만**

② 1% 이상

③ 1.5% 이상

④ 약 2%

103. 다음 중 이 지문의 주된 요점을 나타내는 것은?

① 유대인에 대해서는 아이누 사람들과 마찬가지로 좀처럼 이야기 듣기 어렵다.

② 아이누 사람들보다 유대인에 대해 훨씬 더 많이 듣는다.

③ **유대인의 업적은 그들의 적은 인구에도 불구하고 매우 주목할 만하다.**

④ 유대인의 인구는 아이누의 인구만큼 적다.

[104-105]

The social security system in South Korea delivers social welfare services and public assistance and is comprised of four insurance schemes, all of which are [A] compulsory. Every Korean citizen has to pay into national health insurance, industrial accident compensation insurance, unemployment insurance, and the national pension scheme. These social programs are in place as safeguards for citizens' health, income, and employment. Any foreigner working in South Korea is also permitted to participate in and contribute to the four schemes and is eligible for the same benefits enjoyed by Korean nationals. Their dependents are also eligible for coverage.

104. Which of the following can be inferred from the passage?

① Foreigners in Korea are under the same obligation as native Koreans.

② The children of a working foreigner in Korea can benefit just like Koreans.

③ A Korean citizen with a job has to choose one of the four schemes.

④ All Koreans should heavily depend on private insurance policies.

105. The meaning of the word [A] compulsory is far from _________.

① required

② obligatory

③ complementary

④ mandatory

어휘 comprise 구성하다, 차지하다 scheme 계획, 제도 compulsory 강제적인, 의무적인 safeguard 보호장치 eligible ~의 자격이 있는 dependent 부양가족 complementary 상호 보완적인

문제풀이 104. 한국에서 일하는 외국인 근로자들도 한국 정부가 제공하는 4가지 제도에 모두 자격이 있고 그들의 부양가족 또한 혜택을 받을 수 있다고 설명하고 있다. 따라서 한국인의 자녀와 외국인 근로자의 자녀는 동등한 혜택을 받을 것이라고 추론할 수 있다.
105. compulsory는 '강제적인, 의무적인, 필수의' 뜻으로 required, obligatory, mandatory와 비슷한 의미이지만, complementary는 '상호보완적인'이라는 의미를 가진다.

정답 104. ② 105. ③

한국의 사회 보장 제도는 사회 복지 사업과 공적 부조를 제공하며, 네 가지 보험 제도로 구성되어 있으며, 이들은 모두 의무적입니다. 한국의 모든 시민들은 국가 의료 보험, 산업재해 보상 보험, 실업 보험, 그리고 국가 연금제도에 돈을 내야 합니다. 이러한 사회적 프로그램들은 시민의 건강, 수입, 그리고 고용을 위한 안전장치로서 준비되어 있습니다. 한국에서 일자리를 가진 모든 외국인은 4가지 제도에 참여하고 이바지할 수 있도록 허용되어 있으며, 한국 시민이 누리는 혜택을 같이 누릴 자격을 부여 받습니다. 이러한 외국인들의 식구들 또한 보장 범위에 포함됩니다.

104. 다음 중 지문내용에 비추어 추론될 수 있는 것은?

① 한국에 있는 외국인들은 한국인들과 똑같은 의무를 지닌다.

② 한국에서 일하는 외국인의 자녀들은 한국 아이들과 똑같은 혜택을 받는다.

③ 직업이 있는 한국 시민권자는 4가지 제도 중에서 한 가지를 선택해야만 한다.

④ 모든 한국인들은 개인 보험에 상당히 의존한다.

105. [A]로 표시된 단어 compulsory(의무적인)의 의미는 _______와 전혀 다르다.

① 의무적인

② 의무적인

③ 상호보완적인

④ 의무적인

[106-107]

A Greeny House is basically an airtight building with extremely good insulation. For heating, it primarily uses passive solar gain as well as internal gains from whatever is inside the house, including people and electronics so that energy losses are kept to a minimum. Window placement and shading are also strategically used to lower heat gain and minimize cooling load in summer months. The house uses an energy recovery ventilator to deliver a continuous and balanced supply of fresh air. In the end, you've got a stellar system that offers fantastic indoor air quality and saves you up to 90% on space heating costs.

Greeny House는 기본적으로 단열처리가 굉장히 잘된 밀폐된 건물입니다. 난방의 경우, 에너지 손실을 최소로 줄이기 위하여 이 주택은 사람과 전자 기기를 포함한 주택 내부에서 오는 내부적인 열뿐만 아니라 간접적으로 획득한 태양열을 주로 사용합니다. 창문의 배치와 채광 또한 여름날에 열 취득을 줄이고 냉방 부하를 최소화하기 위하여 전략적으로 사용됩니다. 본 주택은 맑은 공기를 지속적이고 균형 잡히게 전달하기 위하여 에너지 재생 환풍구를 사용합니다. 결국, 당신은 뛰어난 실내 청정도를 제공하며 공간 난방 비용을 90%까지 절감시켜주는 빼어난 시스템을 가지게 됩니다.

106. Why should a Greeny House be an airtight building?

① To be heated by passive solar gain

② To maintain terrific indoor air quality

③ To ventilate the entire indoor space

④ To minimize heat gain or loss

106. Greeny House은 왜 밀폐된 건물이어야 하는가?

① 간접 취득 태양열에 의해 데워지기 위해서

② 훌륭한 실내 청정도를 유지하기 위해서

③ 실내공간 전체를 환기시키기 위해서

④ 열 취득이나 손실을 최소화 하기 위해서

107. Which of the following would NOT be a benefit of a Greeny House?

① It can save 90% of space heating costs.

② It minimizes space cooling loads.

③ It keeps indoor air clean and fresh.

④ It can house a greater number of people.

107. 다음 중 Greeny House의 이점이 아닌 것은?

① 집안 난방비의 90%를 절약할 수 있다.

② 집안 냉방으로 인한 부하를 최소화할 수 있다.

③ 실내 공기를 깨끗하게 유지시킨다.

④ 많은 인원을 수용할 수 있다.

어휘 airtight 밀폐된 insulation 단열처리 ventilator 환풍기 stellar 뛰어난

문제풀이 106. Greengy House는 단열이 잘 되는 밀폐건물이므로 열의 취득이나 손실을 최소화할 수 있는 것이다.
107. Greeny House의 이점으로 언급된 부분들 중에서 이 집에 많은 사람들이 거주할 수 있다는 내용은 없다.

정답 106. ④ 107. ④

[108-109]

On September 18, 2014 the Scottish independence referendum was carried out, in which Scottish voters decided not to leave the United Kingdom. The Yes or No question posed to voters was simple: "Should Scotland be an independent country?" An impressive 84.6% of the electorate voted in this historic referendum determining Scotland's future, with 55.3% voting against and 44.7% in favor of becoming independent from the UK. The country will stay part of the United Kingdom, with its separate Scottish Parliament. The two governments have said they intend to move forward with the proposed changes in power to the Scottish Parliament in abidance with the Scotland Act 2012.

108. What percent of the electorate voted in the referendum?

① 44.7%

② 55.3%

③ 84.6%

④ 90.5%

109. Which of the following is true according to the passage?

① The majority of the Scottish want to gain independence from the UK.

② There will be changes to the powers of the Scottish Parliament.

③ There were more votes on Yes than on No.

④ The Scottish Parliament was disbanded in 2012.

어휘 referendum 국민투표, 총선거 abidance 지속, 준수 electorate 유권자 disband 해체하다

문제풀이 108. 'An impressive 84.6% of the electorate ~ Scotland's future'에서 유권자 투표율이 84.6%로 높은 참여율이라고 언급하고 있다. 109. 스코틀랜드의 독립에 대한 찬성은 전체의 44.7%밖에 되지 않으며, 스코틀랜드 국회는 2012년 제정된 법안에 따라 정권에 변화가 있을 것이라고 하였다.

정답 108. ③ 109. ②

2014년 9월 18일에 스코틀랜드 독립 국민 투표가 시행되었고, 스코틀랜드 유권자들은 영국을 떠나지 않기로 했습니다. 유권자들에게 제기된 예 혹은 아니오 질문은 간단했습니다: "스코틀랜드는 독립 국가가 되어야 하는가?" 스코틀랜드의 미래를 결정하는 본 역사적인 국민 투표엔 유권자의 84.6%가 투표하였고, 55.3%가 독립에 반대하였으며, 44.7%가 독립을 지지하였습니다. 스틀랜드는 분리된 의회를 지닌 채로 영국의 일부로 남을 것입니다. 두 정부는 2012년 스코틀랜드 법을 준수하여 스코틀랜드 의회에 제안된 개정과 함께 앞으로 나아갈 예정이라고 언급하였습니다.

108. 유권자의 몇 퍼센트가 국민투표에서 투표했는가?

① 44.7%

② 55.3%

③ 84.6%

④ 90.5%

109. 다음 중 지문내용에 비추어볼 때 사실인 것은?

① 스코틀랜드 국민의 대다수는 영국으로부터 독립을 얻기를 원한다.

② 스코틀랜드 국회의 정권에 변화가 있을 것이다.

③ 반대보다 찬성투표가 더 많았다.

④ 스코틀랜드 국회는 2012년에 해체되었다.

[110-111]

Korean users of mobile messenger services are switching to foreign services in large numbers in a so-called "cyberexile" after Korea's prosecutors said that they would amp up their real-time social media monitoring to fight online libel and slander. Foreign messaging app TalkingToo seems to be the real winner of Korea's online monitoring campaign, with its number of Korean users seeing a rapid rise last week. TalkingToo was originally created to circumvent the strict monitoring by Chinese government authorities, as the company encrypts all data and does not store on its servers any pictures or text that is transmitted using the app. TalkingToo's developer is planning to launch mobile Korean services soon to capture more of the Korean market of users of mobile messenger services.

110. Which of the following is likely the cause of the "cyberexile"?

① Groundless online rumors that are exaggerated in Korea

② Messenger app developers' lack of cooperation with the government

③ **People's fear that private online messages would be monitored by authorities**

④ Online monitoring that is limited to major portals, not to messenger services

111. Which of the following is true according to the passage?

① TalkingToo has cooperated with the government to monitor social media.

② TalkingToo was first developed by Chinese security authorities.

③ TalkingToo became popular with its Korean language services.

④ **A number of Koreans have begun to use TalkingToo.**

어휘 exile 망명, 추방 amp up 강화시키다 libel 명예훼손 slander 비방, 모략 circumvent 피하다, 면하다 encrypt 암호화하다 launch 착수하다, 진출시키다 groundless 근거 없는 exaggerate 과장하다

문제풀이 110. 본문에서 언급된 바로는 '사이버망명'이 시작된 것은 실시간 소셜 미디어 감시를 강화시킬 것이라는 검찰의 발표 이후라고 하였다. 따라서 사람들은 자신의 사적인 메시지들이 감시될 수도 있다는 걱정을 하는 것이다.
111. TalkingToo는 중국정부의 감시를 피하기 위해 만들어진 프로그램이고, 최근 한국인들의 사용 증가로 곧 한국어 서비스를 제공할 예정이다.

정답 110. ③ 111. ④

모바일 메신저 서비스를 사용하는 한국 유저들은 "사이버망명"이라고 불릴 정도로 대규모로 외국 서비스로 이전하고 있습니다. 이는 검찰이 온라인 명예훼손과 비방에 맞서 싸우기 위하여 실시간 소셜 미디어 감시를 늘리겠다고 말한 이후에 이루어졌습니다. 외국 메신저 애플리케이션인 TalkingToo는 지난주 한국 유저 숫자의 증가와 함께 한국의 감시 캠페인의 진정한 수혜자로 보입니다. TalkingToo는 본래 모든 데이터가 암호화되고, 애플리케이션을 사용하여 전송되는 사진이나 글을 서버에 저장하지 않기에, 중국 정부의 강력한 감시를 피하고자 만들어졌습니다. TalkingToo의 개발자는 한국의 모바일 메신저 서비스의 유저들을 더욱 많이 사로잡기 위하여 곧 한국어 서비스를 개시할 준비를 하고 있습니다.

110. 다음 중 "사이버망명"의 원인일 것 같은 것은?

① 한국 내의 과장된 근거 없는 온라인 루머

② 메신저 어플리케이션 개발자들과 정부의 협력 부족

③ **사적인 온라인 메시지들이 정부당국에 의해 감시될 수도 있다는 두려움**

④ 메신저 서비스가 아니라 주요포탈 사이트에 제한되어 있는 온라인 감시

111. 다음 중 지문내용에 따르면 사실인 것은?

① TalkingToo는 소셜 미디어를 감시하기 위해 정부와 협력해 왔다.

② TalkingToo는 중국 보완당국에 의해 최초로 개발되었다.

③ TalkingToo는 한국어 서비스로 유명해졌다.

④ **많은 한국인들은 TalkingToo를 사용하기 시작해왔다.**

[112-113]

REMOTELY MONITOR & POWER YOUR ELECTRONICS

ON/OFF The BeGo Vision Switch with WiFi allows your electronics and home appliances to connect to your WiFi network, so you can switch your gadgets on or off, set up customized notifications, and modify your device status no matter where you are using your smartphone or tablet. The BeGo Vision Switch can update you with info about the usage of your devices any time, whether you've got air conditioning units, televisions, space heaters, washing machines, fans, lights or other electronics. BeGo allows you to set when certain devices should be on or off and notifies you about any device you connect to a BeGo Vision Switch.

원격 감지&전원온오프

WiFi 기능이 있는 Bego Vision Switch는 당신이 장치들을 키고 끄거나, 맞춤화된 알림을 조정하며, 당신이 스마트폰이나 태블릿을 사용할 때에 기기 상태를 수정할 수 있도록 당신의 전자기기와 가정용 기기들이 WiFi 네트워크에 연결되도록 합니다. BeGo Vision Switch는 시간과 상관없이 기기 사용에 대한 정보를 당신에게 업데이트해줄 수 있고, 당신이 에어컨, 텔레비전, 실내 난방기, 세탁기, 선풍기, 조명 혹은 다른 전자 기기를 가지고 있는지에 대해서도 알려줄 수 있습니다. BeGo는 특정한 기기가 켜져 있어야 하는지, 꺼져 있어야 하는지 당신이 설정할 수 있게 하며, BeGo Vision Switch에 연결된 기기에 대해 알려줍니다.

112. According to the passage, the BeGo Vision Switch is a(n) ________________________.

① **electronic switch controllable through wireless Internet**

② WiFi router with low standby power consumption

③ wireless LCD monitor display

④ daily planner software for smartphones or tablet PCs

112. 지문에 따르면, BeGo Vision Switch는 __________________이다.

① **무선 인터넷을 통해 제어 가능한 전기스위치**

② 낮은 대기전력 소모를 지닌 와이파이 공유기

③ 무선 LCD 모니터 전시

④ 스마트폰이나 태블릿 PC용 데일리 플래너 프로그램

113. Which of the following would NOT be possible with BeGo?

① Turning off the hair dryer in your home bathroom from your office

② Checking how much electricity your TV consumes a day

③ Programming your home heater to automatically turn on at sunset

④ **Getting rid of electrical wires from your house**

113. 다음 중 BeGo를 통해서 할 수 있는 일이 아닌 것은?

① 사무실에서 집안 욕실에 있는 헤어 드라이어 끄기

② 텔레비전이 소비하는 일일 전기량 체크하기

③ 일몰 시 집안 난방기가 자동적으로 작동하도록 설정하기

④ **집안 전선 제거하기**

어휘 router 라우터, 중계장치 standby 예비품, 비상용

문제풀이 112. BeGo Vision Switch는 와이파이에 연결하여 집안 가전제품을 끄고 켤 수 있는 스위치라고 설명하고 있다.

113. 무선으로 외부에서 전기제품의 전원을 제어하는 것은 기본 기능이고, 특정 시간 설정과 사용정보를 볼 수 있는 기능도 있다고 설명하고 있다. 그러나 BeGo를 이용한다고 하여 기기에 연결된 전선들이 필요 없다는 내용은 언급되지 않았다.

정답 112. ① 113. ④

[114]

We tested the Kotania L240 tablet with our video rundown trial, and as for battery life we got 10 hours 13 minutes, which outperformed the Taven ZJZ (7:02) by a long shot and beat out the Rika 16 (5:42) by even more. The first test was just using the tablet, but you can also use the docking keyboard with it, which has its own battery and can supplement or recharge the tablet. When we tested the Kotania L240 with the keyboard attached, it ran for a remarkable 17 hours 47 minutes.

우리는 Kotania L240 태블릿을 비디오 검사 실험을 거치게 하였으며, 배터리 수명으로는 10시간 13분을 얻었고, 이는 Taven ZJZ (7:02)를 능가하였고 Rika 16 (5:42)를 제치는 결과였습니다. 첫 실험은 태블릿만을 사용하였지만, 당신은 자가 배터리를 가지고 태블릿을 보충하거나 재충전할 수 있는 도킹 키보드 또한 사용할 수 있습니다. 키보드를 부착한 Kotania L240을 실험하였을 때, 17시간 47분 동안이나 작동하였습니다.

114. If you use the Kotania L240 with the docking keyboard attached, how long can you work on it at a time?

① **Almost 18 hours**

② About 10 hours

③ Approximately 5 hours

④ About 3 hours

114. 만약 Kotania L240을 도킹 키보드를 부착하여 사용하면, 한번에 몇 시간이나 작업할 수 있는가?

① **거의 18시간**

② 약 10시간

③ 약 5시간

④ 약 3시간

어휘 rundown 축소; 설명, 개요 outperform 능가하다 supplement 보충물

문제풀이 지문 마지막에 도킹 키보드를 부착하고 시험하였을 때는 17시간 47분 동안 작동하였다고 언급하였다.

정답 ①

[115-116]

These days most people spend a lot of time on screens from mobile phones to computers to tablets, and this can lead to eye problems. To help prevent eye fatigue from extensive exposure to the blue light and flickering of LCD monitors, many manufacturers have started making electronic-display devices that are supposedly flicker-free and have low blue light. While this 'flicker' phenomenon generally comes from a miniscule difference in contrast brightness and the human eye cannot usually detect it, certain flickering is actually harmful to the human eye, including the flicker from LEDs, TVs, illuminating devices, and computer screens, which people have long-term exposure to. Furthermore, long-term exposure to blue light, which is as harmful as ultraviolet rays, may result in macular degeneration and sleep disorders.

115. Why have major manufacturers begun producing flicker-free display devices?

① Flickering is not detectable by the human eye.

② LED light emits infrared rays.

③ **Flickering monitors can do harm to the eyes.**

④ LCD monitors are safer than LED monitors.

116. Long-term exposure to blue light wavelength may cause ________.

① muscle degeneration

② **sleep disorders**

③ blue color blindness

④ inability to detect brightness change

어휘 fatigue 피로 flicker 깜박거리다 supposedly 추정상, 아마 miniscule (=minuscule) 극소의 macular degeneration 시력 감퇴 emit 발하다, 내뿜다 infrared 적외선의 wavelength 파장 degeneration 퇴보, 악화

문제풀이 115. 'To help prevent eye fatigue ~ low blue light.' 이 부분에서 알 수 있는 것은 LCD 모니터의 깜박거림으로 인한 안구의 피로를 막기 위해서 깜박거림 없는 모니터를 제조하기 시작했다는 것이다. 116. 지문 마지막에서 푸른 색에 장시간 노출되면 시력 감퇴와 수면장애를 초래할 수 있다고 설명하고 있다. macular degeneration과 muscle degeneration을 혼동하지 말아야 한다.

정답 115. ③ 116. ②

오늘날에 대부분의 사람은 휴대전화에서 컴퓨터, 타블렛에 이르기까지 많은 시간을 스크린에 할애하고 있으며, 이것은 눈과 관련된 문제로 이어질 수 있습니다. LCD 모니터의 푸른 빛과 깜박거림에 장시간 노출되어 발생하는 안구 피로를 방지하기 위하여, 많은 제조업자는 깜빡 거리지 않고 낮은 강도의 푸른 빛을 지닌 전자 디스플레이 기기를 만들기 시작했습니다. 이 '깜박거림' 현상이 밝기의 대비의 미세한 차이에서 오며 눈이 감지하지 못하는 와중에, 특정한 깜박거림은 실제로 사람의 눈에 해롭습니다. 이 특정한 깜박거림은 LED, 텔레비전, 발광성 기기, 그리고 사람들이 장기간 노출되어 있는 컴퓨터 스크린의 깜박거림을 포함합니다. 더 나아가, 자외선만큼이나 해로운 푸른 빛에 장기간 노출되면 시력감퇴와 수면 장애로 이어질 수 있습니다.

115. 주요 제조업자들이 깜박임 없는 디스플레이 기기를 제작하기 시작한 이유는 무엇인가?

① 깜박거림이 사람 눈으로 감지되지 않는다.

② LED 빛은 적외선을 발산한다.

③ **깜박이는 모니터는 사람 눈에 해를 끼칠 수 있다.**

④ LCD 모니터는 LED 모니터보다 더 안전하다.

116. 푸른 빛 파장에 오래 노출되면 ___(을)를 야기시킬 수 있다.

① 근육 변성

② **수면 장애**

③ 청색맹

④ 밝기 변화 감지 불능

[117-118]

After 1920, modern American creationism adopted the anti-evolution movement led by William Jennings Bryan. It had already become common practice to teach evolution in public school, but Bryan blamed German militarism on Darwinism, and he campaigned that teaching evolution threatened traditional religion and morality. Consequently, many states passed laws banning or limiting the teaching of evolution, and therefore, evolution science was eliminated from the curriculum in many public schools. In the 1960s when the United States was trying to make advances in science, new curriculum was instated that reintroduced evolution, thus instigating the creation science movement. Challengers tried to reintroduce legal injunctions, but the Supreme Court made a ruling in 1987 that deemed bans on teaching evolutionary biology as unconstitutional since they infringed on the establishment clause of the US Constitution, which prohibits the government from supporting a particular religion.

117. Which of the following seems to be advocated by William Jennings Bryan?

① **Creationism** ② Evolution science
③ German militarism ④ Frontier spirit

118. The ruling of the Supreme Court in 1987 was that _________.

① evolutionary biology threatens traditional religion.
② **bans on teaching evolutionary biology are a violation of the US Constitution.**
③ teaching creationism in public schools is an infringement on human rights.
④ evolution science forbids the government to advance a particular religion.

어휘 creationism 천지창조설 evolution 진화 militarism 군국주의 injunction 명령, 경고 deem 여기다, 생각하다 unconstitutional 헌법에 위배되는 infringe 위반하다, 침해하다 clause 조항 advocate 옹호하다 frontier spirit 개척정신 infringement 위배, 위반 forbid 금하다

문제풀이 117. William Jennings Bryan이 주장하는 것에 관하여 반-진화운동을 옹호하고, 독일 군국주의를 비난하고, 학교에서 진화론을 가르치는 것에 반대하였다고 언급되고 있다. 미국의 창조설은 그런 William Jennings Bryan의 입장을 채택하였다고 하였으므로, 천지창조설과 같은 입장을 취하고 있다고 볼 수 있다.
118. 대법원 판결에 대해 진화 생물학을 가르치지 못하게 금하는 것은 위헌인데, 그 이유는 정부가 특정 종교를 지지하지 못하게 막고 있는 미국 헌법에 위배되기 때문이다.

정답 117. ① 118. ②

1920년 이후에 근대 미국의 창조설은 William Jennings Bryan이 이끈 반-진화 운동을 택하였습니다. 공공 학교에서 진화론을 가르치는 것은 이미 흔할 일이었지만, Bryan은 독일 군국주의가 다윈설 때문이라고 비난했으며, 진화론을 가르치는 것이 전통적인 종교와 윤리를 위협한다고 캠페인을 벌였습니다. 결과적으로, 많은 주들에서 진화론을 가르치는 것을 금하거나 제한하는 법을 통과시켰고, 진화론은 많은 공립학교의 커리큘럼에서 삭제되었습니다. 1960년도에 미국이 과학을 진보시키려고 시도하고 있을 때, 진화론을 다시 소개한 새로운 커리큘럼이 채택되었으며, 창조 과학 운동을 조장하였습니다. 이의를 제기하는 사람들은 법적인 금지 명령을 재도입하려고 하였지만 1987년에 대법원은 진화 생물학을 가르치는 것을 금하는 것이 정부가 특정한 종교를 옹호하는 것을 금지하는 미국 헌법상의 국교 금지조항을 위반하기에, 위헌이라고 결정을 내렸습니다.

117. 다음 중 William Jennings Bryan이 옹호하고 있는 것은?

① **천지창조설**
② 진화과학
③ 독일 군국주의
④ 개척정신

118. 1987년 대법원의 판결은 ________이다.

① 진화 생물학이 전통 종교를 위협한다.
② **진화 생물학 교육을 금지하는 것은 미국 헌법에 위헌이다.**
③ 학교에서 천지창조설을 가르치는 것은 인권침해이다.
④ 진화 과학은 정부가 특정한 종교를 증진시키는 것을 막는다.

[119]

One of the most mesmerizing books on Japan is Ruth Benedict's *The Chrysanthemum and the Sword*. Published in 1946 after the war, it was a revised version of what began as a research project that the U.S. military intelligence service proposed to Benedict in 1944 during the war. The reason for the timing is clear: as Benedict herself writes in the printed version, the Americans knew that after the war was over, there would be a lengthy occupation inside a culture that was both literally and metaphorically foreign to them. The Americans merely knew that they were fighting a nation with a skillful and technologically advanced army that did not apply Western cultural tradition.

119. Which of the following is implied in the passage?

① *The Chrysanthemum and the Sword* was first published in book form in 1944.

② **The U.S. government asked Benedict to do research on the Japanese culture.**

③ The Japanese culture was quite familiar to the U.S. citizens in 1944.

④ Japan outrivaled the U.S. with its well-organized army.

어휘 mesmerize 매료시키다 literally 문자 그대로 metaphorically 은유적으로, 비유적으로 outrival 경쟁에서 이기다

문제풀이 미국 정부가 1944년 Benedict에게 일본 문화에 대한 연구를 요청하였고, 그것을 바탕으로 수정한 것이 1946년에 나온 책이다. 또한 일본 문화를 'a culture that was both literally and metaphorically foreign to them'이라고 묘사하고 있으므로 그 당시 일본 문화에 대해 전혀 친근하지 않았다는 것을 알 수 있다.

정답 ②

일본에 관한 매혹적인 책 중 하나는 Ruth Benedict의 *The Chrysanthemum and the Sword*라는 작품입니다. 전쟁 이후 1946년에 출판된 이 책은, 전쟁 중인 1944년에 Benedict에게 미국 군사정보부가 제안한 연구 프로젝트로 시작된 것의 개정판입니다. 시기 선택에 대한 이유는 명확합니다: Benedict가 출판본에서 직접 쓴 것처럼, 미국인들은 전쟁이 끝난 이후에 문자 그대로도, 은유적으로도 그들에게 매우 이질적인 문화의 오랜 점령기간이 있으리라는 것을 알고 있었습니다. 미국인들은 그저 서양 문화 풍속을 사용하지 않는 솜씨가 좋고 기술적으로 진보된 군대를 지닌 국가와 싸우고 있다고 알고 있었습니다.

119. 다음 중 지문내용에 함축되어 있는 것은?

① *The Chrysanthemum and the Sword*는 1944년에 처음으로 책의 형태로 발간되었다.

② **미국 정부는 Benedict에게 일본 문화에 대해 조사해줄 것을 요청하였다.**

③ 일본 문화는 1944년에 미국시민들에게 꽤 친근하였다.

④ 일본은 잘 조직된 군대로 미국을 이겼다.

[120-121]

Art: what is it good for? That was the question in 1860s Britain, and many commentators of the time were rather skeptical. Britain had become a distinguished nation with its industrial towns and well-engineered systems of railways and canals, and none of that was attributable to art. In fact, it was feared that an appreciation for art would set the country back; after all, those entrenched in the art world were overly effeminate and introspective, two qualities not greatly valued at the time. John Bright, MP for Birmingham, pronounced the cultural elite as overly pretentious and puerile for being proud of mastering Greek and Latin, both of which he considered dead languages. Frederic Harrison was an Oxford academic who shared an equally scathing opinion on the value of indulging in literature, history or painting: 'The man of culture is one of the poorest mortals alive. For simple pedantry and want of good sense no man is his equal. No assumption is too unreal, no end is too unpractical for him.'

120. Which of the following can NOT be inferred from the passage?

① John Bright disregarded the benefits of studying classical languages.

② John Bright had a caustic view of cultured people.

③ Frederic Harrison had a negative opinion about literature, history or painting.

④ **Frederic Harrison thought that culture should be applied to everyday life.**

121. Which of the following best summarizes the passage?

① **There was a tendency to doubt the value of art in 19th century Britain.**

② Art contributed to the industrial achievements in the 19th century.

③ Cultured people only learned to speak the Greek and Latin languages.

④The man of culture is one of the poorest mortals alive.

어휘 commentator 해설가, 논객 skeptical 회의적인 appreciation 감상 entrench 단단하게 자리잡다 effeminate 여성적인 introspective 자기성찰적인 pretentious 가식적인 puerile 유치한 scathe 혹평하다, 헐뜯다 indulge 마음껏 하다, 빠지다 mortal 사람, 인간; 영원히 살 수 없는 pedantry 세세한 것에 얽매임 caustic 신랄한

문제풀이 120. John Bright는 문화인에 대해 허세와 가식이라고 생각하고, 고전어를 이미 사어라고 여겨 그것에 능통한 것 또한 높이 평가하지 않았다는 것을 알 수 있다. Frederic Harrison에 대해서는 문화, 역사, 그림에 탐닉하는 것에 대해 scathing opinion, 즉 혹평을 하는 학자라고 설명하고 있다.
121. John Bright와 Frederic Harrison의 의견을 제시하면서 예술의 가치에 대해 회의적이었던 19세기 영국의 분위기를 설명하고 있다.

정답 120. ④ 121. ①

예술: 무엇에 쓸모가 있는가? 이 질문은 1860년대 영국에서 다루어졌던 질문이며, 그 시절의 많은 평론가는 상당히 회의적이었습니다. 영국은 공업 도시와 잘 제작된 철길과 수로의 시스템을 갖춘 성공적인 도시가 되었으며, 그 중 어떠한 것도 예술에 기인하지 않았습니다. 사실, 예술을 감상하는 것이 국가를 과거로 돌려놓을 것이라고 두려워하였습니다; 결국에는, 예술 속에 자리 잡고 있는 사람들은 몹시 여성적이었고 내성적이었으며, 두 자질은 그 시절에 높이 평가 받지 못하는 것이었습니다. Birmingham의 하원의원이었던 John Bright는 문화 엘리트들이 이미 사어라고 여겨지는 그리스어와 라틴어를 통달한 것을 자랑스럽게 여기는 것에 대하여 몹시 가식적이며 유치하다고 표명하였습니다. Frederic Harrison는 문학, 역사, 혹은 미술을 탐닉하는 것의 가치에 대해 동등하게 혹독한 평가를 하는 옥스퍼드 학자였습니다: '교양 있는 사람은 살아 있는 사람 중 가장 가난한 사람입니다. 규칙에 얽매임과 분별력의 결여에 있어 동등한 자가 없습니다. 그에 비하면 어떤 추정도 지나치게 비현실적이지 않고, 어떤 결말도 지나치게 비실제적이지 않습니다.'

120. 다음 중 지문내용을 토대로 추론될 수 없는 것은?

① John Bright는 고전어를 공부하는 것의 이점을 무시하였다.

② John Bright는 교양 있는 사람들에 대한 신랄한 관점을 가지고 있었다.

③ Frederic Harrison은 문학, 역사, 그림에 대해 부정적인 의견을 가지고 있었다.

④ **Frederic Harrison은 문화가 일상생활에 적용되어야 한다고 생각했다.**

121. 다음 중 지문내용을 가장 잘 요약하고 있는 것은?

① **19세기 영국에는 예술의 가치에 대해 의문을 품는 경향이 있었다.**

② 예술은 19세기 산업적 업적에 공헌하였다.

③ 교양인들은 그리스어와 라틴어 말하기를 배우기만 하였다.

④ 교양 있는 사람들은 살아 잇는 사람들 중 가장 가난하다.

[122]

The Israeli and Arab conflict over Gaza has been going on for decades and is only one of the areas of contention between the two. Following World War II and the killing of six million Jews in the Holocaust, more Jewish people desired to have their own country. A big part of Palestine was given to them, but the Arabs who had been living there and in nearby countries felt robbed and would not accept the new country. As a result, the two sides went to war in 1948, and after it ended, Egypt controlled Gaza while Jordan took control of the West Bank. Both areas held thousands of Palestinians who escaped from what then became Israel, the new Jewish country.

Gaza 지구를 둘러싼 이스라엘과 아랍의 분쟁은 수십 년간 계속되었으며 두 집단 간의 분쟁 지역 중의 하나일 뿐입니다. 2차 세계대전과 유대인대학살에서 6백만 명의 유대인이 학살된 후에, 더 많은 유대인들이 그들만의 국가를 가지기를 바랐습니다. 팔레스타인 지역의 큰 부분이 그들에게 주어졌지만, 그 지역에서 거주하거나 주변 국가에서 거주하고 있던 아랍인들은 강도를 당한 것처럼 느껴졌고 새로운 국가를 받아들이지 않았습니다. 그 결과로서, 두 축은 1948년에 전쟁을 벌였고, 전쟁이 끝난 후에는 이집트가 Gaza 지구를 통제하였고 요르단이 웨스트 뱅크를 통제하였습니다. 두 지역은 추후 유대인들의 새로운 국가가 된 이스라엘에서 도망쳐 나온 수천 명의 팔레스타인 사람들을 수용하고 있었습니다.

122. Which of the following would be the best title for the passage?

① The Second World War and the Holocaust

② Armistice Agreed: What to Do Now?

③ The Rise and Fall of Israel

④ **Gaza Conflict: How it All Started**

122. 다음 중 지문내용에 가장 적절한 제목은?

① 2차 세계대전과 유대인대학살

② 휴전 협정: 이제 무엇을 해야 하는가?

③ 이스라엘의 흥망성쇠

④ Gaza 갈등: 어떻게 모든 일이 시작되었는가.

어휘 contention 논쟁 armistice 휴전 협정

문제풀이 팔레스타인 지역이 제2차 세계대전 이후 유대인들에게 돌아가면서 주변 아랍인들이 반발하여 전쟁이 일어나게 되고, 그리하여 Gaza 지구를 둘러싼 분쟁이 시작되었다는 내용이다. 따라서 가장 적절한 제목은 'Gaza 갈등, 어떻게 시작되었는가'이다.

정답 ④

[123-126]

In most species that reproduce sexually, offspring are bestowed fifty percent of their genes from each parent. In order to exploit the number of genes in the next generation, most organisms churn out as many offspring as possible. The hitch is that when organisms are young they are more vulnerable, and as a result babies in most species meet their demise before adulthood. Thus, every organism must choose how to use their time and calories and whether or not to prioritize cranking out new offspring and having them manage on their own or risk caring for the existing offspring and boosting their odds of survival. Either strategy maybe genetically lucrative for different species, depending on their body plan and the ecosystem in which they live. Birds and mammals choose to take care of their young, with mammals doing so by evolving bodily organs that secrete nutrients into milk for their young. Mammals and birds are rewarded with increased life expectancy of their offspring because they invest time, calories, and risk and are willing to sacrifice wear and tear on their own bodies.

123. Which of the following is NOT true according to the passage?

① Baby organisms are more vulnerable than adults.

② Mammals feed their young from their own bodies.

③ Most organisms prioritize reproducing over caring for existing offspring.

④ **Birds and mammals pump out more babies than they can care for.**

124. What is the reward for the mammalian investment in their offspring?

① Increased production of milk and siblings

② **Increased life expectancy of the offspring**

③ Calories, time and safety of the parent

④ Bodily wear and tear

성적으로 번식하는 대부분 종족들의 자식들은 각 부모에게서 유전자의 50%를 부여 받습니다. 다음 세대의 유전자 수를 잘 활용하기 위해서, 대부분의 생물은 가능할 수 있는 만큼 최대한 많은 숫자의 새끼들을 낳습니다. 문제는 생물들이 어릴 때 더욱 취약하다는 점입니다. 그리고 그 결과로서 대부분 종족의 자식들은 성인이 되기 전에 죽음을 맞이합니다. 그러므로 모든 생물은 그들의 시간과 힘을 어떻게 사용할지 정해야 하며, 먼저 새로운 자식들을 낳고 각자 생존하게 둘지, 아니면 이미 낳아둔 자식들을 보살피고 생존 가능성을 높일지를 선택해야 한다. 생물의 신체 구조와 생태계에 따라 두 전략 중 하나는 다른 종에게 유리할 수 있습니다. 조류와 포유류는 그들의 자식을 돌보는 것을 선택하며, 포유류는 자식에게 젖을 먹일 수 있는 신체 기관을 발달시킵니다. 포유류와 조류는 시간과 힘과 위험도를 투자하고, 자신의 피해를 기꺼이 감수하려고 하는 것에 대해 자식들의 기대 수명이 올라가는 것으로 보상을 받습니다.

123. 다음 중 지문 내용에 비추어 사실이 아닌 것은?

① 어린 생물체는 다 자란 생물체보다 더 취약하다.

② 포유류는 자기 신체를 이용해서 자식에게 먹이를 먹인다.

③ 대부분의 생명체들은 낳아놓은 새끼들을 돌보는 것보다 번식하는 것에 우선순위를 둔다.

④ **새와 포유류는 그들이 돌볼 수 있는 것보다 더 많은 새끼를 낳는다.**

124. 포유류가 새끼를 위한 투자한 것에 대한 보상은 무엇인가?

① 젖 생산량의 증가와 형제자매

② **새끼들의 늘어난 기대수명**

③ 칼로리, 시간, 부모의 안전

④ 육체적인 마모와 손상

125. Which one of the following is a different genetic strategy from the others?

① Allocating their time and calories to their existing offspring

② Cranking out as many babies as possible

③ Risking caring for existing offspring

④ Feeding the offspring with milk

126. The expression "boosting their odds of survival" has nothing to do with ________________.

① higher chances of survival of the offspring

② providing nourishment for the offspring

③ caring for the offspring

④ the offspring's fending for themselves

어휘 reproduce 번식하다; 복제하다 offspring 후손 bestow 수여하다 exploit 이용하다, 개발하다 organism 생물체 churn out 대량 생산하다 hitch 문제; 편승하다 vulnerable 취약한, 연약한 demise 사망 prioritize 우선순위를 매기다 crank out 빠르게 만들어내다 boost 신장시키다 odds 가능성; 역경 lucrative 유리한 mammal 포유동물 secrete 분비하다 nutrient 영양분 life expectancy 평균수명 wear 마모, 닳음 pump out ~을 만들어내다 sibling 형제자매 allocate 할당하다 fend for oneself 자활하다, 혼자 힘으로 꾸려나가다

문제풀이 123. 본문에서 어린 생명체가 취약하다는 점을 분명히 밝히고 있고, 새와 조류는 새끼를 더 많이 낳기보다는 낳은 새끼를 안전하게 돌보는 것에 치중하고 포유류는 자신의 신체를 통해 영양분을 전달한다고 설명하고 있다. 따라서 보기 중에서 지문내용과 다른 것은 ④이다.

124. 지문 마지막에서 포유류와 조류는 새끼를 위해 시간과 칼로리를 투자하고 위험을 감내하는 것에 대해 자손들의 기대수명 증가로 보상받는다고 언급하고 있다. 문제에서는 포유류가 투자한 것이 아니라, 그에 대한 보상이 무엇인지 묻고 있으므로 정답은 ②이다.

125. 동물들이 자손번식을 활발히 하기 위해 택하는 두 가지 전략은 가능한 많은 새끼를 낳아 스스로 살아남게 하는 것과 일정 수의 새끼를 낳고 그들이 잘 생존할 수 있도록 돌보는 것이다. 보기 중에서 ②를 제외한 나머지는 낳은 새끼들의 생존가능성을 높이기 위한 전략이다.

126. '생존 가능성을 높이는 것'은 포유류나 조류가 많은 새끼를 낳지 않고 낳아둔 새끼를 위해 희생과 투자로 돌보는 것이므로, 그와 거리가 먼 것은 '스스로 살아가는 것'이다.

정답 123. ④ 124. ② 125. ② 126. ④

125. 다음 중 나머지 것들과 다른 유전적 전략 하나는 무엇인가?

① 그들의 시간과 칼로리를 낳아놓은 새끼들을 위해 할애하는 것

② 가능한 한 많은 후손을 낳는 것

③ 낳아둔 새끼들을 돌보기로 위험을 무릅쓰는 것

④ 새끼들에게 젖을 먹이는 것

126. "그들의 생존 가능성을 높이는 것"이라는 표현은 ________________(와)과 아무런 관련이 없다.

① 새끼들의 더 높은 생존 가능성

② 새끼들에게 영양분을 제공하는 것

③ 새끼들을 돌보는 것

④ 새끼들 스스로 살아가는 것

[127-128]

Separating history from legend is not difficult in and of itself. After all, each possesses a different structure. The legendary is usually illustriously peppered with miraculous elements, and even when it is not, there is the recurrence of the standard familiar motives, archetypal subjects and patterns, and a general disregard for details of where and when events occurred, giving it a fairly recognizable structure in terms of composition. The stories are a little too neatly tied up, with details tangential to the main events and confusing cross-currents left ignored along with anything unresolved or confusing that might bring into question the actors or main theme. A historical event that we ourselves bear witness to or gather from the testimony of firsthand observers, is much more convoluted with unseemly details that are at times even contradictory; it is only after results have been produced in a definite area that we can to some extent categorize it; and frequently, even after thinking we have organized all of the details, we find ourselves wondering if the so-called facts have perhaps led us to an oversimplification of the original events!

127. Which of the following is NOT a characteristic of the legendary?

① Neglect of clear details of time and place

② **Detailed description of confusing cross-currents**

③ Typical patterns and themes

④ Elements of the miraculous

128. Which of the following is the main argument of the passage?

① Legendary stories run more contradictorily than historical events.

② The details of legends are based on definitive truths.

③ **Historical events show aspects different from those of legendary stories.**

④ The historical has a lot in common with the legendary.

어휘 in and of itself 그것 자체는 illustriously 걸출하여, 뛰어나 be peppered with ~을 계속 뿌리다 miraculous 기적적인 recurrence 반복, 재발 motive 동기, 이유 archetypal 전형적인 disregard 무시, 묵살 tangential 별로 관계가 없는 cross-current 역류; 상반되는 의견 testimony 증거, 증언 firsthand 직접, 바로 convoluted 난해한, 복잡한 unseemly 부적절한, 흉한 at times 때로는 definitive 확정적인

문제풀이 127. 전설과 역사의 차이점에 대해서 전설은 기적적인 요소가 있고, 그렇지 않은 경우에도 친근한 모티브나 주제, 패턴, 시간 및 장소에 대한 설명 부재로 특징이 설명되고 있다.
128. 역사와 전설은 다른 구조를 가지고 있다는 것이 주된 주장이다.

정답 127. ② 128. ③

역사와 전설을 구분하는 것은 어렵지 않습니다. 궁극적으로, 역사와 전설은 각각 다른 구조를 지니고 있습니다. 전설은 일반적으로 기적적인 요소로 빛나게 점철되어 있으며, 그렇지 않은 경우에도 일반적으로 친숙한 동기, 전형적인 주제와 패턴, 그리고 사건이 발생한 장소와 시간에 대한 세부내용 무시가 반복적으로 포함되어 있기에 구성 측면에서 상당히 알아볼 수 있는 구조를 부여합니다. 중심 사건에 거의 관계가 없는 세부내용이나 혼란스러운 상반된 의견들의 경우, 배우나 중심주제에 의문을 던지게 하는 풀리지 않거나 혼란스러운 부분들과 함께 무시되어 있어서 이야기들이 약간 너무 깔끔하게 연결되어 있는 편입니다. 우리 자신이 증명하는, 혹은 직접 본 목격자의 증언에서 수집된 역사적인 사건은 심지어 더 모순되는 부적절한 세부 내용으로 복잡하게 되어 있습니다; 결과가 확실한 분야에서 만들어진 이후에야 우리는 어느 정도 분류를 할 수 있습니다. 모든 세부 내용을 정리했다고 생각한 후에도, 우리는 소위 사실이라고 하는 것들이 본래 사건을 지나치게 단순화한 것은 아닌지 궁금해하고 있는 것을 발견합니다.

127. 다음 중 전설의 특징이 아닌 것은?

① 시간과 장소에 관한 명확한 세부설명 부재

② **혼란스러운 상반된 의견들에 대한 상세한 설명**

③ 전형적인 패턴과 주제

④ 기적의 요소

128. 다음 중 지문내용의 주된 주장은 무엇인가?

① 전설 이야기는 역사적 사건보다 모순적으로 흘러간다.

② 전설의 상세내용은 확정적인 사실에 기반하고 있다.

③ **역사적 사건은 전설 속의 사건과 다른 측면을 보여준다.**

④ 역사는 전설과 많은 공통점을 가지고 있다.

[129-130]

Dear Ms. Warda,

After careful review of our files, we noticed that you have not placed any orders from our monthly catalogs in the past six months. London Offerings values our customers and wants to maintain strong relationships with them. In order to retain your business, we would like to offer you a special 15% discount on your next order from any of our catalogs. We are enclosing three of our most popular catalogs featuring the latest fashions for babies, young children and teens. These designs have consistently been among our most popular, so we're certain that you'll love them, too.

Thank you,

Alicia Milner
Customer Services
London Offerings

129. What product does London Offerings sell?

① **Clothing**

② Magazines

③ Cookware

④ Furniture

130. What is implied about Ms. Warda?

① She has requested the delivery of the most popular catalogs.

② She contacted the company asking for a discount.

③ **She has made purchases from the company before.**

④ She was previously employed by London Offerings.

어휘 cookware 취사도구

문제풀이 129. London Offerings가 보내주는 카탈로그에는 아기, 어린이, 10대 청소년들을 위한 패션을 포함하고 있다고 본문에서 설명한다. 따라서 의류판매 회사라고 볼 수 있다.
130. 최근 6개월간 구매가 없었다고 하였으므로, 6개월 전에는 구매를 한 적이 있다는 것을 뜻한다.

정답 129. ① 130. ③

Warda양에게,

저희 서류를 자세히 검토해보니, 고객님께서 지난 6개월 동안 월간 카탈로그에서 주문하지 않았다는 것을 알게 되었습니다. London Offerings는 우리 고객들을 소중하게 생각하며, 고객들과 강한 유대감을 유지하고 싶습니다. 고객님께서 거래를 계속 하시도록 카달로그 제품 주문 시, 특별 15% 할인을 제공해드리고자 합니다. 우리는 아기, 어린아이와 10대를 위한 최신 패션을 선보이는 가장 인기 있는 카탈로그 3개를 동봉합니다. 이 디자인들은 꾸준히 인기를 누렸으며, 그러한 점에서 고객님도 이 디자인들을 좋아할 것이라 확신합니다.

129. London Offerings는 어떤 제품을 판매하는가?

① **의류**

② 잡지

③ 취사도구

④ 가구

130. Ms. Warda에 대하여 함축되어 있는 내용은?

① 그녀는 가장 인기 있는 카탈로그 배송을 요청하였다.

② 그녀는 할인을 요청하기 위해 연락하였다.

③ **그녀는 그 회사에서 예전에 물건을 샀다.**

④ 그녀는 예전에 London Offerings에 채용되었다.

[131]

If you want to use Internet banking on more than one PC, you need to make a copy of your certificate: Log on to our website on the PC where you have a certificate stored; Go to the Certificate Center; Insert a USB storage device into the PC and click the [EXPORT] button, and the certificate will be copied to the USB. Next you should copy the certificate from the USB to your other PC: Insert the USB into the other PC; Go to the Certificate Center and click [IMPORT]; Choose the USB drive and double click the certificate. Now you will be able to use our Internet banking services on your second PC.

만약 당신이 PC 한 대 이상에서 인터넷 뱅킹을 이용하고 싶다면, 인증서의 복사본을 만들어야 합니다: 당신이 인증서를 보관하고 있는 PC 상에서 저희 웹 사이트에 로그인하십시오; 인증서 센터로 이동하고, PC에 USB 저장 매체를 삽입하며, [내보내기] 버튼을 클릭하십시오. 그러면 인증서가 USB로 복사될 것입니다. 그 다음에 당신은 USB에서 당신의 다른 PC로 인증서를 복사해야 합니다: USB를 다른 PC에 삽입합니다; 인증서 센터로 이동하여 [가져오기]를 누릅니다; USB 드라이브를 선택하고 인증서를 두 번 클릭하십시오. 이제 당신은 당신의 두 번째 PC에서 인터넷 뱅킹 서비스를 사용할 수 있게 되었습니다.

131. Which of the following is implied about the certificate?

① It is not recommended to use Internet banking from multiple PCs.

② You have to e-mail the certificate from one PC to another.

③ You have to visit the offline Certificate Center to get another certificate.

④ **A removable data storage device is needed to copy the certificate.**

131. 다음 중 인증서에 대하여 함축된 내용은?

① 여러 대의 PC에서 인터넷 뱅킹을 사용하는 것은 권장되지 않는다.

② 한 PC에서 다른 PC로 인증서를 메일로 보내야만 한다.

③ 인증서를 하나 더 받기 위해서는 오프라인 인증센터를 직접 방문해야만 한다.

④ 인증서를 복사할 때 이동식 저장매체가 필요하다.

어휘 contention 논쟁 armistice 휴전 협정

문제풀이 'Insert a USB storage device into the PC and click the [EXPORT] button, and the certificate will be copied to the USB.' 이 설명에서 USB 저장매체로 인증서를 복사하라고 안내하고 있다. 즉, 인증서를 복사할 때에는 이동식 저장매체가 필요하다는 말이다.

정답 ④

[132-133]

Mighty Murphree is a successful gas and electricity provider that is quickly expanding in Tennessee. We are seeking a financial controller who will replace two part-timers and allow our Managing Director to focus on areas other than finance. The controller will be in charge of managing the company's finances, including day-to-day accounting in addition to providing accurate reports in a timely manner on the profitability of the whole company, including small projects. Applicants must possess a four-year degree in Accounting and have at least five years of experience in accounts payable and receivable as well as general ledger accounting. Familiarity with the accounting program, Haven, and advanced mastery of Office programs would be an advantage. Applicants must have experience in general management and business planning. To apply for our financial controller position, please send your resume with cover letter to recruitment@mightymurphree.com by April 14, 2015. Successful applicants will be contacted for interviews after April 16.

132. Who is advertising the position?

① A finance corporation ② **A utility company**
③ An accounting firm ④ An IT company

133. What is NOT mentioned as a requirement for the position?

① **Computer proficiency with Office programs**
② A four-year accounting degree
③ At least 5 years of general ledger accounting
④ Experience in business planning

어휘 day to day 나날의, 일상 profitability 수익성 ledger 원부, 장부

문제풀이 132. 질문은 그 자리에 누구를 뽑을지를 묻고 있는 것이 아니라, 누가 이 구인광고를 내었는지를 묻고 있다. 따라서 지문 처음에 회사에 대해 설명하는 부분을 잘 읽어야 한다. Utility는 전기, 가스, 수도 따위의 공익 사업을 의미하므로 이 회사는 utility company라고 말할 수 있다.
133. 지원자의 자격조건으로 다음과 같이 안내하고 있다. 'Applicants must possess ~ business planning.' 이 중에서 4년제 회계학 학위와 5년 이상의 경력은 필요조건에 해당하나, 오피스 프로그램 높은 숙달도는 advantage로 명시하고 있으므로 필요조건에는 해당되지 않는다.

정답 132. ② 133. ①

Mighty Murphree는 Tennessee 지역에서 신속하게 확장하고 있는 성공적인 가스와 전기 공급업체입니다. 우리는 두 명의 시간제 근무자를 대체하고 상무이사가 재무 이외의 분야에 집중할 수 있도록 할 수 있게 하는 재무 통제관을 찾고 있습니다. 통제관은 소규모 프로젝트를 포함한 회사 전체의 수익성에 대해 제시간에 정확한 보고서를 제공하는 것과 본 회사의 일일 회계를 포함한 회사의 재무를 관리하는 역할을 맡을 예정입니다. 지원자들은 4년제 회계학 학위를 보유하고 있어야 하며, 지불 계정과 수취계정과 총 계정원장에 대한 경력을 5년 이상 지니고 있어야 합니다. 회계 프로그램인 Haven에 익숙하거나, 오피스 프로그램에 능숙한 점은 이점이 될 것입니다. 지원자들은 일반관리와 경영계획에 대한 경력을 지니고 있어야만 합니다. 재무 통제관 직책에 지원하기 하려면 당신의 이력서를 recruitment@mightymurphree.com으로 2015년 4월 14일까지 보내기 바랍니다. 합격한 지원자들은 4월 16일 이후에 인터뷰를 잡기 위해 연락이 갈 것입니다.

132. 이 일자리를 광고하고 있는 것은 누구인가?

① 금융기관
② **공익기업**
③ 회계법인
④ IT 회사

133. 이 일자리에 대한 필요조건으로 언급되지 않은 것은?

① **오피스 프로그램 포함 컴퓨터 활용능력**
② 4년제 회계학 학위
③ 최소 5년간의 총 계정원장 회계 경력
④ 사업 계획 경험

[134]

COPINA BANK
58 Main Street, Springfield, IL 14523
September 1, 2014
Sam Spade
39 Odessa Street
Springfield, IL 14523

Dear Mr. Spade:

Your certificate of deposit through Copina Bank, account number 32-777-698, will mature on September 30. The current value of your account is $10,832.57, and the interest rate of 3.2 percent will continue until maturity. Unless you contact us with different instructions before September 30, your certificate of deposit will automatically renew for another year at the then-prevailing interest rate. Should you decide you do not want to renew your certificate of deposit, you can withdraw the funds in your account without penalty through October 10. If you are interested in considering other ways to invest your money, we would be happy to discuss with you the investment opportunities available at Copina Bank. You may call the bank at any time to set up an appointment with a Copina Bank investment officer.

Thank you for being a Copina Bank customer.

Sincerely,
Malena Holmes
Account Advisor

134. What should the customer do if he wants to renew his certificate of deposit?

① Wait until the interest rates go up

② Open a new account

③ Send instructions

④ **Nothing**

어휘 mature 만기가 된; 성숙한

문제풀이 'Unless you contact ~ at the then-prevailing interest rate.'에서 안내하고 있는 내용은 9월 30일까지 특별한 지시가 없으면 증서가 자동 갱신된다는 것이다. 따라서 예금증서의 갱신을 원한다면 아무런 조치를 취하지 않아도 된다.

정답 ④

COPINA BANK
58 Main Street, Springfield, IL 14523
2014년 9월 1일
Sam Spade
39 Odessa Street
Springfield, IL 14523

Spade씨에게

Copina Bank 계좌 번호 32-777-698에 연결된 당신의 양도성 예금 증서는 9월 30일에 만기될 것입니다. 당신 계좌의 현재 가치는 $10,832.57이며 3.2%의 이율은 계좌의 만기까지 계속될 것입니다. 당신이 9월 30일 이전에 다른 지시를 연락해주지 않으시면, 당신의 양도성 예금 증서는 갱신 당시의 우세한 이율로 또 다른 1년을 위해 자동으로 갱신될 것입니다. 만약에 양도성 예금 증서를 갱신하지 않기로 한다면, 위약금 없이 10월 10일까지 계좌의 자금을 인출할 수 있습니다. 만약에 당신의 자금을 달리 투자하는 것에 관심이 있으시면, Copina Bank에서 이용 가능한 투자 기회에 대해 저희가 상담해 드릴 수 있습니다. 언제든지 은행에 전화 주시면 Copina Bank 투자 담당자와 상담약속을 잡으실 수 있습니다. Copina Bank의 고객이 되어 주셔서 감사합니다.

Malena Homes 올림

계좌 고문위원

134. 고객이 예금증서를 갱신하길 원한다면 어떻게 해야 하는가?

① 이율이 오를 때까지 기다린다

② 새로운 계좌를 연다

③ 지시사항을 알려준다

④ 아무것도 하지 않는다

[135-138]

A tremendous number of South Koreans support the scrapping of the use of ActiveX because it is a deterrent to online transactions, according to a poll by the Federation of Korean Industries (FKI). Because ActiveX is compatible only with Internet Explorer (IE), it has trouble interacting with other browsers and is likewise inappropriate for mobile platforms. When using the ActiveX system, individuals submit authentication certificates that first have to be issued by local authorities. While this results in extreme frustration for Koreans, foreigners find it nearly impossible to make online purchases from South Korean shopping malls. The FKI claims that the difficulties caused by ActiveX are the reason that South Korea's online shopping sector is low in comparison to its GDP when contrasted with the U.S., China and Japan, despite South Korea's cutting-edge information technology infrastructure. Figures from the Korea Institute for Industrial Economics and Trade indicate that the size of the online shopping sector in South Korea is roughly 2.91 trillion won or 0.24 percent of its GDP. Data for the United States and China, in contrast, show figures at 1.24 and 1.68 percent of their GDP, respectively.

135. Which of the following is true about each country's online shopping sector proportion compared to its GDP?

① **China tops the United States.**

② Japan has recently surpassed the US.

③ The proportion in Korea is ten times bigger than that in the US.

④ The size of Korea's online transaction accounts for 2.91 percent of its GDP.

136. The word scrapping can LEAST be replaced by ______.

① abandonment

② disposal

③ **scrapbook**

④ discontinuation

엄청난 숫자의 한국인들이 ActiveX를 사용하는 것을 폐지하는 것을 지지합니다. 한국 전국 경제인 연합회(FKI)의 여론 조사에 의하면, 이는 ActiveX가 온라인 거래를 제지하기 때문이라고 합니다. ActiveX가 오로지 Internet Explorer (IE)와 호환이 되기 때문에 다른 브라우저와 상호 작용하는데 어려움을 겪으며, 유사하게 모바일 플랫폼에도 적합하지 않습니다. ActiveX 시스템을 사용할 때에 개인들은 우선 지방 당국이 발부하는 인증서를 제출해야 합니다. 한국인들이 이러한 것으로 말미암아 매우 불만스러워 하는 와중에, 외국인들에게 한국의 쇼핑몰에서 온라인 구매를 하는 것은 거의 불가능에 가깝게 다가옵니다. FKI는 ActiveX가 일으키는 어려움이 최신 정보 통신 인프라에도, 한국의 온라인 쇼핑 분야가 GDP에 대비하여 미국, 중국, 그리고 일본에 비하여 낮은 이유라고 합니다. 산업연구원의 수치에 따르면, 한국의 온라인 쇼핑몰 분야가 대략적으로 2조 9천 1백만 원이며 GDP의 0.24퍼센트를 차지한다고 합니다. 미국과 중국의 데이터에 따르면, 그들의 온라인 쇼핑몰 분야는 각각 GDP의 1.24와 1.68%라고 합니다.

135. 다음 중 각 국가의 GDP와 비교한 온라인쇼핑 분야의 비율에 관한 설명으로 옳은 것은?

① **중국은 미국보다 더 많다.**

② 일본은 최근에 미국을 뛰어넘었다.

③ 한국의 비율은 미국의 비율보다 10배 더 크다.

④ 한국 온라인거래의 크기는 GDP의 2.91%에 해당한다.

136. "scrapping"이라는 단어는 ______(으)로 가장 바꿔 쓸 수 없다.

137. Which of the following best summarizes the argument of the FKI?

① **The use of ActiveX should be discontinued because it hinders online transactions.**

② Korea will dominate the international online market with ActiveX.

③ The use of several browsers is inappropriate on mobile platforms.

④ Korea will not be able to catch up with the new IT trends.

138. Which of the following is true about ActiveX?

① It is compatible with different web browsers.

② It performs well on mobile phones.

③ It allows foreigners easy access to Korean online shopping.

④ **Its system requires an authentication certificate.**

어휘 scrapping 파기, 폐기 deterrent 제지하는 것 transaction 거래 interact 교류하다, 상호작용하다 likewise 비슷하게 inappropriate 부적절한 authentication 증명, 입증 cutting-edge 최첨단의 infrastructure 기반시설 trillion 1조 surpass 뛰어넘다 abandonment 포기, 버림 disposal 처리, 처분 discontinuation 중지 hinder 저해하다 compatible 호환이 되는

문제풀이 135. 본문에서 한국 온라인쇼핑 분야는 GDP의 0.24% 크기라고 설명하고 있으며, 각 국가의 GDP를 기준으로 미국은 1.24%, 중국은 1.68% 크기이다. 그러므로 중국이 미국보다 온라인쇼핑의 규모가 더 크다는 것을 알 수 있다.

136. scrapping은 '폐기, 폐지'라는 뜻이므로 '사용하지 않는다, 버리다' 등의 의미를 가진 단어와 바꿔 쓸 수 있다. 보기 중에서 해당되지 않는 것은 scrapbook이다.

137. FKI의 주장은 ActiveX의 이용이 한국 온라인거래 부문이 커지지 못하는 이유라는 것이다. 따라서 ActiveX의 폐기를 주장하고 있다.

138. ActiveX에 대해 인터넷 익스플로러 이외의 브라우저들이나 모바일 플랫폼에 적합하지 않고, 개인 공인인증서로 제출해야 하기 때문에 외국인들이 한국 온라인쇼핑을 하는 것은 거의 불가능하다는 것이다.

정답 135. ① 136. ③ 137. ① 138. ④

137. 다음 중 FKI의 주장을 가장 잘 요약하고 있는 것은?

① **ActiveX의 이용은 온라인 거래를 방해하기 때문에 중단되어야 한다.**

② 한국은 ActiveX로 국제 온라인시장을 지배할 것이다.

③ 몇몇 브라우저의 이용은 모바일 플랫폼에 부적합하다.

④ 한국은 새로운 IT 흐름을 따라잡지 못할 것이다.

138. 다음 중 ActiveX에 대한 설명으로 옳은 것은?

① 다른 웹브라우저들과 호환이 가능하다.

② 휴대전화에서 잘 작동한다.

③ 외국인들이 한국 온라인쇼핑에 쉽게 접근할 수 있도록 해준다.

④ **ActiveX의 시스템은 공인인증서를 필요로 한다.**

[139-140]

Cultural differences exist between the East and West in areas such as independent versus interdependent self-construal, values of autonomy versus group harmony, and hierarchical versus egalitarian relationships. Cultural values are formed through a process of both individual and social learning as to how to adapt to one's environment. There is less variability in East Asian countries compared to Europe and North America, where individual learning is favored over social learning, which is more prevalent in the East. Parallel to these varied adaptive strategies, East-West differences result from styles of learning that oscillate between rote memorization and copying, on one side, and a focus on problem solving, innovation, and critical thinking on the other. These basic cultural differences manifest them selves in personality attributes such as conformity, submission, and independence that effectively reflect social or individual learning. Educational psychological research on these fundamental differences along with other cross-cultural research areas shed light on the reason for the particular differences evident in Eastern and Western cultures.

139. Which of the following pair does NOT show the East-West cultural difference?

① Harmony and autonomy

② **Conformity and compliance**

③ Hierarchical and egalitarian relationships

④ Rote memorization and critical thinking

140. Which of the following seems to favor individual learning in the West?

① Social learning

② Interdependent self-construal

③ Copying and rote memorization

④ **Greater extent of environmental variability in the West**

어휘 interdependent 상호의존적인 self-construal 자아해석, 자기구성 autonomy 자주성, 자치권 hierarchical 계층에 따른 egalitarian 평등주의의 prevalent 일반적인 adaptive 조정의, 적응할 수 있는 oscillate 계속 오가다 rote 암기 manifest 나타내다 conformity 순응 submission 항복; 제출; 의견개진 shed light on ~을 밝히다 compliance 준수

문제풀이 139. 지문 처음 부분에서 동서양의 차이를 설명하고 있으며, 순응에 대해서는 언급이 없다. 순응과 준수는 유사한 개념이다.
140. 유럽과 북미는 동아시아보다 다양성이 더 많다는 것을 암시하고 있고, 그러한 국가들에서는 개별학습이 선호된다고 설명하고 있다.

정답 139. ② 140. ④

동양과 서양의 문화적인 차이는 독립적 vs. 상호의존적 자기 구성, 자율의 가치 vs. 집단 조화, 계층적 vs. 평등적 관계 등의 분야에서 존재합니다. 문화적 가치들은 한 사람의 환경에 적응하는 방법에 대해 개별적 학습과 사회적인 학습과정 둘 다를 통해 형성됩니다. 동아시아 국가들은 개별학습이 더 선호되는 유럽과 북미와 비교하여 다양성이 적은데, 동양에서는 사회적 학습이 더 우세합니다. 이러한 다양화된 적응 전략과 함께, 동양과 서양의 차이는 한편으로는 기계적 암기와 모방 사이를 오가는 학습 방법에서부터 초래되고, 다른 한편으로는 문제 해결, 혁신, 그리고 비판적 사고에 초점을 두는 것에서 야기됩니다. 이러한 기본적인 문화적 차이는 사회적 혹은 개별 학습을 반영하는 순응, 굴복, 그리고 독립성과 같은 성격적 속성에서 드러납니다. 이러한 근본적인 차이에 대한 교육 심리학 연구와 비교 문화 연구 분야들은 동양과 서양 문화에 분명한 특정 차이점들에 대한 사유를 밝힙니다.

139. 다음 중 동-서양 문화차이를 보여주는 것이 아닌 것은?

① 조화와 자주성

② **순응과 준수**

③ 계층적 관계와 평등적 관계

④ 기계적 암기와 비판적 사고

140. 다음 중 서양문화의 개별학습 방법을 선호할 것 같은 분야는?

① 사회적 학습

② 상호의존적 자아해석

③ 모방과 기계적 암기

④ **서양의 더 광범위한 환경적 다양성**